识干家

企業閱讀　學以致用

左手 企业经营

FINANCING
EQUITY

COMPANY
CONTROL

融资 股权
公司控制

周永信◎著

右手 资本运作

中华工商联合出版社

图书在版编目（CIP）数据

左手企业经营　右手资本运作：融资·股权·公司控制 / 周永信著. — 北京：中华工商联合出版社，2022. 7

ISBN 978-7-5158-3484-9

Ⅰ. ①左…　Ⅱ. ①周…　Ⅲ. ①企业融资－研究②企业管理－股权管理－研究　Ⅳ. ①F275. 1②F272

中国版本图书馆 CIP 数据核字（2022）第 108043 号

左手企业经营　右手资本运作：融资·股权·公司控制

作　　者：周永信
出 品 人：李　梁
责任编辑：于建廷　王　欢
装帧设计：仙　境
责任审读：傅德华
责任印制：迈致红
出版发行：中华工商联合出版社有限责任公司
印　　刷：河北宝昌佳彩印刷有限公司
版　　次：2022 年 8 月第 1 版
印　　次：2022 年 8 月第 1 次印刷
开　　本：710mm×1000mm　1/16
字　　数：367 千字
印　　张：19. 25
书　　号：ISBN 978-7-5158-3484-9
定　　价：118. 00 元

服务热线：010－58301130－0（前台）
销售热线：010－58301132（发行部）
010－58302977（网络部）
010－58302837（馆配部、新媒体部）
010－58302813（团购部）
地址邮编：北京市西城区西环广场 A 座
19－20 层，100044
http：//www. chgslcbs. cn
投稿热线：010－58302907（总编室）
投稿邮箱：1621239583@ qq. com

导 读

最近十年，发展最快的企业有何共同之处？

只要稍加探究，就可以发现，它们无一不是在做好产业的同时，充分借助资本的力量。

小米、宁德时代、特斯拉，无不如此。

可以说，产业+资本，是这些企业的共同选择。本书将这种模式称为“产融”，并从多个方面对其进行介绍和探讨。

本书分为三篇：原理篇、实务篇、风险篇。

原理篇是对产融机理的探讨。第一章产融=产业+资本，介绍了产融的概念、价值、功效；第二章、第三章、第四章，介绍了三个原创产融方法论，即9C系数、9C模型、9C矩阵。9C系数是剖析企业的利器，用它可以在极短的时间内，快速看透一家企业的质地、处境、态势。9C模型是产融底层思维，用它可以对企业进行更系统、更深入的分析，并进行产融战略规划。9C矩阵用来进行产融战略聚焦。

实务篇介绍了产融思维在商业实践中的应用。第五章企业分析，分别用9C系数和9C模型分析了两个案例。第六章介绍了八种产融做大模式。第七章介绍了公司控制的十种方法。第八章股权分配，介绍了企业股权分配应该注意的一系列问题。第九章到第十二章，介绍了融资、股权代持、反做空、看透资金流的相关内容。

风险篇是对产融风险的提示和警醒。第十三章产融警示，介绍了四个产融警示案例。第十四章产融避险，介绍了规避产融风险的六大要点。

本书适合三类人群阅读：企业家、创业者、投资人（包括一级股权市场和二级股票市场）。

企业家和创业者，需要在复杂的商业环境中，保持大局观和方向感，看清自己和对手，并根据内外部形势，确定战略方向、设计战略方案。本书中的原创产融方法论，有助于这些目的的实现。

投资人不管投一级股权市场，还是投二级股票市场，都需要对目标企业进行深入分析。相关的工具有很多，如果只会用同行都在用的工具，那么很难得到超出竞争对手的判断。本书中的产融方法论具有独创性和唯一性，可以为投资人提供不一样的视角、切入点和判断，有助于投资人建立差异化的竞争优势。

自 序

股权律师写给企业家的建议

作为一名股权律师，为什么会写一本探讨产业与资本的书呢？

股权事务有三大主题：做大蛋糕、分蛋糕、抢蛋糕。

其中，分蛋糕、抢蛋糕，自然是股权律师的工作范围。但是，它们都要以做大蛋糕为基础和前提，不然分和抢都没有意义。可以说，做大蛋糕的重要性，是远大于分蛋糕和抢蛋糕的。

所以，一名有追求的股权律师，在分蛋糕和抢蛋糕工作之外，对做大蛋糕也应该尽一份自己的心力。

正是基于这种考虑，笔者对做大蛋糕这个主题，以自己的方式，做了一系列探索。

随着探索的不断深入，笔者把方向聚焦到产融这个点上，认为它是把蛋糕做大的秘密和关键。同时，笔者还深切地感觉到，股权业务做到一定程度，要想进阶升级，就必然涉及产融。

与股权相关的业务包括哪些呢？

从律师服务的角度，笔者把它分为九类，包括：企业控制权（保护与争夺）、股权分配、股权激励、股权融资、股权投资、股权成长、并购重组、资本市场、股东争端。

其中，除了股东争端与产融的关系不大，其他的都是与产融强相关的内容。

当一名律师掌握了处理这些问题的基本法律知识和技能，想进阶升级时，有哪些方向可以选择呢？

无外乎两个：一是提升，上升一个维度；二是下潜，深入到更具体、更微观的业务操作层面。

一、如果上升一个维度

笔者发现，在处理股权的相关事务时，如果仅仅从法律层面考虑问题，经常会陷入专业的狭隘误区，甚至在某种程度上演变成法律技术游戏。

在这个过程中，尽管律师能获得某种程度的专业成就感，委托人也会深感法律的博大与律师技术的精微甚至玄妙，但这真的能为委托人创造最大的价值吗？这真的是律师最佳的工作模式吗？

经济是一个超级宏大、超多变量、高深不可测的巨复杂系统，企业是其中的微观个体，难以掌握自己的命运，其兴衰存亡，经常取决于环境和大势的变动与更迭。

股权律师的工作内容，事关企业的根本——股权，这无疑是影响企业走向和命运的关键活动之一。但这只是一个局部、一个片面，企业的经营还涉及战略、投资、融资、研发、采购、生产、存储、销售、支付、物流、服务等内容。

由于股权律师的工作只能摸到企业这头大象的局部，必然造成股权律师思维的局限性。如果认识不到这种局限性的存在，再聪明的律师也只能在法律专业里打转，不能建立对这头大象更高层的认识，不能为这头大象提供更有价值的建议。

要突破这种局限性，首先要认识到这种局限性的存在，然后跳出专业的舒适圈，以专业知识为基础，构建起对企业经营更全面的认识。

在这个过程中，法律的专业性不能丢，这是根本。

很多在专业层面难以解决甚至解决不了的难题，如果跳出专业的局限，提升一个思维层面，往往能很容易地找到问题的解决方案。

当一名律师在法律专业这一纵向的能力之上，又具备横向的企业经营知识底蕴，就建立起了以专业为基础的复合知识结构，就具备了跳出专业在更高层面思考问题的基础。

企业生存于产融环境之中，包括产业市场和资本市场；既有做多利润的产业目标，又有做大资产的资本目标，既要做好研、供、产、销等产业事务，又要做好投资、融资、股权等资本事务。所以，要建立起横向的企业经营知识，必然涉及产融。

二、如果深入下去

有的朋友说，上升一个维度，要学那么多东西，哪有时间，这太难了，还是深入下去，做专做透吧！

但是，股权事务要深入下去，依然绕不开产融。其中，又以股权成长事务与产融的关系最为密切。

股权成长的目的，是股权价值的不断增长。如何实现这一目的呢？离不开产融的手段。

我们先来看看股权价值的构成：

股权价值 = 企业价值 × 持股比例

由此可见，要实现股权价值增长，路径只有两个：一是提升企业价值；二是提高持股比例。

企业价值的本质，是未来现金流的折现，它的构成：

企业价值 = 资产规模 × 资产收益率 × 估值倍数

要提升企业价值，路径有三个：一是做大资产规模；二是提高资产收益率；三是提高估值倍数。其中，做大资产规模、提高估值倍数是资本经营问题，而提高资产收益率是产业经营问题。既有产业又有资本，这就是产融问题。所以，要提升企业价值，绕不开产融。

再来看看持股比例。

要提高持股比例，有三个方法：一是购买其他股东的股权；二是追加投资，增加注册资本；三是让其他股东减少注册资本。这些都涉及资本经营问题！不管是哪个方法，都需要其他股东的同意和配合。你的持股比例提高了，必然有其他股东的持股比例降低了，人家凭什么同意？当然是对企业的前景判断有分歧。而企业前景的基础是业绩，这又回到了产业问题。

所以，股权比例的背后，也是与产融密切相关的。

本书是笔者对从做大蛋糕到产融探索之旅的一个总结。其中，最有价值的应该就是 9C 系数、9C 模型、9C 矩阵三个产融方法论。

由于笔者水平有限，书中难免会有一些不严谨甚至错误的描述，敬请读者批评指正，也欢迎对股权和产融感兴趣的朋友与笔者交流、探讨。

目　录

原理篇：

产业 + 资本，企业高增长的秘密

原理篇

产业 + 资本，
企业高增长的秘密

第一章
产融 = 产业 + 资本

天有五贼，见之者昌。
——《阴符经》

第一节　产融要义：产融 = 产业 + 资本

看到“产融”两个字，你会想到什么？是不是产融结合？

一、产融≠产融结合

产融结合，一般是指一手经营实业一手参股或控股金融机构，是 20 年前就存在的商业打法。此类企业往往能在短短的几年便膨胀为数百亿元的庞大商业帝国。但商业世界风云变幻，大多数产融结合的企业，在经历了从兴盛到繁荣、从繁荣到衰败的轮回之后，都已化为过眼云烟，极少数幸存的企业，已成稀有物种。产融结合作为一种模式，不再是商业的显学。

笔者无意炒冷饭，更无意与趋势为敌。所以，本书不是探讨产融结合，本书的产融也不是指产融结合。

二、产融要义

那么，本书要探讨的产融是什么意思呢？

产融 = 产业 + 资本

产融示意图如图 1-1 所示。

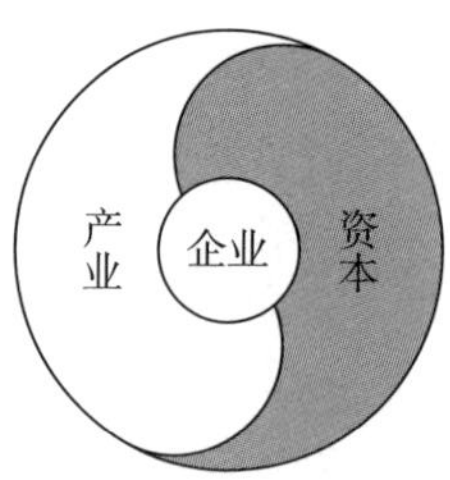

图 1-1　产融示意图

传统的产融结合，是实业与金融业的结合，其要旨在于获取金融业的牌照红利，并以其反哺实业。本书所探讨的产融，与此截然不同。

（1）产融是产业与资本的结合，不是产业与金融的结合。

（2）产融不仅仅是两个行业的结合，还包括目标、环境、动作、业务等的结合。

（3）产融不是产业与资本的简单相加，而是两者协同、有机融合，共同驱动利润、资产、市值、估值的成长。

（4）产融还包括产业推动资本、资本拉动产业的产融互动。

表 1-1 是对产融含义的进一步说明。

表 1–1　产融含义

类别	产融 = 产业 + 资本	
	产业	资本
目标	ROE、ROA、营收、利润等	资产、负债、市值、估值等
环境	产业市场、上下游、产业链等	资本市场、金融市场等
动作	研、供、产、存、运、销等	股权运筹、融资、并购、上市等
业务	制造业、TMT、高科技、服务业等	战略投资、并购基金、风险投资等
协同	共同驱动企业利润、资产、市值、估值的成长	
互动	产业推动资本	资本拉动产业

三、案例：小米集团与 3G 资本

我们来看两个产融的例子。

（一）小米集团

小米的整个体系十分庞杂，但杂而不乱，各个运营单位基本可以划归到两条线：产业线和资本线（见图 1–2）。

横向的是产业线，从上游的供应商企业群到下游的小米商城等渠道，图 1–2 中有所省略。事实上，产业线包括所有传统的研、供、产、销环节。

纵向的是资本线，从 VC 等投资机构开始，到小米、到生态链企业群，最后到资本市场。这是一条完整的资本运作链条，中间还穿插顺为资本和雷军个人的投资。

此外，产业线与资本线之间也交叉融合。供应商企业群不只是给小米供应原材料，也给生态链企业群提供供应链支持，而生态链企业群的产品，又通过小米的各个渠道进行销售。

这就是一种典型的产融经营模式。

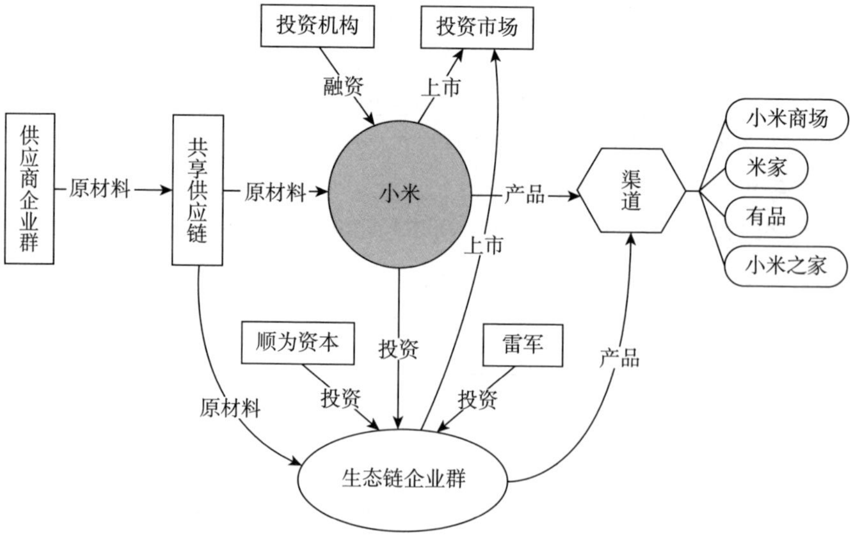

图 1-2　小米产融简图

（二）3G 资本

3G 资本，从巴西一家普通经纪公司起步，从投行到投资，之后聚焦食品饮料行业，一路并购汉堡王、亨氏、卡夫、百威啤酒。它仅用四五十年的时间，便打造出一个庞大的全球食品饮料产业帝国，年收入超过 1000 亿美元，市值超过 3500 亿美元。

它真正的起步，源于投资的一家巴西的啤酒企业，之后以该企业为基础，通过并购其他大型企业不断扩张。

通过研究它的成长历程，发现其成长模式如图 1-3 所示。

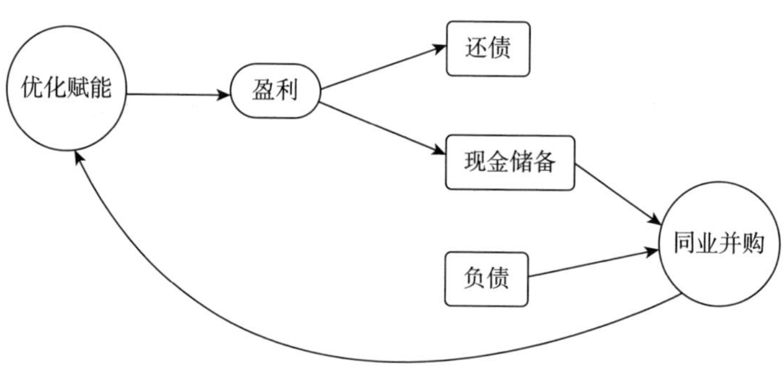

图 1-3　3G 资本成长模式

它借助并购快速成长的特征十分明显。但是，它的并购不是机械地买买买。

首先，它的并购聚焦在食品饮料行业，早期只并购啤酒企业。

其次，它只并购基础良好但经营效率低下的企业。

再次，它在每次并购之后，必然采用一系列严苛的方法，对并购对象进行改造优化。为此，专门请了一支几百人的咨询队伍负责此事，并形成一套完整的方法论体系。

最后，它的并购并不频繁，只有把上一个并购标的优化改造好以后，才会考虑下一个目标。

所以，在整个成长模式中，最关键的是两个环节：一是同业并购；二是优化赋能。两者互为依托，缺一不可。

同业并购是资本端的操作，优化赋能是产业端的操作。

这也是一种典型的产融运作模式。

第二节　产融经营：产业经营 + 资本经营

前面讲了什么叫产融，现在再来看看什么叫产融经营。

产业经营，是企业为了生产、销售产品或服务，从事的供、研、产、销等经营活动。它的经营对象，以产品或服务为核心，这是企业每天都要面对的事务，也是企业最熟悉的工作。

产融经营 = 产业经营 + 资本经营

资本经营，是企业为了获取、增值、做大、变现股权、资产、资源、估值、市值，而从事的各项工作。这些事务，一般的企业接触的不多，对它了解不深，不明了其内部的逻辑关系和背后的深层内涵。实际上，它对企业的意义十分重大。

一个企业如果只满足缓慢的发展，只做产业经营就可以，但如果想要快速发展，就不得不考虑资本经营。

一个企业如果只求小而美，只做产业经营就可以，但如果想要做大做强，就不得不思考资本经营。

一个企业如果是在一个竞争不激烈的行业，只做产业经营就可以，但如果是处在一个高度竞争的行业，就不得不面对资本经营。

对于企业老板来说，单纯做好产业就已不易，为何还要考虑、思考、面对资本经营呢?

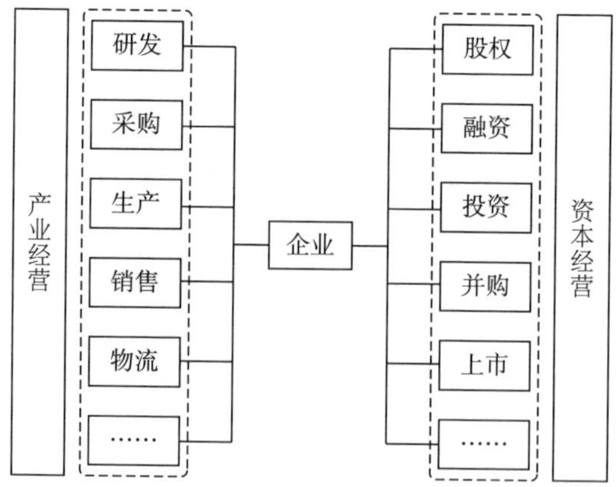

图 1–4　产业经营与资本经营

这是因为以下产融原理：

（1）企业天然就身处产业市场 + 资本市场的产融环境；

（2）企业受益不只来自产业利润，还可以来自资本价差；

（3）企业业绩增长的动力来自产业和资本两个方面；

（4）产业和资本都不是孤立的，两者可以形成协同、接力、借力的关系；

（5）商业竞争模式已经不只是产业竞争，还有资本竞争；

（6）对于股东和实控人，财富的真正来源不是产业经营，而是资本经营。

第三节　产融环境：产业市场 + 资本市场

企业就像一个盒子，它有一个入口、一个出口。在入口给它输入资金、资源，它就在出口给你输出利润。不同盒子的样式不同、构造不同、效率不同，但功能都是一样的，都是把输入的资金、资源转化成利润，然后在出口输出。

企业都想提高利润，那么如何增加输出的利润呢？

主要有两个方法：一是提高输入的量；二是提高转化率。这两个方法不一样。

输入的量是一个绝对值，它是可以无限放大的。从理论上说，它是没有上限的。而转化率则不同，它是一个相对值，是有明确的上限的，这个上限就像地球引力一样无法突破。

那么，输入的量和转化率，哪个更重要呢？

不好说，要看企业所处的阶段，并且二者是缺一不可的。

输入的量不够，转化率再高也是一个小角色；体量太低，抗风险能力也不够，竞争一旦加剧，分分钟就会被灭掉。出路只有一个，那就是找一个狭窄的市场空间，做一个小而美的轻公司，生存于缝隙之中。当然这样也不错，但很多老板的抱负不止于此。他们的征途是星辰大海，不是眼前的缝隙。在这种情况下，转化率再高也是不够的。

如果输入的量很大，转化率不高呢?

当然也不行，宝贵的资金、资源未被充分利用，大多数被浪费了，没有转化成利润，在这种情况下，资金、资源是要用脚投票的。

所以，输入的量和转化率，两者都重要。但它们重要的顺序是不一样的，先是转化率重要，然后才是输入的量重要。

转化率是 1，输入的量是 0。没有 1，有再多的 0 也没用；没有 0，只有 1 意义也不大。只有先有了 1，然后再加上很多的 0，那才是最理想的情况。

关于 1，下一章会介绍一把利器，叫 9C 系数，这里按下不表。

关于 0，即输入的量，也就是资金、资源，如何提高呢?

这来自三个方面：一是利润滚动；二是增值；三是外部获取。利润滚动靠 1，增值靠资本价差，外部获取靠外部吸引与导入（见图 1-5）。

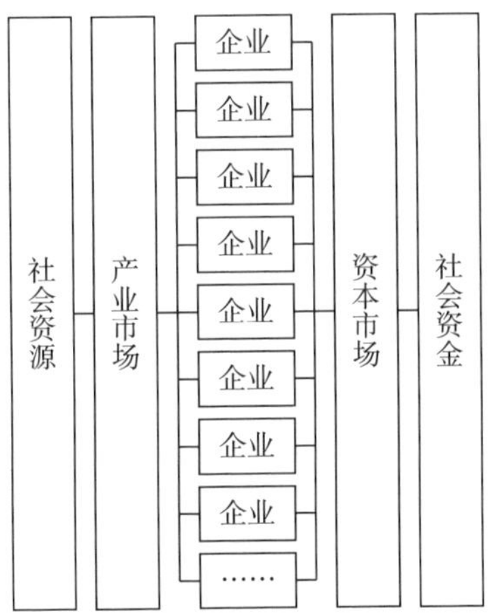

图 1-5　产业市场与资本市场

企业需要的外部资金、资源都来自社会，它们分别归入两个市场：社会资源归入产业市场，社会资金归入资本市场，而所有的企业都居于产业市场与资本市场之间，用各种方式从两个市场吸引、导入外部能量，即资金和资源。

企业所处的产业市场和资本市场的环境是客观存在的，只是有的企业有这种概念，有的企业没有这种概念有的企业能够左右逢源，有的企业则只经营一边，与另一边的市场老死不相往来。

那么，哪种企业可以从外部获取更多的资金、资源呢？

当然是那种有概念、能左右逢源的企业。

产业市场与资本市场，对企业的意义还不止于此。

任何环境与存在于其中的个体，都存在互动关系。这种互动有良性的，也有恶性的。良性的互动是互相促进，共同发展；恶性的互动则一路破坏，互相伤害。但是，个体只能适应环境，而不能让环境适应个体。

产业市场与资本市场，作为企业的外部环境，对企业的影响是巨大的。站在风口，可以直上云霄；如果气候突变，也可以让企业坠入谷底。

所以，企业天然处于产业市场 + 资本市场的产融环境，产业经营 + 资本经营是企业与环境进行良好互动（获取资金、资源，应对机会、风险）的现实需要。

第四节　产融收益：产业利润 + 资本价差

企业收益从哪里来？一是产业利润；二是资本价差。

一般的企业只有产业利润一个收益来源，优秀的企业则在产业利润之外还有资本价差，如图 1-6 所示。

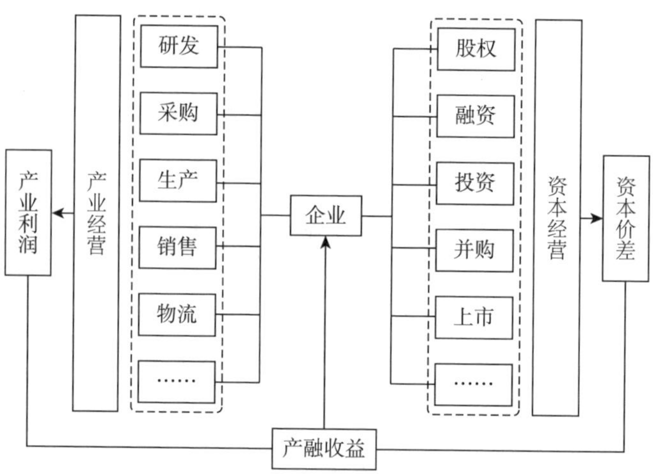

图 1-6　产业利润与资本价差

什么叫资本价差？

资本价差即企业因购买、处置股权、股票、债权、知识产权、土地等资产形成的利润。

腾讯和阿里巴巴是中国优秀企业的代表，它们一个以社交为内核，一个以电商为内核，分别构建了庞大的商业帝国。两者有很多不同，比如老板风格、主营业务、企业文化、组织机构、战略打法等。

如果你去看一下它们披露的财务报表，会发现在不同的业务运营之后，它们竟然形成了相同的收益结构，即业务利润和投资收益在企业利润中所占比例大致均等。

也就是说，它们都不是只靠产业利润挣钱的，与产业利润同等重要的还有投资收益，而投资收益就属于资本价差。

产业利润是养鸡卖蛋，资本价差是买小鸡卖大鸡，或者趁鸡价便宜时买，等鸡价上涨后再卖。

做产业利润的是农夫，做资本价差的是猎人，优秀的企业既是好农夫又是好猎人。

做产业利润需要耐心，做资本价差需要眼光。优秀的企业既有耐心又有眼光。

第五节　产融增长：业绩增长动力拆分

老板电器是厨电行业的明星企业，自 2010 年上市以来，一直保持高速发展，受到投资人的大力追捧。仅用 6 年时间，市值便翻了数倍，达到 500 亿元之多。然而 2018 年 2 月 27 日这一天，老板电器的股价一字跌停，之后便一路下跌。8 个月的时间，市值便只剩下不到 200 亿元，300 亿元的市值灰飞烟灭。

那么，发生了什么，让它遭遇如此劫难呢？

老板电器之所以在 2018 年 2 月 27 日跌停，是因为在 2 月 26 日晚间，它发布了 2017 年度的业绩快报。据该快报显示，2017 年度老板电器实现营业收入 69.99 亿元，同比增长 20.78%，实现营业利润 16.16 亿元，同比增长 21.11%，实现归属于母公司的净利润 14.5 亿元，同比增长 20.18%。

这份业绩单独看没有问题，但与其历史业绩一比，就看出问题来了。2012—2016 年的五年时间里，它的营收增速分别为 27.96%、35.21%、35.24%、26.58%、27.56%，而其利润增速分别为 43.34%、43.87%、48.95%、44.58%、45.32%（均超过 40%）。

简单地说，它的增长率下滑了。

正是这个原因，投资人才会用脚投票，并造成老板电器的漫漫跌途。尽管也受到同期大盘调整的影响，但增长率下滑无疑是其股价一路下跌的最直接的导火索，也是根本原因。

一、业绩增长是企业的硬道理

所有投资机构，不管是 PE/VC 等做股权投资的，还是做证券投资的，在对一家企业进行投资分析时，都会极为关注增长率。企业老总们每年做年终总结时，也会看重增长率。为什么增长率对企业如此重要呢？

（一）增长率代表企业的未来，是企业前景的先行指标

远见之人，站在未来看现在。要站在未来，就要先看清未来。要看清未来，就要找到先行指标。而增长率，就是企业前景的先行指标。

投资机构自不必言，需要用时间换空间，投的就是预期，投的就是未来，当然要关注增长率。对企业老板来说，企业的未来就是自己的未来，怎么能不重视自己的未来呢？

（二）增长率代表企业的发展趋势，而趋势往往具有惯性

增长率一旦下滑，就不会轻易被逆转。它会形成一种趋势，带有势能，按照一定的惯性继续向下。就像老板电器，之后几个季度的业绩并没有改变下滑的态势。这证明了投资人当初判断的正确性，也证明了增长率指标的有效性。

（三）企业总有问题，增长给了企业消化问题的时间和空间

企业不管大小，总有问题，想解决所有问题，根本不可能。所以，带着问题奔跑，是企业的常态。但问题总要解决，否则积累到一定程度，必然使企业积重难返，甚至一触即溃。要解决问题，就需要物理时间，也需要经济空间。如果企业没有增长，这些时间和空间就会极为有限，就不能充分解决问题。

（四）小企业要长大必须增长，大企业要发展也必须增长

小企业弱小散乱，生存空间十分有限，几乎只能存活于市场夹缝之中。经济环境的一次震荡，行业巨头的一次市场行动，都足以让小企业伤筋动骨，甚至“一夜回到解放前”。要想改变命运，小企业必须长大；而要想长大，就必须不断增长。

大企业财大气粗、实力雄厚，但成本也高、负担也重，所以才会有“当多大的家，发多大的愁”的说法。大企业也要发展，要发展就必须增长。

（五）一旦陷入增长困境，企业将进退维谷

所谓增长困境，按照严重程度可分为增长下滑、增长停滞、负增长三种情况。

同时，它们也是企业陷入增长困境的三个阶段。越往后，企业暴露的问题越多，所处的状况越危险，解决的难度也越大。

企业的所有工作，都需要一个方向性的指标来统领，而增长率就是最重要的方向性指标。战略、品牌、营销、研发、管理，所有的企业行为都是为了让企业增长，而增长率是衡量工作成果的最终指标。

二、5 种业绩拆分方式

业绩增长如此重要，如何才能实现业绩增长呢？

很多问题的解决都不能只盯着问题本身，而是要把问题拆分。把大问题拆分成小问题，把复杂的问题拆分成简单的问题，把不能解决的问题拆分成可以解决的问题。

业绩问题也一样。

业绩即利润，可以进行多种拆分，每一种拆分方式都可以提供一种解决问题的思路。

（一）利润 =ROE × 净资产

ROE 即净资产收益率，等于净利润除以净资产，它反映的是企业利用股东权益创造了多少净利润，是衡量企业盈利能力的综合指标，可以进行更细的拆分，也是巴菲特最看重的指标。

（二）利润 =ROA × 总资产

ROA 是指总资产收益率，等于净利润除以总资产。它反映的是企业利用所有资产创造了多少利润，也是衡量企业盈利能力的综合指标，可以进一步拆分。

ROA 与 ROE 的区别是，ROA 不考虑负债率问题，而 ROE 考虑负债率问题。但 ROE 体现负债带来的优势的同时，隐藏了利用负债带来的风险。所以，它具有潜藏的缺陷。为了弥补这一缺陷，笔者设计了一个指标叫 9C 系数，我们将在第二章讨论。

ROA 的优势在于，它比 ROE 更能反映管理层的产业经营能力，而不是负债能力。所以，ROA 和 9C 系数成为笔者最常用的企业评测指标。

（三）利润 = 收入－成本－费用

这是最原始的利润拆分方式，但能引发的启发不多。

（四）利润 = 市场规模 × 占有率－成本－费用

这种拆分方式能反映利润产生的过程，体现市场规模和占有份额的重要性，是较有价值的拆分方式之一。

（五）利润 = 价格 × 销量－成本－费用

这种拆分方式反映了价格和销量的因素，一般可引发是否可以提价的思考。

三、业绩动力源泉

上述五种拆分方式，最能反映本质的是前两种方式，这两种方式都具有明显的产业 + 资本的产融特征。

方式 1：利润 =ROE × 净资产

ROE 是产业问题，净资产是资本问题。根据这种拆分方式，业绩增长动力来自两个方面：一是产业，驱动 ROE；二是资本，驱动净资产。产业 + 资本，共同驱动业绩增长。

方式 2：利润 =ROA × 总资产

ROA 是产业问题，总资产是资本问题。根据这种拆分方式，业绩增长动力也来自产业和资本两个方面。产业驱动 ROA，资本驱动总资产，产业 + 资本共同驱动业绩增长。

产业 + 资本，即产融。

由此可见，产融是企业业绩增长的动力源泉。

第六节　产融互动：协同、接力、借力

产业经营和资本经营，不是分别独立的各行其是，而是互相促进的产融共同体。它们之间的互动关系有三种：协同、接力、借力。

一、协同

两股力量能否形成合力，取决于力的方向是否一致。一个向东一个向西，必然互相牵制，并形成内耗。只有力的方向一致，才能形成协同效应，加快目标的达成。

不管是产业经营还是资本经营，目的都是驱动企业成长，包括盈利能力的提升、业绩的增长和资产规模的增长。它们的目的是一致的，产业经营和资本经营，都是统一在这一目的之下的。

产业经营面对产业市场，做好产业端的经营；资本经营面对资本市场，做好资本端的经营。这就像两个背靠背的战士，各自独当一面，并不给对手可乘之机，必要时，还能互相配合，打出各种复杂的组合拳。

二、接力

上楼梯是个简单动作，我们从来不会感到有压力。但你想过没有，只有一条腿的人，又没有拐杖，怎么上楼梯？恐怕只能使用一个极费力又带有风险的动作，那就是蹦。

为什么两条腿比一条腿更轻松、更简单？因为两条腿可以接力，在一条腿腾空期间，另一条腿可以支撑身体。

那么，企业有几条腿呢？

产业经营，就是企业的一条腿。只有这一条腿还不够，因为没人和它接力。当它乏力、危困的时候，没人能够把它替下来休息。只有产业经营、资本经营两条腿走路，才能互相接力、互为后援。

三、借力

产业支撑资本，因为它能为资本经营提供基础、信誉、预期；资本驱动产业，因为它能为产业提供视野、洞见、资金、资源（见图 1-7）。

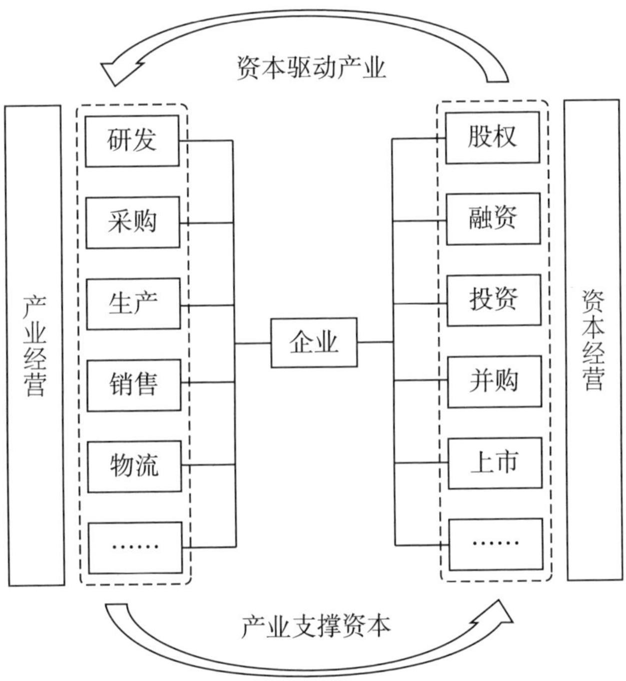

图 1-7　产业经营与资本经营

产业为形，资本为势。无形，则势无根；无势，则形不尽用。

互联网行业是怎么发展起来的？那就是产业与资本互相借力、循环互动发展起来的。先是产业前景吸引资本进入，然后资本驱动产业快速发展，产业发展起来后给予资本丰厚的回报，然后更多的资本进入产业，如此往复，就有了互联网行业几十年的繁荣。

行业如此，企业也是如此。

第七节　产融竞争：从平面竞争到立体竞争

企业竞争力既分为核心竞争力和系统竞争力，也分为产业竞争力和产融竞争力。现阶段，只有核心竞争力和产业竞争力还不够，只有建立系统竞争力和产融竞争力，才能保证企业的竞争地位。

产业竞争，思维和行动都局限在产业层面，要想提升企业竞争力，只能在研、供、产、销等产业范围内做文章。这面临三个问题：一是发挥空间有限；二是资金、资源不足；三是竞争威力不够。

由于以上原因，产业竞争往往耗时长、难度大。这在以前不是问题，因为大家都是产业竞争，就像汽车还没被发明出来，大家都骑自行车，拼耐力就行了。但以后，只靠产业竞争将会越来越难。

现在，越来越多的企业开始采用产业 + 资本的产融竞争模式，如图 1-8 所示。

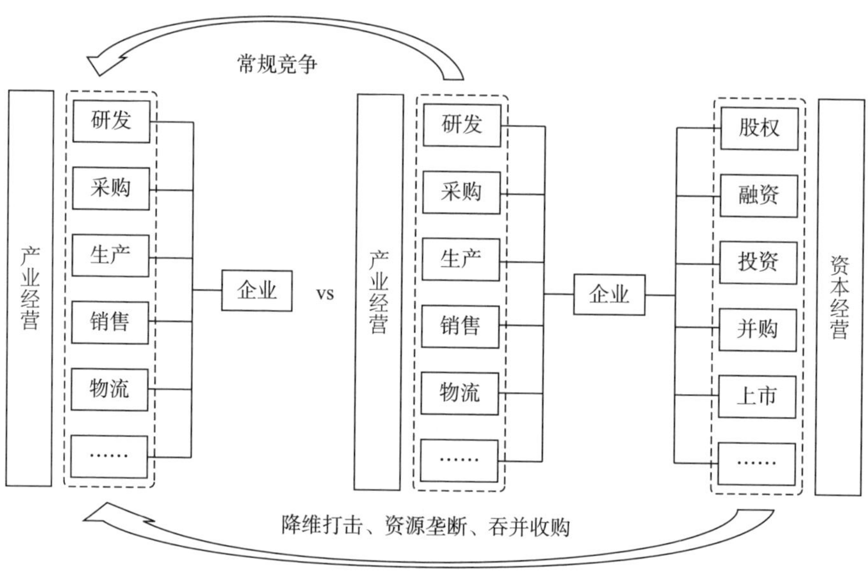

图 1-8　产融竞争模式

与产业竞争相比，产融竞争更有利于企业竞争力的提升，并驱动企业快速成长。

产融竞争具有以下六个优势。

一、资金资源

要想提升企业竞争力，就要在关键竞争要素上投入，就需要资金、资源的持续注入或吸附。可以说，资金、资源注入或吸附的质量和数量，将直接决定企业竞争力的大小，甚至现在很多新兴市场直接拼融资的数量和速度。

在资金、资源的注入或吸附方面，产融竞争具有的通道、配套、信息平台、方向、筹码提升、互动循环、波段操作等优势，是产业竞争根本无法比拟的。

二、发展速度

产融竞争的特点之一，就是用空间换时间。别人几十年兢兢业业积累的竞争资源，它可能通过并购在一夜之间就拿到手里。另外，它还可以通过证券化的手段，把未来几十年的收益拿到今天集中变现，然后再投入企业。

三、行动空间

产业模式的所有竞争行动只能在产业层面进行，活动和周旋空间有限；而产融竞争除了可以在产业层面行动，还可以在金融和资本层面行动。另外，产业和金融、资本还可以互相配合，进行联合行动。就像军事战争，产业模式只有陆军，只能在陆地上行动；而产融竞争既有陆军又有空军，可以进行立体配合作战。

四、产融协同

企业资源的利用效率，直接影响企业的价值和竞争力。产融竞争，可以大大提升企业资源的利用效率。

金融和资本，对产业成长具有强大的助推作用。产业成长又可以反过来推动金融和资本的发展。它们之间，天然地互相促进、互有需求。在产融两者各自独立的情况下，由于信息不对称和利益不一致，两者是不能充分发挥各自最大价值的。而在产融竞争的情况下，企业可以在自己的系统内解决信息不对称和利益不一致的问题，从而充分发挥产融两方面的最大价值。

五、策略工具

在产融竞争模式下，企业可以采用的策略和工具大大增加，不仅可以采用传统的产业层面的策略和工具，还可以采用金融、资本层面的策略和工具。这两个层面组合，还可以衍生出更多的策略和工具，必然使企业的竞争力大大提升。

六、竞争等级

产业层面的竞争，范围和力度都是有限的。产融竞争则从产业层面延伸到金融、资本层面，它可以采用收购、资源垄断等进行资本控制和资本打击，其竞争范围和力度是产业竞争的企业根本无法想象的。

产业层面的竞争，使用的是冷兵器；金融、资本层面的竞争，使用的则是现代火器，攻击力是冷兵器的数倍。

随着商业竞争的升级，产融将成为企业进化的必然选择。

第八节　产融创富：财富创造的核心密码

商业的追求是创造财富，而创造财富最多的人都被记录在各种富豪榜名单上。所以，研究这些名单，可以让我们发现很多财富创造的秘密。

一、富豪财富来源

以前富豪榜名单上的人，很多都是房地产行业的，而现在则以互联网和新兴行业的居多，这反映了行业的变迁所造成的财富创造机会的转移。

而更有价值的发现，则来自对这些人财富来源的分析。

你会发现，这些人的主要财富来自他们所持有的企业股权估值和股票市值，其中又以上市公司的股票市值为主。很多人仅仅因为自己的公司在当年上市，就晋升到富豪榜名单中。可以说，是否拥有上市公司及上市公司市值的规模，是造成个人财富分野的最大函数。

二、商业财富创造模式

在商业领域，股东的财富是如何创造出来的？具体的财富创造模式又有哪些呢？

（一）财富创造过程

从财富最大化角度来讲，一个完整的财富创造过程是这样的：股东投入资金，购买各种生产资料，创建一家企业，然后运营这个企业并不断做大利润规模，直至具备上市条件再上市，最后以持有股票或变现股票持有现金的方式获取财富。其流程如下：

股东 → 资金 → 生产资料 → 企业 → 利润 → 上市公司 → 市值 → 财富

（二）财富创造模式

这是一个完整的流程，但并不是所有环节都必须走一遍，而且每个环节的财富创造效率不一样，有的环节创造的财富多，有的环节创造的财富少。

从理论上讲，可以在前面的任何一个环节投资介入，然后在后面的环节变现退出。不同环节的介入和退出，形成了不同的财富创造模式。

在商业实践中，最常见的财富创造模式如表 1-2 所示。

1. 传统模式

这是最常见的模式，也是绝大多数财富创造者采用的模式。自己投入资金，购买各种生产资料，从无到有地创建一家企业，然后苦心经营，不断做大利润规模，最后通过分红的方式获取财富。

表 1-2　股东财富模式

股东	资金	生产资料	企业	利润	上市公司	市值	财富
传统模式		投资	经营	变现			
并购模式			并购/经营	变现			
独立上市		投资	经营	经营	IPO/借壳	经营/变现	
并购上市			并购/经营	经营	IPO/借壳	经营/变现	
债权投资	投资/变现						
股权投资			投资			变现	
炒壳模式					投资/变现		
炒股模式						投资/变现	
其他							

2. 并购模式

这种模式不是自己创建企业，而是直接并购一家现成的企业，然后运营并做大利润，最后通过分红的方式获取财富。

3. 独立上市

这种模式的前半部分与传统模式类似，也是投入资金购买生产资料，然后运营企业做大利润。但与传统模式不同的是，它不是分红套现，而是继续做大利润，然后谋求上市，最后在二级市场通过持有或变现股票的方式获取财富。

4. 并购上市

这种模式与并购模式的前半部分类似，并购一家企业，然后运营企业做大利润，但它不是分红套现，而是继续做大利润后谋求上市，最后在二级市场通过持有或变现股票的方式获取财富。

5. 债权投资

这是银行、小贷公司的财富创造模式，投资和变现都严格限制在资金环节，通过赚取利息获取财富。

6. 股权投资

这是私募股权投资、创业投资、天使投资等机构的财富创造模式。它们投入资金购买潜力企业的股权，然后等待企业上市后通过变现股票获取财富。

7. 炒壳模式

这是所谓的“壳王”“养壳人”等人的财富创造猫。这种模式不参与企业上市前的任何操作，而是直接购买一家上市公司的控制权，然后再寻找合适时机高价卖出控制权获取财富。

8. 炒股模式

这是所有股民、游资、股票型证券投资基金的财富创造模式。

9. 其他

以上 8 种模式之外的其他模式。

三、产融是创造财富的核心密码

仔细分析上述财富创造模式，你会发现产融是创造财富的核心密码。

（一）所有财富创造模式，都涉及产业和资本

上面我们共介绍了 8 种常见的财富创造模式，其中并购模式、独立上市、并购上市都需要先做大利润，然后再寻求上市，所以既要做好产业，又要做好资本。

债权投资、股权投资、炒壳模式、炒股模式四种模式，尽管不需要自己做产业，但必须懂产业、考虑产业，否则做不好投资或炒不好壳和股。而资本方面，更是它们的核心，是必须要尽一切努力做好的。

比较容易让人误读的是第一种传统模式。这种模式追求的是利润最大化，似乎只需要考虑产业，不涉及资本问题。实际上，利润 = 资产收益率 × 资产，提高利润收益率是产业问题，提高资产规模则是资本问题。所以，传统模式也是同时涉及产业和资本问题的。

所以，所有财富创造模式都涉及产业和资本。

（二）大额财富都是在产业基础上在资本层面实现的

财富的获取主要靠三种价值的变现：一是利润；二是估值；三是市值。估值适用于非上市企业，市值适用于上市企业。估值和市值等于利润与市盈率的乘积。

由于市盈率这个放大器的存在，变现利润还是变现估值和市值，获得的财富可以有几十倍的差距。所以，大额的财富都是靠变现估值或市值，在资本层面实现的。怎样才能有更高的估值或市值呢？当然是靠做好产业，并辅以必要的资本动作。

（三）以产业为基础在资本层面创造财富的速度更快

由于产融模式是在产业的基础上变现估值或市值，所以它比直接变现利润创造财富的速度快。

由此可见，产业 + 资本，即产融，是创造财富的核心密码。要做好创造财富这一人生命题，就不能不重视产融，不能不研究产融。

第二章
9C 系数分析法：你的企业有多强

善度变者观本。

——《鹖冠子》

第一节　9C 系数：剖析企业利器

9C 系数，是笔者在实践中摸索、总结出来的一套方法。

它不能包打一切，但足够犀利。在它成型之后的几年，帮助笔者看透了无数企业。

现在，只要笔者想研究某家企业，就会先应用 9C 系数，它每次都能在极短时间内（1~3 天）给出笔者想要的答案。

比如涪陵榨菜的 9C 系数如图 2-1 所示。

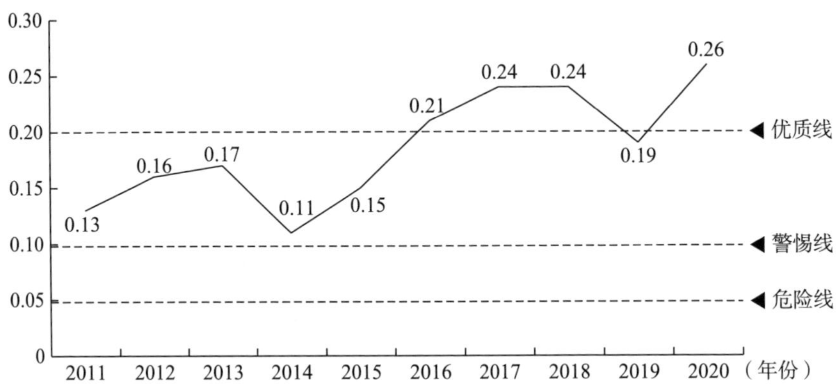

图 2-1　涪陵榨菜的 9C 系数总览

格力电器的 9C 系数如图 2-2 所示。

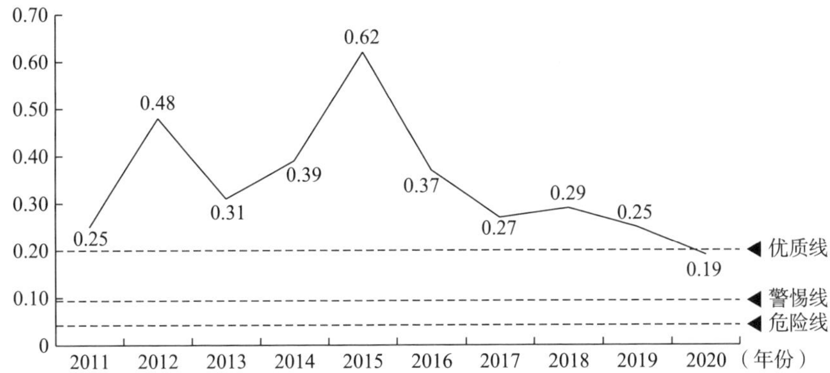

图 2-2　格力电器的 9C 系数总览

五粮液的 9C 系数如图 2-3 所示。

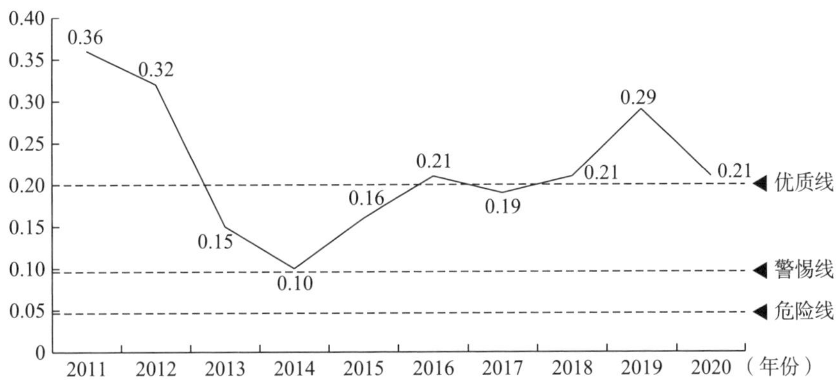

图 2-3　五粮液的 9C 系数总览

乐视网 2007-2016 年的 9C 系数如图 2-4 所示。

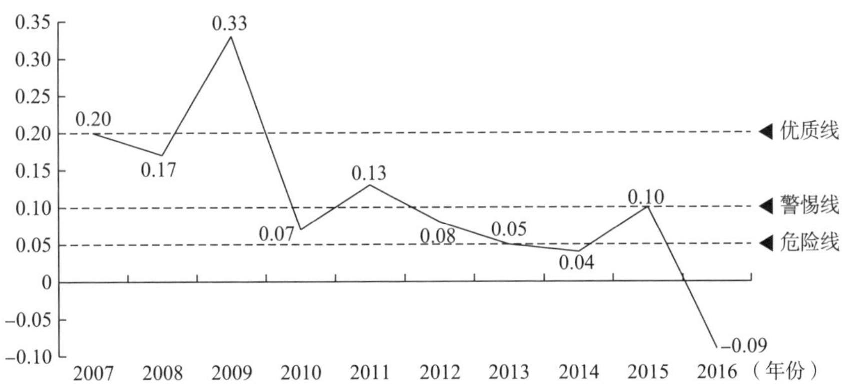

图 2-4　乐视网 9C 系数总览

那么，9C 系数到底是什么呢？

一、应用场景

（1）分析自己的企业：定期跳出日常细节，保持大局观和方向感，必要时寻找问题症结。

（2）分析上市公司：利用年报和研报，透过现象看本质。

（3）分析其他企业：通过投资分析、竞争分析等，获得基本财务数据和业务信息。

二、问题的提出

企业类型五花八门，企业问题千头万绪。

如果想研究透一家企业的方方面面，没有几个月的时间一般很难实现。

但是，我们时间有限，并且基于常规需要，也没有必要知道企业的所有细节。

这时候，如何快速地看透一家企业的本质，抓住最关键的 20%，就成为最迫切的问题。

三、何为看透

如何看透一家企业，应该包括以下四点：

（1）看透质地：是好企业还是差企业？

（2）看透处境：处于何种处境和经营态势？

（3）看透趋势：在向好还是在变坏？

（4）找到症结：有什么问题？症结在哪儿？

四、9C 系数分析法

9C 系数分析，分为总览、初级拆分、深度拆分三个部分。

9C 系数总览，是为了看透企业的质地、处境、趋势。

9C 系数拆分，是为了找到企业问题的症结。

五、9C 系数计算

进行 9C 系数分析之前，需要先计算企业的 9C 系数。

（一）计算公式

9C 系数 = 净资产周转率 ×［（扣非净利率＋收现比）/2 －财务费用率］

其中：

净资产周转率 = 营业收入 / 净资产

扣非净利率 = 扣非净利润 / 营业收入

收现比 = 经营现金流净额 / 营业收入

财务费用率 = 财务费用 / 营业收入

当然，这个公式是可以进行变形和衍化的，如下所示：

9C 系数 = 净资产周转率 ×[（扣非净利率+收现比）/2 −财务费用率]

= 权益乘数 × 总资产周转率 ×[（扣非净利率+收现比）/2 −财务费用率]

= 营业收入 ×[（扣非净利率+收现比）/2 −财务费用率]/ 净资产

后面这个变化非常重要，下一章将以它为基础，构建本书的重要内容——9C 模型。

（二）所需数据

初级分析，需要 3~10 年的以下数据：净资产、营业收入、扣非净利润、经营现金流净额、财务费用。

深度分析，所需数据视初级分析结果而定，基本思路是逐级拆分、层层聚焦。

六、9C 系数曲线

将企业各年度 9C 系数连接起来，成为一条线，这条线就是 9C 系数曲线，对这条曲线进行分析，即 9C 系数总览，如图 2-5 所示。

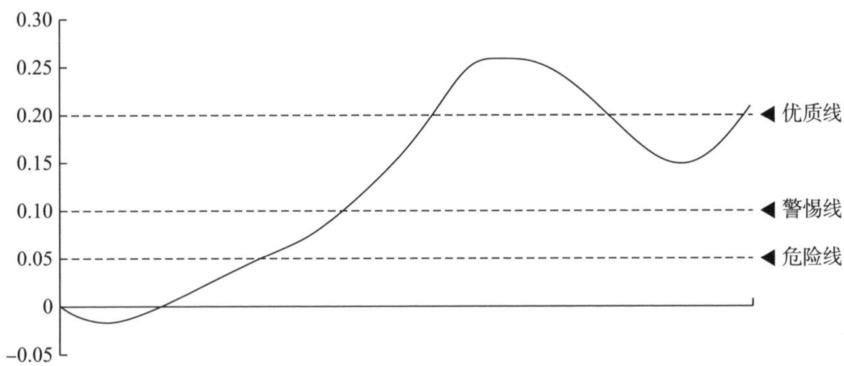

图 2–5　9C 系数总览

9C 系数总览用于解决看透任务的前三项：看透质地、看透处境、看透趋势。

（一）看透质地

通过观察历史 9C 系数，看透企业质地，分为四种类型：

（1）保持在 0.2 以上的是优质企业。

（2）保持在 0.05~0.2 的是普通企业。

（3）徘徊在 0.05 以下的是差企业。

（4）有时在 0.2 以上，有时在 0.05 以下的，是波动性企业，好坏不定。

（二）看透处境

通过观察当前的 9C 系数，看透企业处境分为四种情况：

（1）当前在 0.2 以上的处于优良区。

（2）当前在 0.1~0.2 的处于安全区。

（3）当前在 0.05~0.1 的处于警惕区。

（4）当前在 0.05 以下的处于危险区。

（三）看透趋势

通过观察当前 9C 系数曲线的方向（长期和短期），看透企业趋势分为三种情况：

（1）曲线上行的，企业在向好。

（2）曲线下行的，企业在变坏。

（3）曲线平行的，企业没有大变化。

七、9C 系数曲线初级拆分

通过对 9C 系数曲线进行拆分，可以判断企业问题的根源，分为初级拆分和深度拆分。

初级拆分用于确定问题的方向，深度拆分则用于最终锁定问题的症结。

初级拆分是将 9C 系数曲线拆分成净资产周转率柱状图、扣非净利率曲线、收现比曲线、财务费用率曲线，然后将它们和 9C 系数曲线放到一起进行对比观察。

图 2-6 是格力电器 9C 系数曲线的初级拆分。

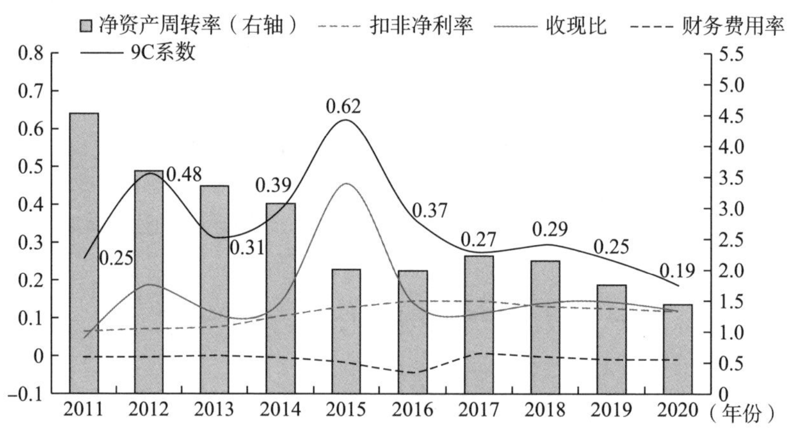

图 2-6　格力电器 9C 系数曲线的初级拆分

通过 9C 系数曲线的初级拆分，可以直观地看到 9C 系数变动的具体动因，并以此确定后续的分析方向。

八、9C 系数曲线深度拆分

深度拆分，是将 9C 系数曲线初级拆分拆出来的净资产周转率柱状图、扣非净利率曲线、收现比曲线、财务费用率曲线等进行更细的拆分。

当然，深度拆分是分层级的。从逻辑上讲，拆分得越细，问题聚焦得越精准。但是，每一步拆分都要以上一步为基础，都需要有更多的数据支持。拆分的层级越多，越容易陷入细节，导致失去大局观。所以，要根据分析的具体目的，把握一个度，并不是拆分越细就越好。

初级拆分具有共性，每家企业的初级拆分都是拆分成净资产周转率柱状图、扣非净利率曲线、收现比曲线、财务费用率曲线。但是，深度拆分不一样。

深度拆分将涉及更具体的财务和业务信息。对于这些，行业不同、企业不同、每个人的知识储备和底蕴不同，可以根据自己的情况进行个性化的拆分。

（一）净资产周转率

净资产周转率可以先拆分成营业收入和净资产，其中营业收入可以有多种拆分方式：

营业收入 = 客流量 × 转化率 × 客单价 × 复购率 × 转介绍率

营业收入 = 单价 × 销量

营业收入 = 市场规模 × 市场占有率

营业收入 = 各类产品营业收入之和

营业收入 = 各地区营业收入之和

营业收入 = 各渠道营业收入之和

除此之外，净资产周转率还可以拆分成权益乘数和总资产周转率。

权益乘数等于总资产除以净资产，可以体现企业利用资产杠杆的能力。同时，它反映了企业的债务风险。要注意的是，风险有的是真的，有的是假的，需要结合财务费用率来看。

总资产周转率等于营业收入除以总资产，反映企业利用总资产创收的能力。

（二）扣非净利率

扣非净利率，可以先拆分成毛利率和各项费用率。

各项费用率又可拆分成研发费用率、销售费用率、管理费用率、财务费用率。

（三）收现比

收现比，先拆分成经营现金流净额和营业收入，营业收入的拆分见净资产收益率。

经营现金流净额可以再拆分成流入和流出，之后可以再按产品、地区、渠道等进行拆分。

（四）财务费用率

财务费用率先拆分成财务费用和营业收入，营业收入的拆分见净资产收益率。

财务费用可以再拆分成资金成本和负债总额。

九、9C 系数的局限与弥补

（一）9C 系数的局限性

单独看任何指标都是片面的，9C 系数也不例外。

即使都是片面的指标，能反映的企业“片”和“面”的大小也是不一样的。

有些指标能反映的“面积”更大，比如巴菲特和芒格最推崇的 ROE（净资产收益率），而 9C 系数比 ROE 能反映的“面积”更大、更真实。

ROE 考虑三个要素：总资产周转率、权益乘数、净利率。

与 ROE 相比，9C 系数少了净利率，多了扣非净利率、收现比、财务费用率。

不用净利率，而用扣非净利率，是因为要剔除补贴等非经常性损益的影响。同时，由于现金流与负债风险很重要，所以也考虑收现比和财务费用率。

但是，9C 系数仍然是片面的，因为企业有两个维度：一是强不强；二是大不大。

9C 系数只能反映企业强不强，不能反映企业大不大。

（二）如何弥补

要建立对企业全面的认识，只需在 9C 系数的基础上再考虑反映企业规模大小的指标，如净资产、总资产。

9C 系数和净资产、总资产结合在一起，就可以建立对企业的全面认识。

十、有效性与普及性

任何指标都只在一定范围内有效，当普及到一定程度，必然产生针对它的财务美化手段，这只是时间、成本、难度、幅度的问题。

作假是需要成本的，也是要担风险的，但为什么还有那么多“魔术大师”存在呢？为了迎合人们对某些指标的推崇和依赖。

如果推崇和依赖的人少呢？投入产出比和收益风险比就不合算了，作假的概率就要低很多。

所以，指标的有效性与普及性是成反比的。

9C 系数会不会有一天被普及呢？

不会。估计它永远都只是一个小范围的存在。

所以，它会一直有效。

第二节　净资产周转率：转得有多快

收入是企业利润和现金流的来源，没有收入，一切都是无源之水。

在 9C 系数的分析体系中，用来分析企业创收能力的指标，是净资产周转率，其计算公式为：

净资产周转率 = 营业收入 / 净资产

如果想更精准一些，可以用：

净资产周转率 = 营业收入 / [(期初净资产 + 期末净资产)/2]

以下对净资产周转率进行简要说明。

一、本质：创收能力和周转速度

从名字可以看出，净资产周转率的本意是用来衡量企业周转速度的，即利用净资产，创造了几倍的营业收入。这个指标越高，说明企业周转速度越快。

同时，它反映了企业获取收入的能力。指标越高，说明获取收入的能力越强。

这个指标是不是越高越好呢？是不是指标高的企业就比指标低的企业好呢？

不一定。

二、不同行业的企业不具有可比性

百业百态，不同行业的企业，商业特性与博弈态势是不一样的，相互之间不能就净资产周转率这个指标进行单独比较。

比如银行、家电、百货，它们的净资产周转率的特征不一样，你不能单独拿这三家企业的净资产周转率单独进行对比。

三、净资产周转率单独看意义不大

在企业分析中，单独看任何指标都是片面的。

净资产周转率只考虑了营业收入和净资产两个参数，而企业是一个复杂的综合体，营业收入和净资产尽管很重要，但也只是它的一部分信息而已。

四、净资产周转率的五种分析思路

（一）看自身变动趋势

统计企业历年净资产周转率，把它们画成折线图，从中可以看出企业净资产周转率的发展历史、变动轨迹、演化态势。

（二）与同行对手比较

不同行业的企业，不能就净资产周转率进行单独比较，但同行企业之间是可以比较的。

处在同一行业的企业，生存的外部大环境是相同的，区别在于各自的强弱态势和商业模式。但个体的力量毕竟弱小，除非成长为行业巨无霸，否则逃不出行业为你划定的大体格局。所以，同行的企业一般会呈现出类似的净资产周转率特征。

比如疫情对某一行业的影响，是遍及行业所有企业的，按说各企业都应呈现出相同的净资产周转率变动态势。如果有一个企业不一样，那它肯定是实施了不同于同行的个性化举措。

（三）与行业均值比较

行业均值有一定的欺骗性，因为它总是被巨头左右。但是，它毕竟能在一定程度上反映行业的态势与变动，拿它和企业的净资产周转率进行比较，是有一定意义的。

（四）与财务费用率结合分析

净资产周转率的上升，可能来自营业收入的增加，也可能来自净资产的减少（这种情况最具有欺骗性）；而营业收入的增加，可以靠现有资产增加，也可以靠负债增加。如果是负债增加，由此带来的营业收入的增加和净资产周转率的上升，是有一定风险的，因为负债是有成本的。如果由此增加的利润不能覆盖增加的成本，这种发展模式就是一种非良性的发展，表面形势大好，但实际上企业是在不断变坏的。

要识别这种风险，就要把净资产周转率与财务费用率放到一起，进行组合分析。如果净资产周转率增加了，但财务费用率并没有增加，就是良性的发展；如果净资产周转率增加了，但财务费用率增加的更多，那就是非良性的发展。

（五）在 9C 系数初级分析中使用

9C 系数是反映企业状况的综合指标，净资产周转率是其变量之一。

在 9C 系数初级分析中，把净资产周转率放到 9C 系数变量体系里进行分析，可以看出净资产周转率与扣非净利率、收现比、财务费用率，以及 9C 系数之间的变动关系。

比如净资产周转率的提高，是不是产品大降价，以牺牲扣非净利率为代价？

是不是赊账，影响了收现比？有没有增加负债，从而使财务费用率上升了？最终对 9C 系数造成了什么影响？

小结：

企业的目的是利润，但利润来自收入。所以，要创造利润首先要创造收入。尽管可以通过压缩支出和费用提升短期利润，但长期利润的增长只能来自收入的增长。

所以，净资产增长率作为判断收入变动态势的重要指标，对它的分析十分必要，也十分重要。

第三节　扣非净利率：利润有多厚

利润，是企业永恒的追求。没有利润，企业就是在毁灭价值，而不是创造价值。

衡量企业利润获取能力的指标是利润率，包括毛利率、净利率、扣非净利率。其中，最重要的是扣非净利率。

扣非净利率是 9C 系数的重要函数之一，其计算公式为：

扣非净利率 = 扣非净利润 / 营业收入

什么叫扣非净利润呢？

所谓扣非净利润，即扣除非经常性损益后的净利润，这是单纯地反映企业经营业绩的指标，把资本溢价等因素剔除，只看经营利润的高低。这样更能准确地判断企业经营业绩的质量。

非经常性损益是指企业发生的与经营业务无直接关系，以及虽与经营业务相关，但由于其性质、金额或发生频率影响了真实、公允地反映企业正常盈利能力的各项收入、支出。

具体来说，非经常性损益包括以下项目：

（1）处置长期股权投资、固定资产、在建工程、无形资产、其他长期资产产生的损益。

（2）越权审批或无正式批准文件的税收返还、减免。

（3）各种形式的政府补贴。

（4）计入当期损益的对非金融企业收取的资金占用费。

（5）短期投资损益，但经国家有关部门批准设立的有经营资格的金融机构获得的短期投资损益除外。

（6）委托投资损益。

（7）扣除公司日常根据企业会计制度规定计提的资产减值准备后的其他各项营业外收入、支出。

（8）因不可抗力因素，如遭受自然灾害而计提的各项资产减值准备。

（9）以前年度已经计提各项减值准备的转回。

（10）债务重组损益。

（11）资产置换损益。

（12）交易价格显失公允的交易产生的超过公允价值部分的损益。

（13）比较财务报表中会计政策变更对以前期间净利润的追溯调整数。

（14）中国证监会认定的符合定义规定的其他非经常性损益项目。

我们通过一个案例来感知一下净利润与扣非净利润的差异。

图 2-7 是某知名家电零售企业 2011—2019 年的净利润情况，感觉怎么样？

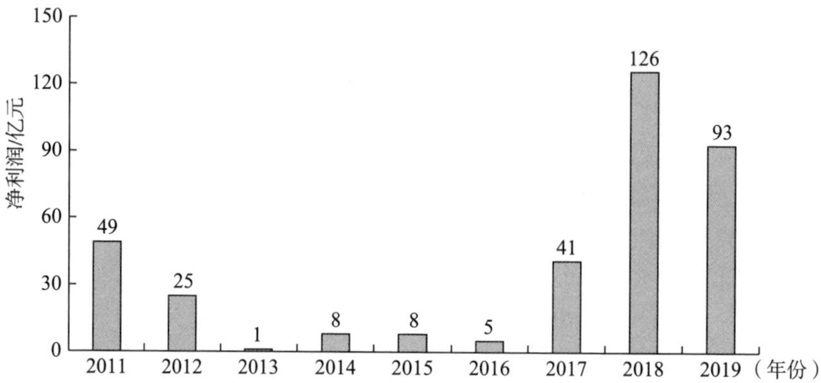

图 2-7　某知名家电零售企业 2011—2019 年的净利润情况

2011—2016 年不行，但 2017—2019 年净利润猛增，感觉还不错，是吧？但它的扣非净利润就不好了，如图 2-8 所示。

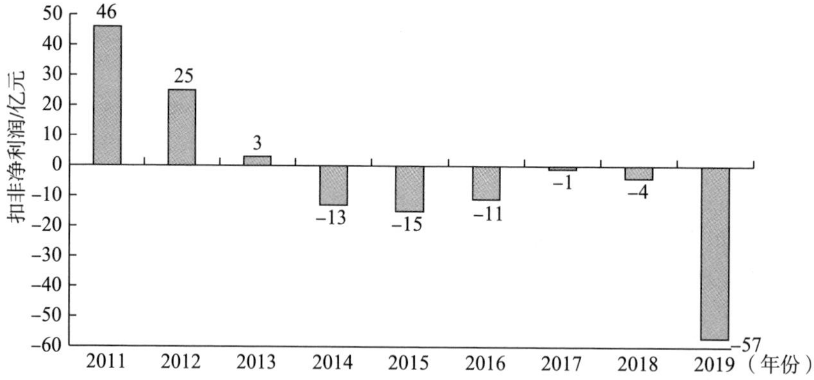

图 2-8　某知名家电零售企业 2011—2019 年的扣非净利润

该企业 2017—2019 年扣非净利润不但没有增长，2019 年还暴亏，这意味着它的质地在急剧变坏!

该企业撑过了 2020 年，但到 2021 年实在撑不下去了，创始人无奈，只好折价转让了控制权，最终被阿里巴巴接管。

简单理解，净利润是面子，扣非净利润才是里子。

扣非净利率，即企业凭真本事赚长钱的能力。这是一个剔除了运气、偶然、意外等因素之后的硬指标，它反映的是企业赚钱的真本事。

最后，需要说明一下，扣非净利率是有缺陷的，它对财务调节和财务造假不能免疫。

手段高明又花样繁多的财务“魔术师们”，可以很容易地对它进行调节，甚至实现某种程度的操控。

识别财务调节和财务造假是一项复杂的技能，普通人难以驾驭。不过，有一个指标可以使用，那就是收现比。

收现比不能识别出所有财务调节和财务造假，但能在很大程度上降低中招的概率。重要的是，它极为简单，普通人也可以很容易理解和掌握。

第四节　收现比：真金白银才是硬道理

现金流对所有企业都极为重要，一切破产倒闭的企业都是现金流出了问题。可以说，现金流就是企业的生命线。只要现金流不断，哪怕一直亏损，企业也能生存下去。反之，只要现金流断了，即使企业是盈利的，也将难以为继。

在 9C 系数的分析体系中，用来分析企业现金流的指标是收现比，其计算公式为：

收现比 = 经营性现金流净额 / 营业收入

其中，

**经营性现金流净额 = 经营活动产生的现金流流入 –
经营活动产生的现金流流出**

在即时结算的交易模式下，收现比应该是与扣非净利率相等的。也就是说，你有 10% 的扣非净利率，就应该能赚到 10% 的现金。

但真实的商业世界，要么是店大欺客，要么是客大欺店。很多企业都是占上游的款,然后被下游占款。只有极少数企业能够既占上游的款,又占下游的款。最惨的是上下游都被占款，这样的企业现金流不会太好，抗风险能力极弱。

在传统的 ROE 分析体系中是没有收现比的，为什么 9C 系数要把它纳入分析体系呢？

因为收现比能够反映企业以下重要信息：

一、抗风险能力

这很好理解。收现比高的企业，可以收到更多现金，有了钱，现金流就好，抗风险能力就强。收现比低的企业，赚的钱都在账面上，拿不到足够的现金，现金流紧张，稍有风吹草动就可能是莫大的危机。

二、博弈态势

博弈态势即企业在与上下游的商业互动中处于什么地位，是吃上下游，还是被上下游吃。

博弈态势的确定受两个因素的影响：一是行业谈判地位；二是企业竞争优势。

不得不说，行业与行业是不平等的。有些行业天然占据优势地位，又有极高的进入门槛。栖身这样的行业中，即使不太努力，也能赚到超出社会平均水平的钱。这些行业中的企业，在与上下游的博弈中一般都处于优势地位，甚至是吃了上游吃下游。

如果所处的行业一般，不能为企业加成，就只能靠企业自身的“硬实力”。如果你的实力强，也能在与上下游的博弈中处于优势地位，这就是靠真本事说话了。

三、收益质量

评判收益质量最常用的指标是净利率，但我们认为它只是面子，容易被美化，所以引入了扣非净利率。

但是，只有扣非净利率还不够，因为它反映的只是账目上的钱，不是实实在在收到手里的钱。所以，我们又引入了收现比。

将扣非净利率与收现比结合，两者相加再除以 2，这样就得到一个平均数。这个平均数既剔除了非经常性损益，又考虑了现金流，是考察企业收益质量的绝佳指标。

四、企业价值

当你投资一家企业，如何确定它的价值？怎么知道卖家的要价是狮子大开口，还是挥泪吐血大甩卖？

最主流的分析方法就是现金流折现法。

所谓现金流折现法，即预测未来若干年企业一共能创造多少现金，然后将其折算成现值，看看企业值多少钱。

这种估值方法的核心就是现金流。所以，考察企业收现比，是判断企业价值的重要手段。

提示：
收现比也是可以造假的，只是比收入和利润的造假成本更高、难度更大。所以，对于异常的收现比表现也要保持警惕，不要盲目相信。

第五节　财务费用率：好公司都是负数

财务费用率是一个不知名、不被重视的指标，但在 9C 系数的分析体系中，对它十分看重。

财务费用率的计算公式十分简单：

财务费用率 = 财务费用 / 营业收入

在计算扣非净利率时，我们需要计算扣非净利润，而计算扣非净利润，需要减去管理费用、销售费用、财务费用三大费用。也就是说，为了计算扣非净利率，已经减过一次财务费用了，这里为什么还要把财务费用拿出来再次进行计算呢？这样会不会造成重复计算？

这里的确存在重复计算，但这个重复计算是有意义的。因为财务费用率不只是一项费用率那么简单，它还有更深层的含义。

一、负债风险

上一节我们讲了收现比，认为一切破产倒闭的企业都是因为现金流出了问题。但是，现金流出问题只是结果，原因又是什么呢？

长期原因是盈利状况和收现情况，总是微利甚至亏损，还收不到足够现钱的企业，就如同温水煮青蛙，现金流会越来越枯竭，出问题是早晚的事。

短期原因是负债。为什么有些红极一时的知名企业会在一夜之间垮塌呢？很多就是因为负债到期了，拿不出足够的钱清偿债务，如果再加上挤兑，垮塌是分分钟的事。

所以，识别企业的负债风险极为重要。

要识别负债风险，一般是看负债率。但是，只看负债率还远远不够，因为负债也是分真假的，负债高的企业不一定风险大，它的负债可能是假负债。

什么意思呢？就是这种负债不是真的借了别人的钱，而是对上下游占款，这种负债不但不用支付利息，还可以赚取利息。

如何识别负债的真假呢？

最直观的指标就是财务费用率。假负债的企业，其财务费用率长期保持负数；真负债的企业，其财务费用率长期保持正数。如果这个正数突然变大，就要警惕了。

二、博弈态势

上一节在收现比中讲了博弈态势，认为收现比是反映企业博弈态势的指标之一。但是，除了收现比，财务费用率也可以反映企业的博弈态势。

如果一家企业的财务费用率长期保持负数，说明它长期都在占用上游或下游的账款。为什么它能做到这一点呢？必然是因为它在与上下游的博弈中处于主动和优势的地位，否则上下游怎么会让它占这个便宜呢？

反之，如果一家企业的财务费用率长期都是正数，除了可能有很多有息负债，还可能是因为它在上下游的博弈中处于劣势，长期被上下游占用资金。

所以，财务费用率是反映企业博弈态势的另一个重要指标。

小结：

在 9C 系数的分析体系中，对企业的负债风险和博弈态势十分重视，所以专门把财务费用率拿了出来，作为计算 9C 系数的重要变量之一。

至于在计算 9C 系数时，为什么要减去财务费用率，是因为如果一家企业的财务费用率是正数，那应该是减分项，所以要减去财务费用率；如果一家企业的财务费用率是负数，那是加分项，也应减去，因为负负得正。

第六节　相关指标：ROA、ROE

有两个指标与 9C 系数的关联性很高，经常被拿来评估企业的价值，它们就是 ROA 和 ROE。这一节简要介绍它们。

一、ROA：总资产收益率

ROA 即资产回报率，也叫资产收益率，计算公式为：

ROA= 净利润 / 总资产

由于分析需要，还可对 ROA 进行以下拆分：

ROA= 净利润 / 总资产 =（净利润 / 营业收入）×（营业收入 / 总资产）

= 净利率 × 总资产周转率

ROA 反映的是企业利用所有资产创造收益的能力，它不考虑资产结构，把负债和所有者权益作为一个整体来看待，如图 2-9 所示。

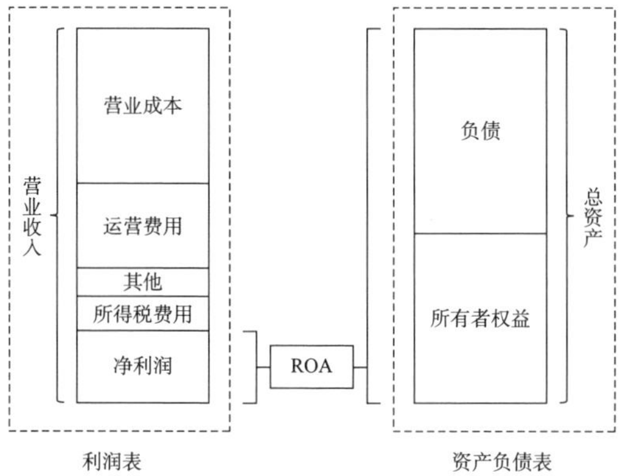

图 2-9　ROA

二、ROE：净资产收益率

ROE 即净资产收益率，计算公式为：

ROE= **净利润 / 净资产**

由于分析需要，也可对 ROE 进行拆分：

ROE= **净利润 / 净资产 =(净利润 / 营业收入)×(营业收入 / 总资产)×(总资产 / 净资产)**

= 净利率 × 总资产周转率 × 权益乘数

ROE 反映的是企业利用净资产创造收益的能力。与 ROA 不同，ROE 考虑资产结构，区分负债和所有者权益，如图 2-10 所示。

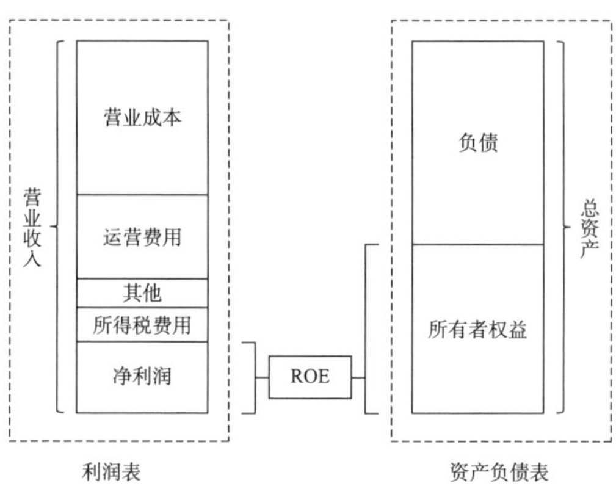

图 2-10　ROE

三、ROA 与 ROE 的比较

（一）ROA 不考虑负债杠杆效应

ROA 与 ROE 的区别在于对负债的态度。

只要做企业就绕不开负债问题。对于负债，不能简单地说好或不好，因为它的情况比较复杂。

一方面负债需要支付财务费用，会增加企业支出，并且后续还债还可能导致现金流紧张甚至资金断裂；另一方面负债又能增加企业可用资产，使企业获得杠杆效应。所以，负债是一个利弊共存体，对不同的企业会造成不同的影响；在同一个企业的不同阶段，影响也不一样。

ROE 对于负债是欢迎和敏感的，负债率的上升，可以有效地提高 ROE。

ROA 对于负债是冷漠和钝化的，负债率的上升，一般不会引起 ROA 的提高，甚至还会导致其下降。

在总资产一定时，负债率的上升，会造成 ROE 的提高，但对 ROA 没有影响。

（二）ROA 更能反映企业真实的盈利能力

如果有两家企业，一家 ROE 提高了，一家 ROA 提高了，哪家企业的盈利能力更强呢？

根据上述拆分公式，ROE 提高了可能是三个原因：一是净利率提高了；二是周转率提高了；三是权益乘数即负债率提高了。净利率和周转率的提高，可以看成是盈利能力更强了。但负债率的提高，难道仅仅因为一家企业更能借钱了，就说它的盈利能力更强了吗？显然不能。

所以，ROE 的提高不能必然说明企业的盈利能力更强了，因为不能排除单纯是因为负债率提升造成的。

ROA 的提高就不一样了，根据上述拆分公式，ROA 的提高只能是因为两个原因：净利率提高了，或周转率提高了。这两个因素不管哪一个提高，都可以说明企业的盈利能力更强了。

所以，ROA 更能反映企业真实的盈利能力。

（三）ROA 是判断企业强弱的标准

什么能体现企业的强弱呢？当然是盈利能力。盈利能力强，企业就强；盈利能力弱，企业就弱。这是最朴素的道理。

衡量企业的盈利能力，最直观的指标就是 ROE 和 ROA。

根据上述的分析，相对于 ROE，ROA 更能反映企业真实的盈利能力。所以，判断一家企业的强弱，直接看 ROA 就可以了。

（四）ROA 是利润增长的关键

ROA 的提高和资产的增加都可以引起利润的增长。但 ROA 的提高，是利润增长的关键。因为 ROA 的提高，可以同步造成资产的增加（利润增加会导致资产增加）；但资产的增加，不仅不会提高 ROA，还会造成 ROA 下滑，因为分母变大了。

（五）不同行业的 ROA 不具有可比性

不同的行业，由于关键驱动因素不同，行业特性也不同，所以在盈利模式方面会呈现巨大差异。有的靠高周转，比如快消品；有的靠高净利，比如高端白酒；还有的靠高杠杆，比如银行和地产。

由于行业之间盈利模式的差异，不同行业企业的 ROA 各有不同特点。不同行业的 ROA，是不具有可比性的。

四、ROA 与 9C 系数

ROA 只考虑两个变量：总资产周转率和净利率。

9C 系数的变量之一净资产周转率，可以拆分成总资产周转率和权益乘数。所以，9C 系数是包含总资产周转率的。

9C 系数不用净利率，而用扣非净利率，这样可以剔除非经常性损益，相对更能反映企业真实的盈利能力。

另外，9C 系数还考虑收现比和财务费用率，这是 ROA 未涉及的内容。

所以，ROA 是一个片面指标，9C 系数则更全面更精准。

五、ROE 与 9C 系数

由于被巴菲特和芒格推崇，ROE 被很多人所知。我们来看看它与 9C 系数的区别。

ROE 可以拆分成三个变量：总资产周转率、权益乘数、净利率。

其中，总资产周转率和权益乘数，两者相乘实际上就是净资产周转率，这也是 9C 系数的变量之一。

但是，9C 系数不用净利率，而是用**（扣非净利率＋收现比）/ 2 －财务费用率**，这是它与 ROE 的本质差异，这使得它比 ROE 更精准更真实。

至于原因，前面几节已经进行了说明，这里不再赘述。

第三章
9C 模型：产融底层思维

战势不过奇正，奇正之变，不可胜穷也。
——《孙子兵法》

第一节　9C 模型：九个要素四大范畴两大效果

产融不是象牙塔里的纯理论，它来自实践，也要回到实践。实践中，使用最多的是术，但术是不断变化的，数量也是无穷无尽的。所以，需要找出所有术的本质，提炼出底层思维。掌握了底层思维，就可以看透所有的术。另外，还可以与时推移，演化出无穷无尽的新术。

本章要介绍的 9C 模型就是产融的底层思维，如图 3-1 所示。

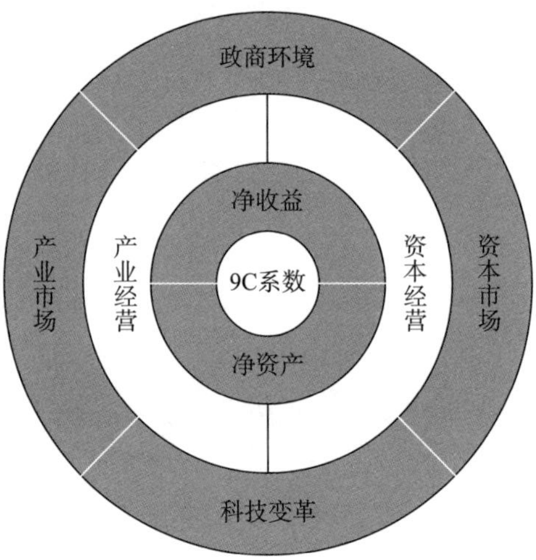

图 3-1　9C 模型

9C 模型由九个要素组成，分别为 9C 系数、净收益、净资产、政商环境、产业市场、资本市场、科技变革、产业经营、资本经营。九个要素分属四大范畴，追求两大效果。

一、四大范畴

9C 模型的九个要素分属导向、内形、外势、动作四大范畴。

（一）产融导向

9C 系数是产融经营的导向，企业一切产融活动都以它为指引。

经营企业，做什么、不做什么，先做什么、后做什么，没有一定之规，可以有无限可能。这看似是优点，实际上是缺点。因为选择越多，痛苦就越多，很容易让人迷失方向。

所以，企业必须有一个明确的指引和导向。

企业没有导向就会失去方向感，如同在大海上丢失了指南针的船只。

这些企业的经营者打哪儿指哪儿，而不是指哪儿打哪儿。他们经常陷入烦琐的日常工作，很少能抽出时间静下心来思考一下企业当前的战略重点是什么，自己有没有跑偏。

作为导向，9C 系数的作用就是告诉企业经营者，企业存在什么问题，当前的战略重点是什么。

（二）产融内形

产融内形，即企业内部的产融基础和实力。它分为两大要素：净收益和净资产。净收益偏产业属性，主要靠产业经营；净资产偏资本属性，主要靠资本经营。

净收益是 9C 系数的分子，净资产是 9C 系数的分母。

企业最良性的增长模式是，以净收益的增长为主、净资产增长为辅。以净收益的增长，带动净资产的增长。

但是，在净资产一定的情况下，净收益的增长是有上限的。因为有多少米，就能做多少饭。

所以，当净收益的增长空间不大时，必须将增长的重点转换到净资产的增长。

至于何时转换，要看 9C 系数。

当 9C 系数超过 0.2 以后，就是转换净资产增长模式的时候。

在激烈的市场竞争中，企业能否发展做大，内因和外因都很重要。如果要问内因和外因哪个更重要，笔者认为是内因。

以少胜多、以弱胜强的事情不是没有，但它们之所以被称为传奇，就是因为稀少性和小概率。更多的情况是，以强胜弱、以大欺小、石头碰鸡蛋。这些都不稀奇，这就是《孙子兵法》所说的“无智名”“无勇功”，但却是孙武最推崇的将军。因为这是最安全、成功概率最高、最符合客观规律。

企业的核心内因就看两大要素：净收益有多高和净资产有多大。

（三）产融外势

产融外势是外因，分为四个方面：政商环境（包括法规政策、政商关系）、产业市场、资本市场、科技变革。

内因很关键，但外势也很重要。不过，它对小企业和大企业的意义不同。

对于小企业，外势更多的是机会。

格局已定，风平浪静，市场已被先行者瓜分，哪有小企业插足的空间？只有风云突变、狼烟四起，小企业才能乘势而起、借机而动，在纷纷扰扰之中野蛮成长，最终乌鸡成凤、草莽成龙。

对于大企业，外势更多的是风险。

因为大企业已在既定格局之中占据优势，保持既定格局对它们是最有利的。形势突变，它们的格局就可能要发生变动，这是它们很不愿意看到的。

企业要成长，需要满足三个条件：外部机会、内部资源、内外匹配。利用外部机会，规避外部风险，对企业意义重大。

（四）产融动作

产融动作是在产融导向之下的具体打法和举措，分为两个方面：产业经营和资本经营。这里需要注意两个问题：

1. 动作与目标

实现产业目标，并非只能靠产业经营，资本经营也可以实现，比如通过并购可以直接获得净利润。同样，实现资本目标也不是只能靠资本经营，产业经营也可以实现资本目标，比如产业经营增加的净利润都可以变成净资产。

2. 动作与外势

产业经营不是只考虑产业市场就可以了，还要考虑政商环境、科技变革。同样，资本经营也不是只考虑资本市场就可以了，还要考虑政商环境和科技变革。

二、两大效果

9C 模型追求产融互动、产融协同两大效果。

（一）产融互动

产融互动是指以产业推动资本，以资本拉动产业，使两者形成互相促进、循环借力的良性循环效果。

比如做大利润会推动市值的增长，市值高了可以融到更多的资金和资源，有了更多的资金和资源，就能获得更多的利润，然后再进一步推动市值的增长，这就是一个典型的产融互动循环。

（二）产融协同

产融协同是指产业与资本相互协作，共同驱动企业的成长。

产业方面驱动净收益的增长，资本方面驱动净资产的增长，增长的净收益和净资产共同驱动企业的成长。

与产融互动不同的是，产融协同是产业与资本合力，共同驱动企业成长，是产业、资本与企业三者之间的关系。而产融互动是产业与资本两者之间的关系。

第二节　9C 系数：产融经营导向

如何评估一家企业的实力和价值？主要看两个因素：一是企业的强弱；二是企业的大小。两个因素中，最关键、起主导作用的是企业的强弱。

强而不大，早晚必大；大而不强，终究难强。其中，复利的意义不容忽视。

所以，企业产融经营的导向，要用一个可以反映企业强弱的指标。

那么，如何评估一家企业的强弱呢？

首先，要用相对值，也就是比率，不能用绝对值，资产很多、收入很高的企业不一定强；其次，这个比率要能反映企业的全貌，不能只是局部的表现；最后，这个比率要能进行不同行业间企业的比较，不能只局限于某一个或某几个行业。

能满足这些条件的指标不多，9C 系数是其中之一。

一、企业实力的综合反映

前面我们已经讲过 9C 系数的计算公式，现在我们再来回顾一下：

9C 系数 = 净资产周转率 ×[（扣非净利率＋收现比）/2 —财务费用率]

从公式可以看出，9C 系数是由四个比率指标计算而成的。其中，每一个指标都反映企业的某个重要方面，具体如下：

（1）净资产周转率 = 营业收入 / [（期初净资产 + 期末净资产）/2]，它反映的是企业创收的能力。

（2）扣非净利率 = 扣非净利润 / 营业收入，它反映的是企业创利的能力。

（3）收现比 = 经营现金流净额 / 营业收入，它反映的是企业收现的能力。

（4）财务费用率 = 财务费用 / 营业收入，它反映的是企业的负债风险。

二、不同行业间企业的比较

房地产企业与互联网企业能互相比较吗？

能比也不能比，看你用什么指标。

如果你用毛利率、净利率、ROA、负债率，那是没法比较的。因为不同行业的业务特性不一样、费用结构不一样、盈利模式不一样，这些只能反映企业局部的指标，在不同的行业是不具有可比性的。

如果你用 9C 系数就能比较，因为它反映的是企业的全貌，不是局部。不管是房地产企业还是互联网企业，抑或其他行业的企业，用 9C 系数都是可以跨行业进行比较的。

三、观测企业的最佳指标

“将军赶路，不追小兔”，但很多企业老板和创业者，经常忘记这一点。具体表现是，耗费大量的人力、物力、精力去做一些对全局、对战略目标没有太大促进作用的事情，而忘了既定的战略方向，或“捡了芝麻，丢了西瓜”。

为什么会这样呢？

因为企业日常事务的复杂性和身在此山中的当局者迷，还因为相对于长远和理性，人们更容易被眼前和感性吸引，跑着跑着就忘了方向，忙着局部，忘了全局。

解决这一问题的方法很简单，就是把 9C 系数设为观测指标（包括总览和拆分），每月更新，长期跟踪，这样就能够保持大局观和方向感。它能反映企业的全貌，以及态势变化和动因所在。企业运行得好不好，在变好还是在变坏，因为什么发生变化，都会在它波动起伏的曲线上表现出来。

第三节　净收益：比净利润更真实

在 9C 模型的体系中，净收益是仅次于 9C 系数的第二重要指标，它与传统意义的净利润有所不同。

那么，什么是净收益呢？

净收益 = 营业收入 ×[（扣非净利率 + 收现比）/2 — 财务费用率]

=（扣非净利润 + 经营性现金流净额）/2 — 财务费用

它是将 9C 系数演化，然后拆分出来的一个指标，其过程如下：

9C 系数 = 净资产周转率 ×[（扣非净利率 + 收现比）/2 - 财务费用率]

= 营业收入 ×[（扣非净利率 + 收现比）/2 - 财务费用率]/ 净资产

这个拆分出来的分子“营业收入 ×[（扣非净利率 + 收现比）/2 - 财务费

用率]”，我们将它称为净收益。

用来评估业绩最常见的指标是净利润，但净利润很容易被调节甚至造假。所以，用净利润做判断，可能会被蒙蔽。

与净利润不同，净收益是综合考虑了扣非净利润、经营性现金流净额、财务费用三者得出的一个指标，尽管它不能排除被调节和造假，但难度和成本无疑要高很多。所以，它要比净利润更具有真实性，更能反映企业真实的盈利能力。

企业做得好不好，第一指标是看 9C 系数，然后是看净收益。

一家企业不管看起来多么强大，只要净收益不好，就不是好企业。相反，只要净收益好，哪怕是小企业，或者看起来问题重重的企业，也是一家不错的企业。当然，这要结合 9C 系数来看。

一、净收益的重要性

不管是非上市公司还是上市公司，净收益都是极其重要的。

（一）非上市公司

如果一家公司没有上市，那么企业的生存、发展、股东财富的获取都将严重依赖净收益。没有净收益，企业就难以发展，甚至难以为继，股东更无从获取财富。

衡量企业经营成果的大小，最重要的指标也是净收益。可以说，对于非上市公司，没有净收益就没有一切。

（二）上市公司

上市公司是看市值的，市值的大小决定了企业的体量和股东财富的多少。但市值是由什么决定的呢？市值是由净利润和市盈率决定的，其中净利润 × 市盈率 = 市值。

短期净利润与净收益不同，但长期净利润必然趋近净收益的均值。

市盈率受多种因素影响，上下波动，无法控制，只能顺势而为。但是，市盈率的上下波动也不是毫无限度的，是以企业价值线为中心的，而决定企业价值线的就是净收益。

所以，对于上市公司，净收益也是极其重要的。

二、净收益的良性增长

我们对净收益的诉求，是让它不断增长，但增长也分良性和非良性。良性的增长，短期是利，长期也是利；非良性的增长，短期是利，长期是害。

那么，如何判断增长是良性的还是非良性的呢？

主要从以下几个方面来看：

（一）增长的动力来源

增长的动力来源，即企业的增长是靠什么驱动的，依靠销量增长而驱动的净收益增长是比较常见的，也是比较良性的。

（二）增长的协调性

增长的协调性，即营业收入同比增长率、营业利润同比增长率、净利润同比增长率、净收益同比增长率之间是否协调，以及营业现金流与净利润的比值。

（三）增长的成本与代价

增长的成本与代价，即考察其成本与费用的变动情况。

（四）增长的后续影响

依靠销量驱动的增长，相对温和，一般不会附带太多副作用，或留下严重的隐患。如果是因为降价、并购等，则后续问题可能比较复杂，需要谨慎对待。

（五）增长的潜力与空间

依靠销量驱动的增长，其增长潜力和空间取决于两个方面：一是市场总体的成长性；二是企业的市场占有份额。如果市场总体处于成长状态，企业的占有份额并不大，还有很大的增长潜力和空间。反之，市场总体已处于衰落期，需求在持续下滑，或者企业的占有份额已经很高，增长潜力和空间就有限。

（六）增长的可持续性

依靠销量驱动的增长，是否可以持续，要看两个因素：一是增长潜力与空间；二是企业的竞争壁垒，或者是护城河。

（七）增长的稳定性

增长的稳定性，即考察企业最近几个季度的净收益同比增长率，看是否平稳。

（八）增长的同步性

这主要是看企业的增长与行业的增长是否同步。

如果企业增长很快，但行业增长更快，企业的增长跟不上行业的增长，那说明有很多市场份额将被或已被竞争对手夺取。到行业终局的全面竞争阶段，企业将处于不利地位。

如果企业的增长速度比行业的增长速度快，说明企业在行业中处于中线以上的水平，到了行业终局，会有一定的胜出机会。但机会最大的还是增长最快、获取的市场份额最多的企业。

三、快速增长的条件

企业要想获得快速增长，必须具备以下三大条件：

（一）外部重大机会

伟大的成就，需要伟大的机会。

经济体系对企业个体的影响是决定性的。机会来了，可以让你飞上天堂；风暴来了，也能让你跌下地狱。但企业个体对整个经济体系的影响微不足道。在庞大的经济体系面前，企业个体的力量过于渺小。

所以，企业要想获得增长，必须借力外部经济体系所赋予的机会；想获得快速增长，就必须有外部经济体系的重大机会可以利用，也就是所谓的风口。好风凭借力，送我上青云。没有外部的风口可以利用，单凭中小企业内部的努力是不可能获得快速增长的。

人，是无法战胜趋势的。

（二）内部关键资源与核心能力

风口来了，也并不是所有的企业都能飞起来。因为大部分企业不具备利用这种机会的基础和条件。这包括两个方面：一是关键资源；二是核心能力。

1. 关键资源

一个企业想要正常运营，需要资金、资产、渠道、信息、资质等资源，但这些资源的权重并不是均等的。各行各业，都有一两种对建立竞争优势最有价值、最有意义的资源，甚至垄断了它就能称霸整个产业。这种资源就是这个行业的关键资源。这可能是上游资源或技术资源，也可能是下游资源，最常见的就是上游资源和技术资源。

2. 核心能力

关键资源强调的是物，核心能力强调的是人，即具备行业竞争所需的某种特殊能力的人。物是无生命、无思想、无创造力的，再关键的资源都需要人来使用才能发挥价值。如果没有具备相应能力的人去使用，它永远只是资源，不能为企业创造价值。有些行业，核心资产就是人，人的因素就显得更重要。老板管人，人管物，没有人，老板是玩不转的。

（三）内外高度匹配

外部的重大机会有了，内部的关键资源与核心能力也有了，但这并不能必然产生中小企业的快速增长，因为还要看内外是否高度匹配。外部是生命科学风口，你的资源和能力都是做房地产的，这就是不匹配；外部是新能源汽车风口，你的资源和能力是做锂业的，这就是匹配。

机会留给有准备的头脑，但这个头脑准备的必须是机会需要的，否则机会和头脑还是激荡不出成功的火花。

内外匹配，有两种情况：一种是无意的，属于暗合；另一种是有意的，主要靠产业研判。内部与外部的暗合是很幸运的，但这种事情的概率太小，我们不能寄希望于它。可行的方式是，主动研判产业、识别风口，针对性地获取关键资源、发展核心能力。也就是说，内外匹配，要先外后内，外部的重要性要远大于内部。

四、持续快速增长的阻力

前面分析了企业快速增长的三大要素，即外部重大机会、内部关键资源与核心能力、内外高度匹配。这三大条件具备时，企业就会快速增长。缺少其中任何一个条件时，企业就会增长下滑或者增长停滞，甚至负增长。

要想在某个阶段满足三大条件，尽管并不容易，但经过努力是可以实现的，这也是很多企业能在某个阶段获得快速增长的原因。不过，要想长期满足三大条件就非常困难了。所以，那些快速增长的企业经常难以持续，大多改变不了归于平庸的命运，只有极少数最优秀的企业才能跳出这一魔咒，保持持续增长。

为什么会出现这种现象呢？

因为外部形势的多变性会造成内外不匹配，并最终导致企业快速增长的难以持续。

（一）外部的多变性

企业的外部形势是复杂多变的。政策环境、产业市场、资本市场、金融市场，任何一个方面的震荡和波动，都有可能造成企业生态的重大变化，甚至给企业带来地震式的毁灭性打击。

证券基金业协会的一纸 4 号文件，改变了多少私募投资机构的命运。柯达、诺基亚又是如何因为产业市场的一次变迁，从辉煌走向没落的。2018 年的资本市场大调整，让多少家上市公司更换了主人。

（二）内部的稳定性

企业必须保持相对稳定性，否则战略无法持续、优势无法积累，那些变来变去的企业，是很难获得太大发展的。

成功的企业，容易沿袭既有经验，形成路径依赖，希望好运气一直延续下去，它们不喜欢变化。而大型企业，每一个转身都需要耗费巨大的能量，也是不喜欢变化的，它们更希望外部形势一直不变，自己能以现有体量优势和竞争壁垒霸占现有市场，永享既得利益。

所以，企业一般是倾向稳定性的，这是企业发展规律的客观需要，也是企业自身厌恶变化的主观意愿。

（三）内外不匹配

企业的增长，需要外部机会与内部资源能力的高度匹配。但外部的多变性，加上内部的稳定性，必然造成外部与内部的不匹配，这是事物发展的自然规律，甚至还会造成一种局面，那就是以前越成功，后来越被动。因为资产变成了累赘，冰山变成了火山。

企业的快速增长，三大条件缺一不可。而内外的不匹配，使企业失去快速增长的条件之一，必然导致企业增长的难以持续，就像化学反应，缺了必要的元素是产生不了预期的反应结果的。

增长的不可持续性如果得不到改善，企业将不可避免地陷入增长的困境甚至亏损的泥潭。

五、从外部着眼，从内部着手

外部变化是规律，谁都无法改变，我们能做的只是顺应和适应。

企业的增长，需要内外匹配，但外部不会主动匹配内部，只能内部主动匹配外部。所以，要想改变增长难以持续的局面，就要从内部着手，通过改变内部的资源和能力，去适应外部的变化，要做到这一点，又要从外部着眼。只有能看到外部的变化，并能看清形势的发展，才知道外部的机会在哪里，内部的努力才有方向，内外匹配才能实现。

第四节　净资产：股东的真正家底

上一节我们讲了净收益，其中提到，对净收益的诉求是让它不断增长。但是，如何才能让净收益不断增长呢？

要让净收益增长，可以从两个途径入手：一是提升 9C 系数；二是提升净资产。

那么，什么叫净资产呢？

净资产，即所有归属于企业所有权人（一般为股东）的资产，其计算公式为：

净资产 = 总资产 — 负债

在财会术语中，净资产又叫所有者权益或者权益资本，它由两大部分组成：一是企业开办当初投入的资本，包括溢价部分；二是企业在经营中创造的资产，包括接受捐赠的资产。

由于净资产与总资产密不可分，我们在这里一并探讨。

一、提升净资产的注意事项

（一）净资产提升空间比 9C 系数提升空间大

净资产是一个绝对值，9C 系数是一个相对值。净资产的增长空间是无限的，9C 系数的增长空间是有限的。

一家 9C 系数为 0.05 的企业，想把 9C 系数提升到 0.1 可以做到，想提升到

0.2 也有可能，但想提升到 0.3 就很难了。一般来讲，9C 系数能保持在 0.2 就是非常优秀的企业了。

所以，9C 系数的增长空间是有限的，因为它的天花板太低，即使从 0.05 提升到 0.3，也不过 6 倍而已，再想提升就是在挑战自然法则。

净资产的情况就不一样了，可以从 100 万元提升到 1000 万元，也可以从 1000 万元提升到 1 亿元，每次都是 10 倍的提升，并且永无上限。

所以，净资产的增长空间是远大于 9C 系数的增长空间的。

但是，净资产不能毫无节制地随意提升，因为每一次净资产的增加都会带来一个副作用，那就是 9C 系数的降低。

（二）提升净资产时，会拉低 9C 系数

这是一个简单的数学问题：

9C 系数 = 净资产周转率 ×[（扣非净利率 + 收现比）/2 − 财务费用率]

= 营业收入 ×[（扣非净利率 + 收现比）/2 − 财务费用率]/ 净资产

净资产是 9C 系数的分母，它的提升会立即拉低 9C 系数。当然，随着净资产的增加，会带来净收益的增长，并使 9C 系数回升。但是，这需要一定的时间，也有一定的不确定性。

（三）提升净资产后，必须尽快提升 9C 系数

企业是一个复杂的综合体，在不同的态势下，工作重点不同。由于提升净资产会降低 9C 系数，低 9C 系数状态会对企业不利，所以每一次提高净资产后，最重要的工作就是提升 9C 系数。

如果只顾做大净资产，而不管 9C 系数的高低，那就是在浪费甚至毁灭价值，而不是创造价值。

如果每次提升净资产后都能够提升 9C 系数，那么企业就可以无限做大。

二、做大资产的八种途径

这里的资产是广义的，包括净资产和负债。

很多企业都想做大资产，但这需要具备一个前提，那就是 9C 系数够强，否则做大资产是很危险的。

如果 9C 系数够强，企业可以通过八种途径做大资产：

（一）利润转增

这是最基础、最良性的资产做大途径。优点是稳打稳扎、后劲足，缺点是难度大、速度慢。如果能形成复利效应，威力也是十分惊人的。

（二）股权融资

过去二十年，成长最快的行业莫过于互联网行业。

很多互联网公司，从成立到上市，甚至只需要三五年。它们之所以能够成长这么快，除了因为行业红利，还因为股权投资市场的蓬勃发展。

腾讯、阿里巴巴、百度、京东，每一家你能叫得上名字的互联网大公司，几乎都是靠股权融资发展起来的。

股权融资会稀释创始人的股份和控制权，也能给企业带来巨量资金，是做大资产的最快途径之一。

（三）债权融资

债权融资通过增加负债做大资产，是最传统的资产做大途径。十年前，很多企业集团的崛起都是靠负债驱动的。这种途径需要注意两个问题：

1. 保证 ROA> 资金成本

总资产收益率必须大于负债利率，否则企业价值会不断缩水，很多集团公司就是因为对这一问题不够重视而招致灭顶之灾。

2. 对假性负债的利用

所谓假性负债，即不需支付利息的负债，一般是因为对上下游的占款而形成的。有些公司负债率并不低，但财务费用是负数，就是因为假性负债的存在。

（四）并购重组

并购是可以在一夜之间取得他人几十年积累的资本手段，速度不可谓不快。但它存在两个副作用，必须给予足够的重视：

A. 并购之后需整合，而整合的难度很大，失败率很高。

B. 并购资金如果来自债权融资，将提高企业的财务风险。

上述两点尤以 A 最重要。如果 A 能解决，B 就不再是问题；如果不能，B 就会成为大问题。

（五）资产置换

资产置换即企业以闲置、浪费、过剩的资产，去和他人换取自己需要的其他资产，可以在无形中使总资产的价值得到提升。

1. 资产置换的原理

某项资产的价值取决于它与谁组合，以及何时何地在何种情势下使用。相同的资产，在不同的人手里价值就不同。在你手里不值钱的东西，到了别人手里就有可能成为香饽饽。因为别人有你不具备的能力、资源、机会，可以让它发挥更大的价值。

2. 虚拟资产的利用

如果你手里有应用范围广、可无限复制、分享不损值的虚拟资产，可充分利用它与多人反复去换取自己需要的资产，而成本几乎为零。商业名人以个人品牌换取干股，就是这种模式的使用。

（六）资产孳息

所谓资产孳息，即资产自动滋生的价值。最常见的就是利息，它是本金这一资产的孳息。

（七）价值重估

有些资产的市值波动很大，每一次价值重估都会造成企业资产的重大变动。比如某钴业公司，存货中有大量钴原料，某年钴价暴涨，致使其资产价值大增。

（八）企业上市

上市是企业做大资产的大杀器。

企业一旦上市，就获得了市值这一重大资产，还有上市公司身份这一无形资产，对它们的合理利用，将使企业获得远大于普通公司的企业势能。

三、资产结构决定资产质量

甲企业总资产 1000 万元，乙企业总资产 1 亿元，乙企业肯定比甲企业好吗？不一定。

对于企业资产，看总量更要看结构，资产结构决定资产质量。

划分资产结构可以有多种方法，不同的方法可以给人不同的启发。比如：

（1）负债、所有者权益。

（2）固定资产、流动资产、无形资产。

（3）稀缺资产、普通资产。

（4）不足资产、过剩资产、闲置资产。

（5）正资产、负资产。

四、账面资产与账外资产

资产负债表所列的资产，并不是企业资产的全部，这并不是企业有意隐瞒资产，而是受限于会计制度的局限性。

企业的经营，需要多种资产的投入，有些资产尽管对企业价值巨大，却不属于资产负债表的记载范围。这时候，如果只看会计报表，就会造成重大遗漏。

五、账面价值与实际价值

资产的账面价值很重要，因为它是基于严格的会计制度做出来的，是判断资产价值最直观的依据。但是，它又是不准确的，因为资产的账面价值经常与资产的实际价值之间存在不小的差距。

所以，在看企业资产时不能只看账面价值，还要看实际价值。

第五节　政商环境：影响企业发展

任何企业都不是孤立存在的，都要生存于外部的大形势之中。在外部形势面前，所有的企业个体都是渺小的。这不仅仅适用于中小微企业，也适用于大型企业，甚至是商业巨头。

渺小的企业个体，影响力只能覆盖企业周边极小的范围，对整个外部形势的影响几乎可以忽略不计。但外部形势对企业个体的影响却是重大的，甚至是颠覆性的。

达尔文在《物种起源》中说："能够生存下来的，既不是最强壮的，也不是最聪明的，而是最能够适应变化的物种。"尽管他说的是自然界的生存法则，但这一法则同样适用于商业社会。

企业的外部形势，最重要的有四个方面：政商环境、产业市场、资本市场、金融市场。它们是构成 9C 模型的四大外因。

分析企业的外部形势，政商环境是需要考察的第一要素。

一、政商环境包括三个层面

政商环境是对企业影响最大的外因，包括三个层面。

（一）法规政策

某个产业的法规政策，代表国家和地方政府对该产业的态度。这种态度分为禁止、限制、鼓励、支持等，将分别对产业中的企业造成截然不同的影响。如果企业想进入该产业，这是需要考察的第一重要事项，它决定了该产业的大环境。

（二）政商关系

政商关系是指政府与企业之间的关系，包括当地政府部门与企业、主管政府部门与企业两种情况。

（三）官商关系

官商关系是指政府官员与企业之间的关系。

二、政商环境是一把双刃剑

政商环境对企业有利时，顺风顺水，怎么做都得心应手。一旦形势转变，又有可能处处受制，甚至连企业最基本的生存都难以为继。这一点在政商关系的第三个层面，即官商关系中表现得更明显。战友变成敌人，火山变成冰山，企业从兴盛到衰亡，往往只在一夜之间。

三、企业越大，政商环境越重要

企业越大，惯性越大，对政商环境的依赖也越大。当政商环境改变甚至逆转时，大企业比小企业需要更多的时间和成本才能适应。所以，越是大企业，对政商环境的研判越重要。

四、政商环境影响企业发展

只有当政商环境与企业相生时，企业才有生存的条件，才有机会发展壮大；当政商环境与企业相克时，企业的生存条件会逐渐离散，如不改变形势，最后只有死路一条。

在企业所处的四大外部环境中，政商环境对企业的影响最重大。所以，分析企业的外部形势，政商环境是第一要素。

第六节　产业市场：可决定企业兴衰

产业是经济的根本，是企业成长的土壤。一家企业要想不断成长，不在产业市场扎下深厚的根基是不行的。企业的主要活动，都是在产业市场进行的。产业市场的兴衰更替，直接决定了企业的兴衰更替。

由于产业市场过于重要，所以必须对它进行系统的分析和持续的跟踪。能够跟上产业的节奏、抓住每一个机会是最理想的，即使不能，也要避开产业的大风浪，不要遭受毁灭性的打击。

对于产业的分析，我们分为四个方面，共 25 个要点。

在具体分析某个企业时不一定全部展开，可以根据具体个案，有所侧重，如图 3-2 所示。

一、产业空间

小池塘里出不了大鱼。分析一个产业，首先要看它的发展空间有多大。如果空间太小，不足以支撑企业的增长目标，在这一步就可以直接过滤掉，不需要再进行后续的分析。除了产业空间，产业格局也很重要，也一并放在这里讨论。

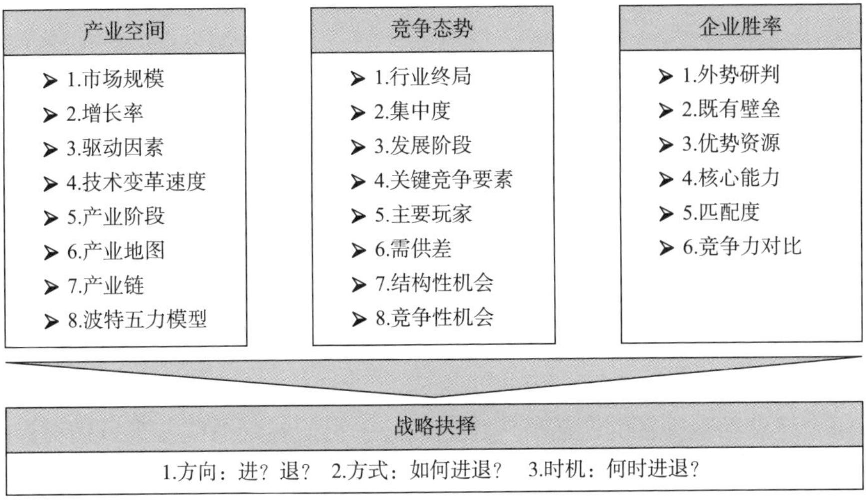

图 3–2　产业分析

（一）驱动因素

所有产业都是时代的产物。每个产业的出现、成长、兴盛、变迁、衰退，都有其背后的因素在驱动。产业是表，驱动因素是里;产业是果，驱动因素是因。所以，要看透一个产业，首先就要深入本质，探查其驱动因素的构成和态势发展。看清了驱动因素的发展，就看清了产业的发展。

（二）天花板

任何事物的发展都有其极限，树不能长到天上。产业成长的极限就是其天花板，它限定了这个产业的最大成长空间。不同的行业，天花板的高低不同，差异很大。随着时代的进步，某个行业的天花板会发生变动，即上移或者下移。所以，对天花板的看法不能一成不变，要动态地看、发展地看。

（三）增长率

看一个产业成长性的主要指标就是增长率。不同的产业，增长率的高低不同。一般来讲，年增长率低于 12% 的产业，都不算是成长性强的产业。

（四）技术变革的速度

不同的产业，技术变革的速度不同。食品饮料等消费品产业，技术变革的速度相对较慢，一项技术可能用几十年。手机、芯片等产业，技术变革的速度比较快，有些技术还没有收回成本甚至还没有量产，就已经过时了。

技术变革慢的产业，构建强壁垒需要时间，但建立起强壁垒，就可以在十几年甚至几十年保持优势。技术变革快的产业更新换代太频繁，很难建立起长期有效的壁垒，但它的优势是机会多，任何一次技术革新都是弯道超车的良机。

（五）产业阶段

一个产业从出现到消亡会经历四个阶段：导入期、成长期、成熟期、衰退期。不同的时期，机会大小不同，竞争格局也不同，这是产业的大势，必须仔细研判、清醒认识。

对于不同阶段的产业，要采取不同的策略。一般来讲，导入期应高度关注或先行布局，成长期应加大投资、建立壁垒、夺取份额，成熟期应严守地盘、获取收益，衰退期应减少投入、及时退出。

（六）产业地图

每个产业都有外部的链接和内部的细分，它们共同组成一张纵横交错的产业地图。做企业要有大局观，产业地图就是大局观的一部分。头脑里装着一张产业地图的人，以及双眼只盯着企业内部供研产销的人，思维、眼光、境界、举动都有很大的差异。

（七）产业链

产业地图是一个面，由不同的点和线组成。其中，最重要的那条线就是产业链。所谓产业链，即某产品从最初的原材料到半成品到成品再到最终消费者的整个链条。

产业链分为多个环节，不同的环节的盈利能力不同，其在整个链条中的重要程度也不同。有些强势的企业，能够找到并占据产业链中的关键环节，然后以此为资本，影响、控制甚至盘剥整个链条，最终成为产业链霸主。

（八）波特五力模型

产业链的每个环节都是一个行业。对于具体的行业，可以使用波特五力模型进行分析，即供应商和购买者的讨价还价能力、潜在进入者的威胁、替代品的威胁，以及同一行业的公司间的竞争。在五种力量中，最关键的还是同行间的竞争。所以，分析完产业空间后，还要对竞争态势进行重点分析。

二、竞争态势

任何行业都有竞争，只是竞争的烈度不同。竞争激烈的行业，所有企业都很难赚钱；竞争温和的行业，大家的日子都过得很滋润。但竞争态势不是固定的，所以要动态研判。

（一）行业终局

不同的行业，竞争到最后会有不同的结局。

有的行业最后会赢家通吃，只剩下最强大的一家，其他企业都被淘汰出局，这在互联网行业比较常见。有的行业最后会剩下两三家或五六家优势企业，其他企业只能勉强维持；还有的行业，竞争到最后，大家都只能占据一小块地盘，谁都难以做大。

不同的行业终局，行业中企业的机会和命运不同，这是对行业的远见，对企业极为重要。

（二）集中度

集中度是指行业前几名占据的市场份额，经常被用来判断行业整合程度。一般来讲，集中度越低，说明行业发展阶段越早，机会越多；集中度越高，说明行业发展阶段越晚，机会越少。这不是绝对的，必须结合行业终局进行综合判断。

（三）发展阶段

看清了行业终局，知道了集中度，就可以判断行业所处的发展阶段。如果离行业终局还远，那么小企业也可以参与，因为格局还不清晰，一切尘埃未定，谁都有机会成为最后的赢家；如果已经离行业终局不远，那么剩下的就是巨头之间的厮杀，小企业再进去，只能成为炮灰。

（四）关键竞争要素

行业都有竞争，但不同的行业竞争的内容不同，竞争的重点也不同。比如消费品行业，品牌都很重要，但工业品行业，品牌就没那么重要，而是技术很重要。在某个行业中，决定企业竞争成败的几个关键因素，就是该行业的关键竞争要素。它是行业的制高点，谁占据了它，谁就是该行业的主导者。

（五）主要玩家

知己知彼，百战不殆。参与市场竞争，必须对竞争对手有深入的研究、严密的观察和耐心的等待。

研究这个维度，要完成对行业主要玩家的全面探究，包括玩家之间的关系，谁和谁是盟友，喜欢一起行动；谁和谁敌对，经常针尖对麦芒。另外，各个玩家的优势是什么，劣势是什么，有哪些资源，软肋是什么，它们各自的战略是什么，反应习惯和路径是什么等。

总之，你对竞争对手了解得越多，就越有主动权。

（六）需供差

所谓需供差，即某行业需求与供应之间的差额，它反映了行业供不应求的程度。

最理想的状态是，需供差为正且有增大趋势，但这种行业极为稀少。更多的行业是，需供差为负且长期在负数区域徘徊，甚至有不断降低的趋势。长期需供差为正的行业难寻难觅，但阶段性需供差为正的行业还是可以经常遇到的。这正是行业中企业的机会，要想抓住它，必须事先有预判。所以，收集数据、绘制出需供差曲线、保持密切跟踪就显得十分重要。

（七）结构性机会

结构性机会是指行业中的空白细分市场机会，即市场存在某个细分需求，但缺少满足该需求的有效市场供应。它可能存在于产品品类、特征、功能的细分，可能存在于地域的细分，也可能存在于供需时点的细分。这种机会一般具有时效性，时间窗口不长，但利润丰厚。

（八）竞争性机会

竞争性机会是指市场需求存在有效供应，但竞争对手较弱，或正在犯错误。这时候，如果有强力的玩家进入，就可以夺走足够的市场份额。相对于结构性机会而言，这种机会对进入者的要求较高。它要求的是竞争优势差，你必须具备足够的实力，否则有机会也是别人的机会，跟你没关系。

三、企业胜率

产业有空间，竞争有机会，是不是谁都可以抢一份蛋糕呢？当然不可能。这里还涉及一个企业胜率的问题。所谓企业胜率，即企业参与产业竞争获胜的概率，一般可以从以下几点进行分析。

（一）外势研判

孟子有言："虽有智慧，不如乘势。"在威力庞大的外部形势面前，所有企业个体都是虚弱和无力的。对于外势，只能顺应和乘借，绝不能违逆。实践证明，所有意图与外势为敌的企业个体，都难逃覆亡的命运。

外势范围很广，但最主要的内容就是 9C 模型外部的那一圈，包括政商环境、产业市场、资本市场、金融市场。这些共同构成企业参与产业竞争的大形势，只有这个大形势处于良性状态，企业才有胜算。如果这个大形势不好，企业再强，也不会有太好的结局。

（二）既有壁垒

外势研判关注的是外因，既有壁垒强调的是内因，两者缺一不可。追根溯源，商业的本质是竞争，竞争的关键是壁垒。但是，强势壁垒的建立不是一日之功，非经年累月之积累而不成。所以，既有壁垒尤为重要。

（三）优势资源

优势资源有两个特征：第一，别人没有你有，别人弱你强，别人少你多，别人不可得你可不断复制；第二，属于行业关键竞争要素，对企业的价值重大。优势资源有的本身就是壁垒，也有的暂时不是壁垒，但终将形成壁垒。

（四）核心能力

无论外势的研判还是壁垒的建立，以及资源的获得，说到底都要靠人来实现。所以，人是企业的底层资产，它决定也限定了企业的大格局，这也是投资机构在考察项目时，重视创始人及团队的原因。人的因素中，最重要的就是核心能力。具备核心能力的人，企业便有了获取更多竞争优势的可能。

（五）匹配度

外势是外部因素，壁垒、资源、能力是内部因素。外部因素和内部因素两者都具备是不是就行了？不一定，还要看内外部因素是否匹配。即使外部机会再大，内部优势再强，如果内外部因素不匹配也是白搭。只有内外部因素匹配、内外相合，才能说企业拥有竞争实力，它才真的能在市场立足。

（六）竞争力对比

在竞争态势部分，有一项是对行业主要玩家进行分析。分析的目的是了解行业的主要竞争格局，以及主要玩家的打法、虚实和底细。这一步，我们要将企业带入这一格局，与各玩家相比，看看自己到底有几斤几两。然后，再模拟推演一下，自己可以采取什么动作，各玩家如何反应，最终可能会有哪些结局。这就是孙子说的：“夫未战而庙算胜者，得算多也；未战而庙算不胜者，得算少也。多算胜，少算不胜，而况于无算乎？吾以此观之，胜负见矣。”

四、战略抉择

产业空间、竞争态势、企业胜率，三者讲的都是分析，而分析不是目的，分析是为了决策。所以，在进行了上述三个方面的分析以后，就要思考以下问题：

（一）方向：进还是退

这个产业有多大空间？竞争态势怎样？自己有多大的胜算？是应该积极进入和快速扩张，还是应该减少投入和伺机退出？

（二）方式：如何进退

如果进，如何进？自己建设？直接并购？与他人合作？如果退，如何退？逐渐退出，还是快刀斩乱麻？直接停掉，还是卖给别人？

（三）时机：何时进退

如果进，现在是不是最佳时机？如何在抢占先机与形势明朗之间寻找最佳平衡点？需不需要等待行业冬天，以便低价大肆收购？

如果退，什么时点最佳？何时能获得最大变现价值，或损失最小？需不需要等一波行情，在鲜花和掌声的掩护下，悄然隐去？

小结：

在 9C 模型的四大环境中，产业市场是最重要的，所以我们用了最大的篇幅来讨论它。讨论的目的是希望尽可能地把产业市场中最重要的点都理清。理清这些点，是为了让我们对产业市场看得更透、更深、更远，从而更有利于实现目标。

第七节　资本市场：可决定企业快慢

资本市场是经济的蓄水池，是企业的源头活水。最近二十年发展最快的企业，几乎都离不开资本市场的助推。

那么，什么是资本市场呢？

要想解释清楚什么是资本市场，首先要先解释清楚什么是资本。

一、什么是资本

按照马克思主义政治经济学的观点，资本是一种可以带来剩余价值的价值，它在资本主义生产关系中是一个特定的政治经济范畴，它体现了资本家对工人的剥削关系。

现在，资本泛指一切投入再生产过程中的有形资产、无形资产、金融资产和人力资产。

简单来说，所有投入到企业，供企业经营获利的东西都是资本。它最主要的表现形式是资金，但不限于资金。

所有符合以下条件的东西都是资本：

（1）投入企业并由企业自由支配。

（2）供企业经营获利。

（3）供企业长期使用。

二、什么是资本市场

百度百科对资本市场的解释是：资本市场（capital market）又称长期资金市场，是金融市场的重要组成部分。作为与货币市场相对应的理论概念，资本市场通常是指进行中长期（一年以上）资金（或资产）借贷融通活动的市场。由于在长期金融活动中，涉及资金期限长、风险大，具有长期较稳定的收入，类似资本投入，故称为资本市场。

在笔者看来，资本市场就是进行资本交易的地方。也就是说，所有可以交易资本的地方，都可以称为资本市场。

资本的主要表现形式是资金，主要的资本市场都是进行资金交易的。根据交易阶段和交易模式，这些市场又可分为以下几类：

（一）一级市场

进行初次交易的市场，即第一手交易。

（二）二级市场

进行再次交易的市场，第二或第 N 手交易。

（三）股权 / 股份 / 股票市场

交易股权 / 股份 / 股票的市场（有限责任公司的股权，非上市股份有限公司的股份，上市公司的股票）。

天使投资、VC、PE 属于一级股权市场，国内的主板、创业板、科创板属于二级股票市场。

（四）债权市场

交易一年期以上长期借款、债券的市场。

（五）股债变种市场

可转债、优先股等。

三、资本市场的意义

资本市场对企业的意义重大。

（一）资本供给

企业是一个黑箱，投入资本，产出收益。只要收益率为正，肯定是投入的资本越多产出的收益就越多。如果收益率能做到 20% 的优异程度就更了不得了。

但是，如何增加投入的资本呢？

靠原有股东追加投资，毕竟是有限的，大的资本还是得打资本市场的主意。

资本市场聚集了海量的资本，以它自有的逻辑流向不同的产业和企业。由于总量是有限的，流入这个产业多了，自然那个产业就少了，流入你的企业多了，流入竞争对手的企业就少了。所以，有些产业的竞争表现为对资本资源的争夺，比如共享单车和打车软件。

（二）定价机制

一家企业值多少钱，股东手里的股权值多少钱，别说外人不知道，老板和股东也不一定知道，因为这很难衡量。

资本市场的功能之一就是定价，即它会给资产一个价格，这个价格不是某个人定的，而是市场定的，具有一定的公允性和广泛的可接受程度。

（三）流动性

资产的价值在于流动，没有流动性的资产，价值必然会大打折扣。现金的流动性最强，所以它是最受欢迎的资产。

当然，有些稀缺的资产是用钱买不到的，这样的资产是例外情况，比如垄断性的牌照、高端的技术、强大的品牌。

如果有变现的需求，流动性就非常重要，而资本市场为资本提供了最好的流动性。

如果没有资本市场，老板套取现金改善生活，或干脆不想干了要退休，如何退出呢？很难，因为股权没有流动性，要寻求被他人收购，这是一个复杂的工程。

如果企业接入资本市场，这就是很简单的事情，老板只需要按照规则减持或进行大宗交易就行了。

（四）增值效应

要说资本市场最大的价值，笔者认为是它的增值效应。

没有对接资本市场的企业，其价值主要体现在利润方面；已经对接资本市场的企业，其价值主要体现在市值方面。从利润到市值，中间加了一个杠杆——市盈率，这就让企业的价值翻了几十倍甚至上百倍。

（五）支付手段

接入资本市场的企业，它的股票就是钱，就是支付手段。

竞争对手搞得你很苦恼，怎么办？发点股票，收了它！

（六）公司治理

资本市场要求企业具备完善的治理体系，企业发展到一定阶段，这是刚需。

风险提示：

凡事必杂于利害，资本市场也不是只有好处没有坏处，天下没有那么好的事情。

资本市场具有周期性，与企业之间也存在反身性。由于杠杆的存在，这种反身性的效应会翻倍，即形势好时，它能让利翻倍；形势坏时，它也会让害翻倍。这是要注意的。

资本市场如同汪洋大海，要想畅游其间，必须熟谙水性，不然轻则呛水，重则有性命之忧，慎之！

第八节　科技变革：可决定企业更替

巴菲特几十年来秉持一个原则，那就是只投资消费股，不投资科技股。他最成功的标的之一可口可乐，就是在这一原则指导下投资的。近年来，这一原则逐渐被打破，但他一直保持对科技股的高度谨慎。

为什么他如此忌惮科技股呢？

他认为，科技发展太快，有太多不确定性，以科技为基因和竞争优势的企业难以保持持续和稳定，现在处于优势的科技公司，一旦颠覆性的科技出现，很容易被掌握新科技的公司取代。

应该说，他对科技与企业之间关系的认识非常清楚。当初那么强大的诺基亚，不就是被新兴的智能手机科技淘汰了？

科技变革，对企业命运的影响重大。

一、影响等级

不同的科技变革，对企业的影响是不一样的，按照影响等级分为以下三种：

（一）优化价值链条

这种科技变革，只对企业运营层面产生影响。利用新的科技，可以优化企业价值链条，提升企业的运营效率。如果不采用新的科技，也只是在运营效率方面落后。

（二）重构商业逻辑

这种科技变革，会对企业现有商业模式产生破坏性冲击，必须对现有商业模式进行重构，否则将在商业模式层面落后于竞争对手。

（三）颠覆产业基础

这种科技变革，破坏性是最强的，它颠覆了整个产业的存在基础，使产业作为一个整体从经济体系中淘汰出局。产业中的企业，自然也就成为多余，胶卷产业就是一个例子。

二、任性的科技

科技是可怕的，也是任性的，它的发展具有以下特点：

（一）不可阻挡

任何人都不能阻挡科技的发展，尽管它由人创造和实现。

（二）不可逆转

新的科技一旦出现，就不可逆转。

（三）加速度

科技发展的大趋势是呈加速度态势的。以前发展很慢，现在发展很快，以后发展会更快，直到人类无法承受的那一天。

（四）高度不确定性

科技会向哪个方向发展，以何种路径实现，将带来什么影响，这些都具有高度不确定性。

三、怎么办

作为企业，如何应对科技变革？最理想的方式是好风凭借力，送我上青云。为此，要高瞻远瞩、顺势而为。具体而言，要注意以下三点：

（一）战略前瞻

临时上车，很多事情是来不及的。第一，没有准备；第二，举措生效需要时间，但机会窗口一般很短。为此，必须保持战略的前瞻性。

（二）保持敏感性

由于科技发展的高度不确定性，即使你有战略前瞻，也无法准确预料战略前景。为此，必须保持敏感性，在关键时点捕捉到形势明朗的关键信息。

（三）插位布局 + 赛道转换

发现机会，何时行动，以便准确插位布局，这里有很多学问。早一步容易成先烈，晚一步容易错失良机，如何踩对时点，这是一门艺术。

除了对新科技机会插位布局，老产业何时退出，也有考究。有些产业的衰败可能就是一夜之间的事情，但有些产业的衰退会延续很多年。随着大量企业的退出，供给在减少。这种情况下，让原有产能发生预热，进行最后的收割，反而是不错的选择。

小结：

企业的兴衰更替有很多诱因，但科技变革无疑是最主要的一种。它的力量无比巨大，再强大的企业也无法与之抗衡，因为它代表了时代的大势，企业毕竟只是一个孤立的经济个体。

所以，科技变革，不可不察！

第九节　产业经营：为主、为体、为形

经营企业的阶段目标有六个，依次是盈利、做大、集团化、上市、资本系族、基业长青。

为实现这些目标，企业必须不断发展壮大。而发展壮大，不同的企业选择了三种不同的发展模式，即产业经营、资本经营、产融经营。这三种模式各有优劣，本节讨论产业经营，资本经营和产融结合随后分析。

产业经营发展模式被称为做加法、爬楼梯（相对应的，资本经营被称为做乘法、上电梯），它以利润滚动发展，基本纯以产业手段驱动企业成长，不使用或极少使用资本手段。

产业经营是商业实践中使用最多的企业发展模式。它的本质是，以时间换空间。企业经营的目标，主要靠自身的努力和时间的积累来实现。

一、做法：一级驱动

产业经营在各维度的做法是：

（1）资金：以自有资金启动，靠经营利润追加投资。经营期间需要资金时，会优先选择银行贷款；其次是民间借贷，少数会有股权融资，没有固定的融资机构设置和稳定的融资渠道。

（2）资源：会根据企业需要，以资金购入资源。

（3）资产：各项资产均以自有资源构建为主。资产用来自营，一般不出售。

（4）运营：企业的重心，是老板的关注点和主要精力所在。企业的价值创造，主要依靠这一环节。

（5）利润：经营所得利润，要么用于追加投资，要么用于分红，没有其他价值放大举措。

该模式的发展为一级驱动，即驱动力只有一个，就是利润（运营很重要，但其最终的价值表现还是利润）。企业有利润，就可以追加投资，以此获得滚动发展。企业没有利润，只能止步不前甚至走下坡路，故该模式对利润的依赖性很强。

二、5 个优势

（一）有根基

不管以何种模式发展企业，产业都是基础和根本。资本经营模式尽管自己不经营产业，但必须以他人的产业作为基础，它不能脱离产业凭空存在。而产

业经营模式经营的就是产业，并且是把产业牢牢抓在自己手里，所以，它能建立起牢固的产业基础。这决定了它的发展根基，要比资本经营稳固和牢靠得多。在心理上，也让企业主感觉更踏实，因为毕竟是实业，有实打实的东西放在那儿。

（二）负担轻

产业经营模式一般会量力而行，有多大的锅，做多少人的饭。它不会用很高的杠杆，甚至不用杠杆。它也会负债，除非在资金链极度紧张的危急时期，否则不会用成本很高的资金。实际上，一般的产业经营也承受不了太高的资金成本。由于对负债比率和资金成本进行了限制，所以一般产业经营比资本经营负担要轻很多。

但这只是一般情况，有些企业尽管使用的是产业经营模式，但由于历史原因或经营困境，造成了高负债率局面，甚至还有大量的高利贷成分。这时候，它的负担一点也不轻，甚至会比使用资本经营的企业负担还要重。

（三）发展稳

产业经营以利润驱动企业发展，它会受惠或受累于行业的繁荣或衰败，一般在与行业某种程度共振的基础上，根据企业资源的多少和经营能力的高低，获取高于或低于行业平均水平的收益和发展速度。产业经营有时会大起大落，但与资本经营总体相比，它的发展态势还是平稳得多。

（四）风险小

影响企业经营风险的因素有很多，而很重要的一个就是企业发展的速度。这就像开车，风险与速度是成正比的。产业经营相比资本经营，其发展速度要慢很多，所以，它的经营风险小很多。另外，产业经营的负担相对较轻，这也是它经营风险相对较小的原因之一。

（五）模式清晰

产业经营只需要做好产业，别的不用管。尽管单单做好产业也不容易，但与资本经营和产融结合相比，它毕竟不用操心那么多高度专业和快速发展的问题，只需要一门心思做产业就行。相对来说，产业经营的模式更清晰，需要考虑的问题更明确具体。

三、5 个弊端

（一）资源有限

产业经营主要靠自有资源发展，而自有资源永远是有限的。与企业的发展需要相比，企业所拥有的资源永远不够，这无疑将在很大程度上制约企业的发展空间和速度。

（二）速度慢

一般来讲，产业经营依托自有资源和企业自身实力，靠利润滚动发展，其发展速度有限，除非获得重要资源，或遇到行业的重大机会，否则利润的快速增长很难。如果面对行业的变迁和强势的竞争对手，要想保持利润不减少很难，更不要说还有很多挣扎在亏损边缘的企业，想让它靠利润获得快速发展，更是不可能完成的任务。

（三）易错失良机

实行产业经营模式的企业，其资金和资源的储备都是有限的。所以，在出现重大机会的时候，依靠自身实力一般是很难抓住机会的。所有的重大机会都需要集中的、大量的资金和资源投入，产业经营模式的企业是拿不出来的。如果产业经营模式的企业在发现重大机遇以后，突破了原有观念和思维的限制，对既有模式进行了调整并抓住了机会，那它多半会从此走上产融结合甚至资本经营的道路。

（四）竞争力有限

自有商业以来就有竞争，商业竞争的手段是多种多样的。以前，更多的是产业层面的竞争，而现在是资本层面的竞争越来越多。资本层面的竞争与产业层面的竞争完全不同。产业层面的竞争，更多的是你多我少的问题；而资本层面的竞争，可能是你死我活的问题。

（五）价值沉淀

经过长期持续的产业经营，企业会积累多方面、多层次的产业价值。这其中的一部分，会以产品或服务的形式，通过出售得以变现。其实还有更多的价值，并没有机会得到确认和变现，而是处在闲置、沉淀甚至浪费的状态。这些价值不是平白得来的，而是企业投入了极大的资金、资源和心血换来的。但它们并没有成为活化的价值，甚至根本处于被无视的状态。

小结：

产业经营是企业发展的传统模式，直到现在用的人还很多。这种模式在以前没有问题，因为大家基本上都用这种模式。但随着采用产融结合模式的企业越来越多，产业经营模式将处于十分不利的地位，也将面临很多挑战。

产融结合的模式，由于在产业之外增加了资本这一驱动力，将比采用产业经营模式的企业，拥有更多的可用资金、资源、机会。资本行为不仅本身能创造收益，还能通过为上下游提供信贷服务或并购竞争对手等手段，为产业提供强力支持。这些都是采用产业经营模式的企业难以竞争和难以应付的。

第十节　资本经营：为辅、为用、为势

资本经营经常被比喻为做乘法、上电梯（产业经营是做加法、爬楼梯），它的本质是以空间换时间，别人几十年的努力，它可能一夜间便获得成功。它的关注点和收益来源不是利润，而是资本利得。

产业经营把企业当成自己的儿子，是充满感情并要长期持有的；资本经营却把企业当成猪仔，是没有感情的，从一开始就是为了卖出盈利的。产业经营者经常惊讶和羡慕资本经营者的财富创造速度，但资本经营者内心的苦衷，产业经营者又了解多少呢？

一、做法：三级驱动

资本经营在各维度的做法是：

（1）资金：有部分自有资金，但以外部资金为主。会综合采用各种融资方式，包括股权融资、债权融资、私募基金、委托理财等；会综合运用银行、证券、信托、保险、上市公司等融资渠道。

（2）资源：几乎不为构建资产而购买资源，但会为投资、融资和其他资本行为而购入资产。

（3）资产：不以自有资源构建资产，而是以资金直接购买资产（或资产份额）。购买对象有两类：一是上市公司的股票、资产；二是非上市公司的股权、资产或整个企业（与他人以合资方式新设公司，也属于这一类型）。购买之后，在适当时机（之前可能会有重组等增值举措）卖出资产以获利，并进入下一个循环。获利方式有三种：一是在一级市场；二是在二级市场；三是一二级市场互动。企业的价值创造，主要在这一环节。

（4）运营：几乎不参与企业的日常运营，主要以企业创始人或职业经理人管理为主（一般会辅以股权激励和控制权保护等措施）。

（5）利润：对于所购入资产经营所得利润，会以各种方式放大其价值（上市、寻求收购、资产证券化等），并以此作为收益的主要来源。

该种模式的发展为三级驱动，即主要在资金、资产、利润三个维度使用了杠杆。而在资源和运营两个维度，由于着力有限，故它们难以形成足够的动力以便形成驱动。该模式由于增加了驱动要素，所以对利润的依赖要比产业经营模式弱。

二、5 个优势

（一）杠杆效应

产业经营是有多大能力办多大事，资本经营不一样，用杠杆是它的常态。它要实现的是借力打力，甚至无中生有。所以，资本经营注重不求为我所有，但求为我所用。为此，资本经营将大量使用资金杠杆、资源杠杆、资产杠杆、股权杠杆。通过这些杠杆的组合使用，做到以小博大、连环借力，从而实现从小我到大我的转变。

（二）速度快

因为杠杆的使用，资本经营可以在短期内使所控制的资金量、资源量、资产量获得快速增长，可以使企业快速做大资产规模和利润规模。这种速度，绝不是单纯依靠利润滚动发展的产业经营所能比拟的。

（三）能抓住机会

企业的发展，要外因和内因结合方能实现。外因包括风险和机会，内因包括优势和劣势。优劣如何评判？最主要的是拥有的资源和专业竞争力。

很多企业的崛起和快速发展，都是依靠一个外部重大机会实现的。越是伟大的成就，就越需要伟大的机会。但在重大机会来临并被决策者识别到的时候，产业经营的企业经常很难抓住。因为要想利用机会获得发展，就必须投入与机会匹配的、专属的、足量的资源。产业经营的自有资源有限，又没有借力外部资源的意识和能力，所以，决策者即使知道是重大机会，也只能望机会而兴叹。

资本经营在这方面的优势明显。因为资本经营拥有大量的资金、资源，或拥有快速获得资金、资源控制权的能力，所以，它有良好的内因基础去抓住机会这个外因，使企业获得快速发展。

（四）竞争力强

产业经营是在产业层面竞争，资本经营则是在资本层面竞争。但资本层面竞争的力度、效果、影响远远大于产业层面。

产业层面的竞争，用的是刀枪剑戟等冷兵器；资本层面的竞争，用的则是枪炮坦克等现代兵器。冷兵器能否战胜现代兵器？有可能，但需要你比对手拥有更高的战略战术，能更充分地利用天地自然之力，以及更好的运气，其难度和成功的概率可想而知。从大势来看，决定行业格局的必将是资本层面的竞争，而不是产业层面的竞争。

（五）价值激活

产业经营积累了很多价值，其中部分能以产品、服务的形式得以变现，但更多的价值处于闲置、沉淀甚至浪费的状态。资本经营能在很大程度上将这些沉睡的价值激活，使这些价值从僵化到流动，从固化到活化，并最终使其变现。值得注意的是，在这个过程中，经常能使价值数量得以放大甚至裂变。

三、5 个弊端

（一）缺乏根基

产业经营是资本经营的基础，脱离了产业经营，资本经营就会成为无源之水、无本之木。但习惯了资本经营的快速与生猛，资本经营者对需要兢兢业业的产业经营是看不上的。所以，资本经营者一般只在资本层面进行经营，不直接参与产业层面的经营。这就造成资本经营缺乏根基，也成为资本经营者经常被诟病是“玩虚的”的重要原因。

（二）负担重

资本经营利用杠杆，能获得大量的资金、资源和资产。有一利必有一弊，在获得它们的同时，也获得了义务和责任。这使资本经营者不得不承担极大的成本和风险，这是很大的负担。当不能利用拿到的资金、资源、资产，获得足以超过它们的收益和机会时，资本经营者将面临极为被动的局面，甚至陷入万劫不复的境地。

（三）发展不稳

一方面由于不直接参与产业经营，所以资本经营是不能掌控产业的；另一方面资本市场是变幻莫测的。所以，在前后两方面的不确定性综合作用下，资本经营的发展态势是很难稳定的。再加上资本市场本身就有对收益和亏损的放大机制，进一步加剧了资本经营的波动性。

（四）风险大

杠杆效应、速度快、缺乏根基、负担重、发展不稳，每一个因素都在增加资本经营的风险。单独来看，它们可能对企业的威胁都不大，但它们最后的合力，必然造成资本经营的系统性风险。在达到临界点之前，它们处于隐蔽、潜伏和被轻视的状态。一旦遭遇外部的环境变化，或某种催化酶式的刺激，就有可能迅速爆发，或呈星星火燎原之势。

资本经营想避免风险是不可能的，甚至想少担风险、担小风险都不可能，这是由它的运营模式决定的。所以，资本经营者只能尽量降低、防范、对冲、转移风险，将它们控制在合理的范围。所以，资本经营的风险管控十分重要。

（五）专业要求高

资本经营涉及很多专业问题，并且这些问题复杂多变，所以资本经营的专业性是很强的。做惯了产品、营销、品牌、管理的产业经营者，面对融资、并购、上市、证券化、新三板等资本问题往往一头雾水。尽管西方已经建立起系统的资本经营体系，但那是在西方的土壤上产生的，根本不适合中国，把它们拿到中国来用，会产生严重的水土不服。本土的资本经营者都是在各自的实践中摸索前行的，并没有统一的理论指导。

小结：

资本经营的优势很突出，但弊端很明显，并与产业经营呈相对关系。即资本经营的优势，正好对应产业经营的弊端；而产业经营的优势，正好对应资本经营的弊端。

产业经营稳、慢；资本经营快、险。所以，单纯的产业经营或单纯的资本经营，缺陷都很明显。有人就想，能不能将两者的优势结合在一起，做到既稳健又快速？如果能，那就太完美了。

基于这种考虑，商业实践中出现了产融经营的模式。产融经营是不是真的能发挥产业和资本的双重优势，做到完美无缺呢？

第十一节　产融经营：产业推动资本，资本拉动产业

产业经营慢，资本经营险，两者都有缺陷。所以，有人将两者结合在一起，开创了产融经营的发展模式。

实现产融经营的途径有三种：一是从产业到资本；二是从资本到产业；三是产业、资本同步发展。第一种情况最常见，也最容易成功。第二种情况也有一些。第三种情况只是理论上的，现实中很少见到。

产融经营的“融”有两层含义：一是指融资、并购、上市等资本手法；二是指投资和金融行业。与此对应，从产业到资本又分为两种情况：

一是产业经营做到一定程度，天然具有投资和扩张的冲动。这时候，经常会采用资本的手段。而产业作为起家的根本，也是不能丢的。所以，它们就造成了产业和资本两线作战，很自然地走上了产融经营的发展道路。现在的商业巨头，几乎都采用这种发展模式。

二是投资和金融行业拥有牌照优势，并未完全市场化，它的平均利润高于其他行业。所以，很多老板都有投资和金融的情结，一有机会，他们就会向投资和金融行业伸展触角，即使耗费巨资也在所不惜。如果成功介入投资和金融行业，也会形成产融经营的发展模式。

一、做法：五级驱动

产融经营在各维度的做法是：

（1）资金：自有资金和外部资金并用，会构建稳定的外部资金渠道，并与企业经营密切结合（企业需要资金时，降低投资加大融资；企业资金充裕时，加大投资降低融资）。

（2）资源：根据自建资产和投资、融资、购入资产多方面的需要购入资源。另外，除了购入资源，还会以自有资源撬动外部更多的资源。

（3）资产：既自建自有资产，也购入他人资产，购入资产的种类和获利方式同第二种模式（资本经营）。

（4）运营：对自建资产一般会深度参与日程运营。对购入的资产，会根据情况采取深度参与、一般参与、不参与等策略（对于非深度参与的资产，一般会辅以股权激励和控制权保护等措施）。

（5）利润：利润有两类，一类是自建资产的利润，另一类是购入资产的利润。不管哪一类，都会与第二种模式（资本经营）一样，以各种方式放大其价值。但收益来源中利润成分的占比，要比第二种模式多。

该模式的发展为五级驱动，即在资金、资源、资产、运营、利润五个维度都使用了杠杆。

是不是杠杆用得越多越好呢？不能一概而论，要看具体情况。

二、3 个优势

（一）产融双驱

产融经营的企业，拥有两方面的驱动力量：一是产业；二是资本和金融。这两方面奇正相生、攻防相应，相当于企业的左右手。拥有两只手的企业，自然比只有一只手的企业更具有竞争优势。当然，企业要根据外部形势和自身情况，合理设定和调配两者之间的比例和关系。

（二）产融协同

产业为体、资本为用；产业为形，资本为势；产业是剑体，资本是剑气。

经营产业需要资本，运作资本需要产业，两者是密不可分的一体两面。单独发展任何一方，都容易遇到制约和天花板。把两者结合在一起，协同发展、互相借力，就可以使两方面的优势得到发挥，企业就可以做强做大。

（三）稳健而快速

经营好产业，可以保持足够的稳健；经营好资本，可以追求一定的速度。当然，要实现理想化的既快又稳很难，需要极高的技巧和极好的运气。但追求适度的稳健和快速，是有可能实现的，因为产融经营毕竟提供了这种可能性。

不像产业经营和资本经营，它们缺少一个维度，想实现平稳和速度的双重目的，不具备基础和条件。

三、3 个弊端

（一）两线作战

产融经营，意在发挥产业和资本的双重力量。这就要求企业在产业和资本两个方面有所作为，必然造成企业需要在产业和资本两线作战。每一个战场都需要资金、资源、精力的大量投入，都面临激烈的竞争，想要取胜就需要付出很大的代价。如果两线孤立作战，很容易造成首尾难顾、宽严皆误。这就要求企业必须做到产业和资本的完美协同、互相借力。就像孙子所说的："常山之蛇，击首则尾应，击尾则首应，击中则首尾皆应。"

（二）难度大

产融经营要想运作好，三方面的工作缺一不可。一是要做好产业；二是要做好资本；三是要做好产业与资本的协同。但产业和资本，单独想做好任何一个都是不容易的；要想两个都做好，还要兼顾两者之间的协同，其难度可想而知。

（三）风险高

即使克服了产融经营的难度问题，也不是万事大吉。产融经营既然要做资本和金融，面对的就不仅仅是产业风险，还有更大的资本市场风险。对于产业风险而言，资本市场的风险更难预料、更不可控，对企业造成的影响也更大。所以，对于产融经营的企业，风险控制措施极为重要。首先要做到自保，然后再求全胜。风险控制包括两个方面，即商业风险控制和法律风险控制，分别对应商业风险和法律风险。

四、5 个层级

在中国商界，有大量的优秀企业都是采用产融经营模式。由于资源、能力、机会和对产融经营理解的程度不同，各个企业能实现的产融经营的层级也不同，这在很大程度上造成了企业之间的成长速度和资产规模的重大差异。

产融经营的层级分为 5 个，企业能达到的层级越高，成长速度越快，资产规模膨胀得越大。这 5 个层级分别为：

（一）财务收益

由于金融牌照的稀缺性，与普通行业相比，金融行业的盈利能力更强，它可以成为很好的财务投资的对象。所以，很多企业做大以后，都热衷入股银行、保险、证券等金融机构。

原本从事产业的企业入股了金融机构，就是产融经营。如果只是为了获取财务收入，或实际上只能获取财务收入，这种产融经营的深度就很浅，只能算是处于产融经营的初级阶段。

（二）资源引入

一家企业发展壮大的过程，就是外部资金、资源不断注入的过程。就像一个雪球，越滚越大，是因为黏附的积雪越来越多。所以，企业对资金、资源的需求是长期的、持续的。

金融领域和资本市场，拥有的资金、资源几乎是无限的。如果企业能让这些资金、资源源源不断地流入企业，就达到产融经营的第二个层级。要实现这一点需要具备三个条件：一是企业要建立与金融领域和资本市场之间的资金、资源通道；二是要让企业成为价值洼地，使资金、资源形成“水往低处流”的势能；三是要消除信息不对称，清除资金、资源向企业流动的安全性障碍。

（三）产融协同

产业的快速发展，离不开金融、资本的支持。金融、资本的价值成长，必须依托产业。所以，产融双方都希望与对方有更深入、更全面的协作。但在产融之间不存在股权联系的情况下，由于信息不对称和信任度障碍，产融协作的程度难以深入、范围难以全面，协作的效率很低。

如果企业以投资、合资等方式，与某些金融或资本机构之间建立起股权联系，就在原有的产业端之外构建自己的金融端。由于两者存在股权关系，可以大大消除信息不对称和信任度障碍，就有机会进行更深入、更全面的协作，使各自的价值得到最大发挥。如果能够实现这一点，就达到了产融经营的第三层级。

（四）产融互动

产融互动的前提是构建资本端，即企业的市值或估值。

有了资本端以后，资本端为产业端提供资金、资源，拉动产业端快速成长。产业端的成长，再反过来推动资本端的提升，然后进入下一轮循环，最终实现产融的良好互动和整体的螺旋式上升。这就是产融经营的第四层级。

所有的上市公司和新三板公司都具备产融互动的条件，但能取得这种效果的只有少数企业。

（五）波段操作

产业、金融、资本都有周期，有周期就有波动，有波动就有机会。波段操作，就是利用这种机会。这种利用，不是简单地对股票和资产的低吸高抛，而是对企业整体进行系统的布局、准备和运作。

每个大周期，都会打垮一大批企业。但懂得波段操作的企业，能在大周期中获得大发展。

企业的跨越式增长都依赖这种操作，越是大公司，这种操作越重要。

产融经营的五个层级，没有严格的先后之分，前面的层级也不是后面层级的必经过程，它们也不是互相排斥的关系，而是可以共存的。对产融经营理解深刻并应用娴熟的企业，这五个层级能够同时实现，从而可以最大化地发挥产融经营的威力。

小结：

产融经营的理想状态是以资本驱动产业，以产业支撑资本，做到产业和资本的完美协同。尽管实现起来难度很大、风险很高，但价值足够大，绝对值得企业为之努力。

如果产业经营的企业有志于此，需要从原来的一维（产业）思维过渡到二维（产业 + 资本）思维。产业自不必说，自己的本行和主业首先要巩固好。在此基础上，积极谋划企业的资本战略，并设计好与产业的呼应与协同，然后从计划到行动，由小动作到大举措循序渐进，逐步走上产融经营的发展道路。

第四章
9C 矩阵工具：产融战略聚焦

始不固本，终必槁落。
——《国语》

第一节　9C 矩阵考察两个要素

老板或创业者，经常面临一个困惑，就是不知道战略方向在哪里。因为企业经营是一个开放式命题，可以有无数选择。

选择越多，痛苦就越多，权衡这些选择需要耗费大量的精力。

老板或创业者的精力是稀缺资源，不能浪费在这些地方。如果有一个简单实用的工具，能够快速判断企业态势，并指明战略的方向，将是十分有用的。

9C 矩阵就是这样的工具，如图 4-1 所示。

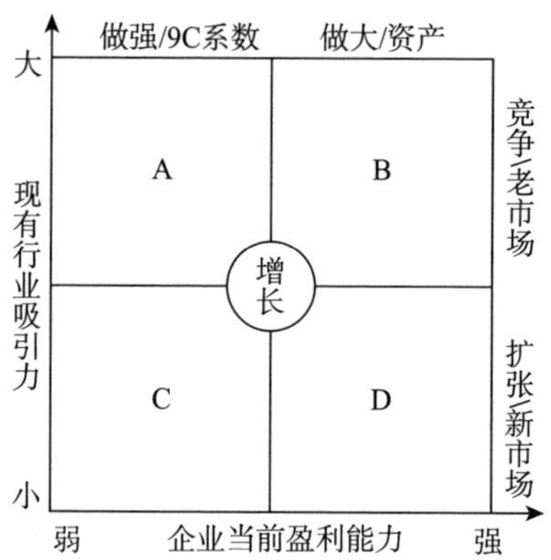

图 4-1　9C 矩阵

企业的长期使命是增长，9C 矩阵以此为核心，选取两个要素，来衡量一家企业的经营态势，并根据不同的态势分别指出不同的战略方向。

两个要素是：现有行业吸引力、企业当前盈利能力。

现有行业吸引力，可以用不同的标准来衡量，比如行业发展周期、渗透率、竞争烈度、行业 ROE 等。其中，行业 ROE 最直观。

企业当前盈利能力，最准确的是用 9C 系数来衡量。如果对精准度要求不高，也可以用 ROE 来衡量。

通过对两个要素的考察，企业的经营态势会被分为四种情况：

（1）现有行业吸引力大，企业当前盈利能力弱。

（2）现有行业吸引力大，企业当前盈利能力强。

（3）现有行业吸引力小，企业当前盈利能力弱。

（4）现有行业吸引力小，企业当前盈利能力强。

9C 矩阵的逻辑是：

（1）现有行业吸引力大的，就继续在老市场竞争。

（2）现有行业吸引力小的，就要寻找新的市场进行扩张。

（3）企业当前盈利能力强的，应该考虑做大资产。

（4）企业当前盈利能力弱的，首要任务是做强 9C 系数。

基于以上逻辑，9C 矩阵对企业经营态势的四种情况，分别给出战略聚焦方向：

（1）竞争老市场，做强 9C 系数。

（2）竞争老市场，做大资产。

（3）扩张新市场，做强 9C 系数。

（4）扩张新市场，做大资产。

需要说明的是，有两类行业不能使用 9C 矩阵：一是规模经济效应强的行业；二是赢家通吃的行业。这两个例外需要注意。

9C 矩阵的优势是简单，可以快速判断，但它只能给出战略的方向，不能给出具体的战略方案。要制定具体的战略方案，还需要结合使用 9C 模型。

第二节　行业吸引力：决定行业进退

企业作为经济个体，不能生存于真空之中。所处的行业，基本可以框定企业外部的大致格局。所以，选择进入和退出什么行业，对企业意义重大。

一、行业也分三六九等

这个世界的资源，是呈不均衡分布的。行业机会，也是如此。

个别行业，得天独厚，天生就比别的行业好，表现为发展空间大、竞争烈度低、赚钱容易、利润率高、现金流良好。处在这样的行业，即使不努力，也可以活得很滋润，这属于态势良好的行业。

有些行业，先天不足，生来带有硬伤，行业形势险峻，表现为市场空间小、竞争烈度高、极难赚钱、利润率低、现金流紧张。处在这样的行业，即使再努力，也难有大成就，这属于态势恶劣的行业。

大部分行业，处在上述两种情形之间。

二、态势决定竞争或扩张

态势良好的行业，吸引力大，应该坚守，积极竞争。

态势恶劣的行业，吸引力小，应该退出，并进行扩张，以寻找和进入其他吸引力大的行业。

三、态势并非一成不变

行业态势由格局决定，格局由资源决定。

行业资源有限，一旦被瓜分殆尽，行业格局就会形成并相对固定。这时候，行业吸引力基本确定，各个地盘也都有人占据，后来者基本没有机会。

但是，这种格局并非一成不变。

当外部环境发生重大变化时，行业格局可能会被重塑。

比如 9C 模型的四大外势（政商环境、产业市场、资本市场、技术变革）发生重大变化时，行业的吸引力和格局都会有所变化。这时候，是考虑进退的关键节点。

四、适时进退，不要与势为敌

再强大的企业也是个体，是无法与外部形势相抗衡的。

当行业态势发生变化时，既有风险又有机会，企业必须适时考虑自己的进退。

如果形势已经变坏，应及时退出。这时候，原有辉煌皆成过往，不可因迷恋过去而与趋势为敌。

第三节　企业盈利能力：决定产融方向

从企业内部考虑，增长的路径有两个：一是做强，提升盈利能力；二是做大，提升资产规模。

提升盈利能力是产业目标，主要靠产业经营；提升资产规模是资本目标，主要靠资本经营。

如何把握两者的节奏呢？

一、盈利能力为先

首先，盈利能力提升了，利润增加，可以使资产规模自动提升。如果能够保持这种态势，就可以形成复利效应。但是，资产规模的增加，不能使盈利能力自动得到提升。

其次，在盈利能力较弱的情况下，提升资产规模，并不能使增量资产创造足够的价值，这是对社会资源的浪费。

另外，如果提升资产规模，是通过有息负债的方式进行的，盈利能力太弱，增加的收益有可能无法覆盖财务成本，这就会造成价值毁灭，对企业来说是十分危险的。

所以，盈利能力与资产规模相比，盈利能力更重要。如果盈利能力和资产规模都有提升空间，应该先提升盈利能力，再提升资产规模。

二、产融皆有上限

不管是通过产业经营提升盈利能力，还是通过资本经营提升资产规模，都是有天花板的。尤其是通过产业经营提升盈利能力，空间并不大，很容易达到上限。

三、产融交替循环

既然提升盈利能力和资产规模都有上限，不能固守一端，那么应该两者交替进行。盈利能力难以提升，就提升资产规模；资产规模难以提高，就提升盈利能力。两者循环借力，无限循环，就可以无限地进行下去。

实务篇

玩转资本，让企业走上快车道

第五章
企业分析：9C 模型

闻而不审，不若无闻。

——《吕览》

第一节　初步分析：9C 系数分析

乐视网 2016 年之前的业绩，看起来很好，如图 5-1、图 5-2 所示。

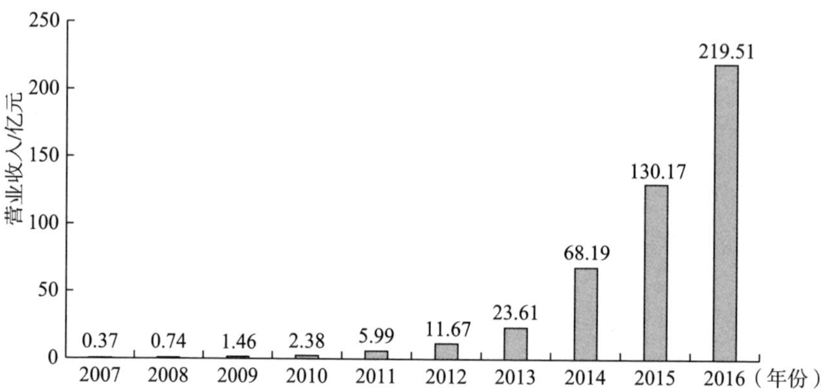

图 5-1　乐视网 2016 年前营业收入

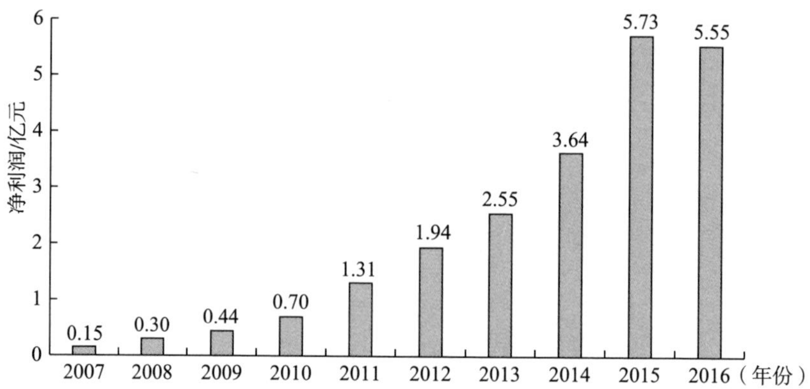

图 5-2　乐视网 2016 年前净利润

我们对乐视网 2016 年前的数据进行分析，看能不能事先发现问题。

一、9C 系数计算

首先，通过同花顺、东方财富网、公司年报等，获得乐视网 2007-2016 年的财务数据，如表 5-1 所示。

表 5–1　乐视网 2007–2016 年财务数据

单位：亿元

年份	净资产	营业收入	扣非净利润	经营现金流净额	财务费用
2007	0.60	0.37	0.15	0.09	0
2008	1.43	0.74	0.30	0.16	-0.01
2009	1.87	1.46	0.44	0.83	0.01
2010	9.39	2.38	0.68	0.65	0.04
2011	10.57	5.99	1.29	1.47	0.01
2012	12.73	11.67	1.69	1.06	0.42
2013	20.80	23.61	2.47	1.76	1.16
2014	33.43	68.61	3.45	2.34	1.68
2015	38.15	130.17	5.55	8.76	3.49
2016	104.82	219.51	5.45	-10.68	6.48

根据表 5-1 的数据，我们计算出它的净资产周转率、扣非净利率、收现比、财务费用率，然后再计算出 9C 系数。

计算公式为：

净资产周转率 = 营业收入 / 净资产

扣非净利率 = 扣非净利润 / 营业收入

收现比 = 经营现金流净额 / 营业收入

财务费用率 = 财务费用 / 营业收入

9C 系数 = 净资产周转率 ×[（扣非净利率＋收现比）/ 2 —财务费用率]

乐视网 9C 系数计算结果如表 5-2 所示。

表 5–2　乐视网 9C 系数计算结果

年份	净资产周转率	扣非净利率	收现比	财务费用率	9C 系数
2007	0.62	0.41	0.24	0	0.20

续表

年份	净资产周转率	扣非净利率	收现比	财务费用率	9C 系数
2008	0.52	0.41	0.22	-0.01	0.17
2009	0.78	0.30	0.57	0.01	0.33
2010	0.25	0.29	0.27	0.02	0.07
2011	0.57	0.22	0.25	0	0.13
2012	0.92	0.14	0.09	0.04	0.08
2013	1.14	0.10	0.07	0.05	0.05
2014	2.04	0.05	0.03	0.02	0.04
2015	3.41	0.04	0.07	0.03	0.10
2016	2.09	0.02	-0.05	0.03	-0.09

二、9C 系数总览

根据计算出来的 9C 系数，我们绘制出 9C 系数总览图，如图 5-3 所示。

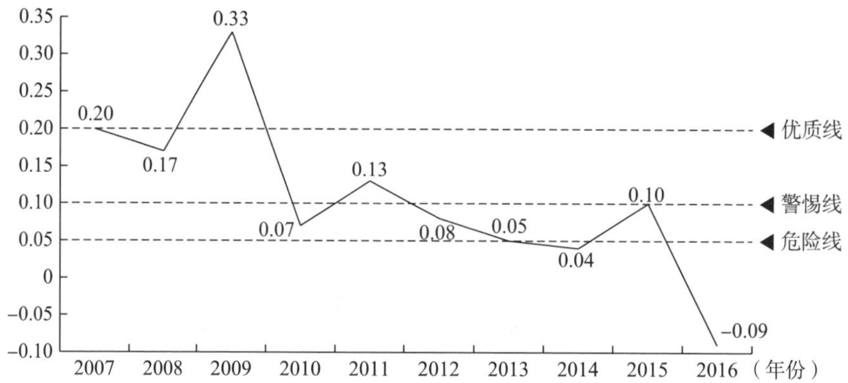

图 5-3　乐视网 9C 系数总览

通过图 5-3，我们可以分析乐视网的质地、处境、趋势。

（一）质地

质地分为三个阶段：

2009 年以前，它的 9C 系数最低为 0.17，最高为 0.33，说明当时的企业质地还是很好的。

2010—2015 年，它的 9C 系数一直都在 0.20 以下，甚至从 2011 年开始持续下滑，2014 年更是下滑到危险线以下。这说明它从 2010 年开始，就已经演变成一家普通企业了。

2016 年，它的 9C 系数从 2015 年的 0.10 直接跳水到 -0.09，这说明它已经从普通企业沦落为一家差企业了。

（二）处境

一家企业的 9C 系数低于 0.05，就表明它已经进入危险区了。乐视网 2016 年的 9C 系数是 -0.09，说明它已经处于高危状态了。

（三）趋势

长期看，它的 9C 系数在持续下滑，说明它的长期趋势在持续变坏。

短期看，它的 9C 系数在急速下滑，说明它的短期趋势在急速变坏。

三、9C 系数初级拆分

9C 系数拆分是为了查找、锁定企业问题的根源。初级拆分可以拆分成净资产周转率、扣非净利率、收现比、财务费用率。我们先来看 2007-2016 年乐视网的净资产周转率，如图 5-4 所示。

（一）净资产周转率

净资产周转率，反映的是企业的创收能力。乐视网净资产周转率在 2015 年之前持续攀升，2016 年开始下滑，但幅度不大，说明它的创收能力还是很强的，但已经出现下滑态势。

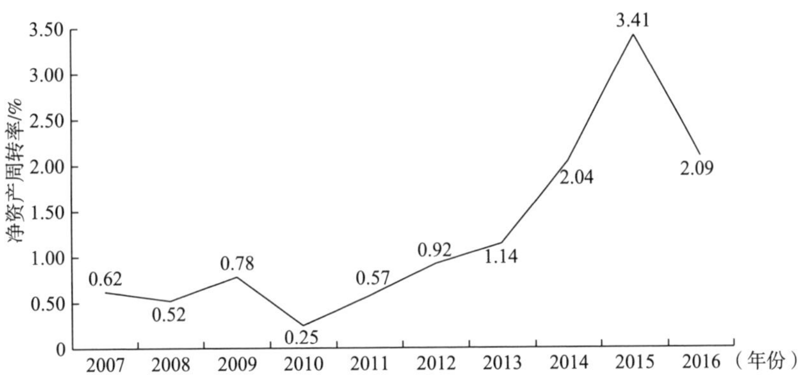

图 5-4　乐视网净资产周转率

（二）扣非净利率

乐视网 2007-2016 年扣非净利率，如图 5-5 所示。

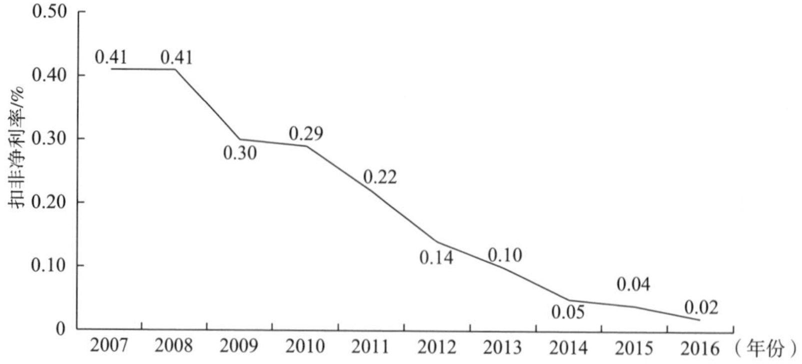

图 5–5　乐视网扣非净利率

乐视网的扣非净利率持续下滑，自2008年的0.41一路下滑到2016年的0.02。也就是说，1元的收入，它只有2分钱的利润。

扣非净利率下降到这个程度，已经不能让它再下降了，否则将开始亏损，卖的越多亏的越多。

这是我们找到的第一个问题，并且是个大问题，是需要进行后续深度拆分的。

（三）收现比

乐视网 2007-2016 年的收现比如图 5-6 所示。

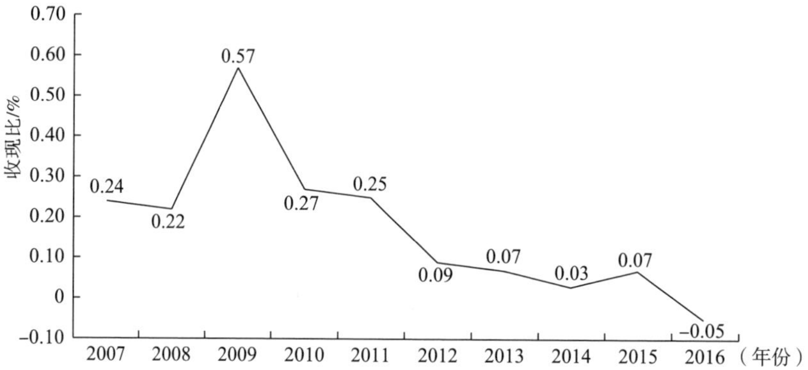

图 5–6　乐视网收现比

乐视网的收现比自 2009 年也是持续下滑，到了 2016 年，竟然直接下滑到 -0.05。

这是我们发现的第二个问题，并且也是大问题。因为收现比直接影响流动性，而流动性枯竭，则是导致企业破产倒闭的直接因素。

（四）财务费用率

乐视网 2007-2016 年的财务费用率如图 5-7 所示。

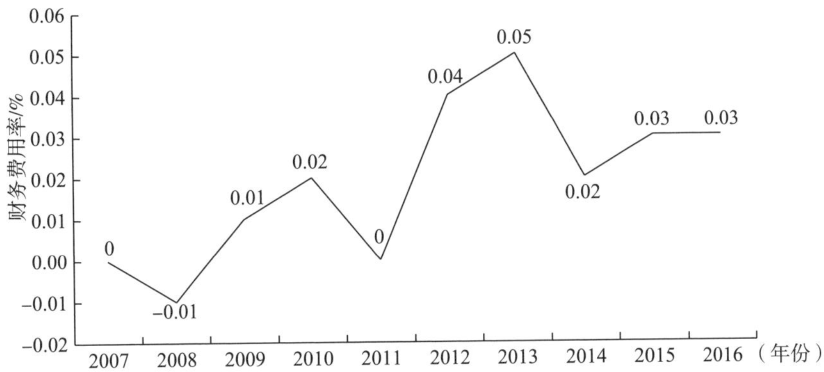

图 5-7　乐视网财务费用率

乐视网在 2014—2016 年的财务费用率都在 0.03 左右，总体来讲不高，所以这方面看不出问题。

四、9C 系数深度拆分

通过初步拆分，我们发现，它的主要问题在于扣非净利率和收现比。我们在这里选取扣非净利率进行深度拆分的演示。

对于扣非净利率的深度拆分，我们选择分析其毛利率和各项费用率。各项费用率是指各项费用占营业收入的比率。这里省略了研发费用，仅分析其销售费用、管理费用、财务费用。

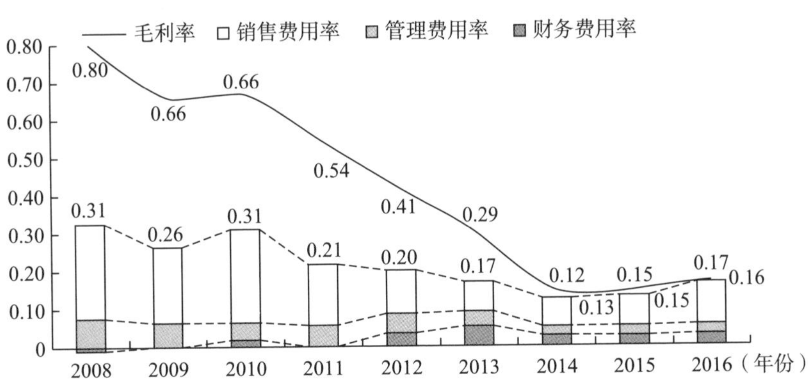

图 5-8　乐视网毛利率及各项费用率

如图 5-8 所示，乐视网的各项费用率并没有上升，但毛利率是持续下滑的，从 2008 年的 0.80 一路下滑到 2015 年的 0.15，与各项费用率之和之间已经没有空间了。

由此，我们就找到了乐视网扣非净利率下滑的原因，那就是毛利率持续下滑。

还可以对毛利率进行更深度的拆分，我们不再详述。原理是一样的，基本原则就是逐级拆分、层层聚焦。

最后，我们可以得出以下结论：

（一）质地

自 2010 年,乐视网的质地持续变坏。从最开始的优质企业演变成普通企业，并在 2016 年沦落为一家差企业。

（二）处境

乐视网的 9C 系数从 2015 年的 0.10 直接跳水到 2016 年的 -0.09，已经远远低于 0.05 的危险线，说明它已经处于极度危险的境地。

（三）趋势

乐视网的长期趋势在持续变坏，短期趋势在急速变坏。

（四）症结

乐视网的主要问题是:扣非净利率和收现比都是持续下滑，并已经低到极限。

扣非净利率下滑的原因，是毛利率的持续下滑，已经低到了与各项费用率之和持平的程度，这表示乐视网已经没有净利空间。

第二节　系统分析：9C 模型分析

重庆智飞生物制品股份有限公司（以下简称智飞生物）是一家集疫苗研发、生产、配送为一体的生物医药高科技企业，主营业务为二类疫苗、生物制品的研发、生产、销售和配送。

2016 年 3 月，山东非法经营疫苗案件爆发，牵涉广泛，“问题疫苗”涉及全国 24 个省。案件发生后，国务院法制办、国家卫计委、国家药监局、公安部、最高检等行政机关在全国范围内联合执法，查处“问题疫苗”牵涉的企业及人员，一时间疫苗行业风声鹤唳，疫苗经销企业人人自危，部分市场呈现出“真空”状态。

受此影响，2016 年整个疫苗行业的企业，业绩都遭受重创，智飞生物也未能幸免。

我们用 9C 模型分析一下它当时所处的境况。

一、9C 系数

(一) 9C 系数计算

首先，我们取得智飞生物财务数据如表 5-3 所示。

表 5-3　智飞生物财务数据

单位：亿元

年份	净资产	营业收入	扣非净利润	扣非净利润净额	财务费用
2007	1.88	4.92	1.34	1.12	0
2008	2.67	5.90	1.66	1.42	0
2009	4.52	6.04	2.29	2.11	0
2010	21.42	7.37	2.49	0.54	-0.05
2011	22.58	6.29	1.60	2.21	-0.33
2012	23.73	7.60	1.80	1.13	-0.31
2013	23.89	7.80	1.25	2.22	-0.25
2014	24.58	8.01	1.45	1.61	-0.25
2015	24.69	7.13	1.89	2.23	-0.28
2016	25.21	4.46	0.27	0.90	-0.18

根据表 5-3 的数据，我们计算出智飞生物各年度的 9C 系数，如表 5-4 所示。

表 5-4　智飞生物 9C 系数

年份	净资产周转率	扣非净利率	收现比	财务费用率	9C 系数
2007	2.62	0.27	0.23	0	0.65
2008	2.21	0.28	0.24	0	0.58
2009	1.34	0.38	0.35	0	0.49
2010	0.34	0.34	0.07	-0.01	0.07
2011	0.28	0.25	0.35	-0.05	0.10
2012	0.32	0.24	0.15	-0.04	0.07

续表

年份	净资产周转率	扣非净利率	收现比	财务费用率	9C 系数
2013	0.33	0.16	0.28	-0.03	0.08
2014	0.33	0.18	0.20	-0.03	0.07
2015	0.29	0.27	0.31	-0.04	0.09
2016	0.18	0.06	0.20	-0.04	0.03

（二）9C 系数曲线

根据上述 9C 系数，我们得到智飞生物的 9C 系数曲线，如图 5-9 所示。

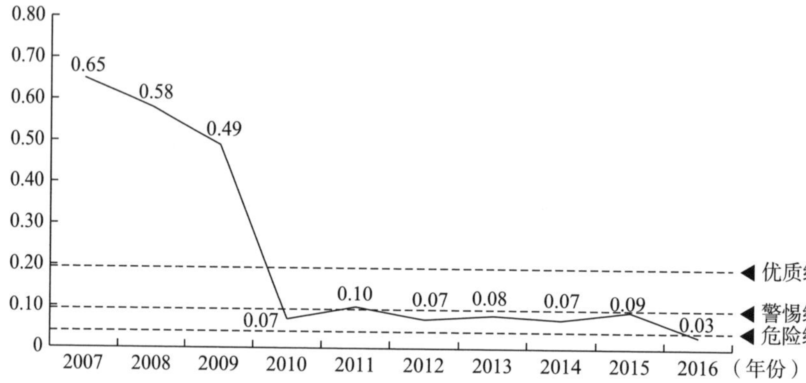

图 5-9　智飞生物 9C 系数曲线

通过观察智飞生物的 9C 系数曲线，我们便对它有了大致判断。

首先，它曾经有过极高的 9C 系数，0.65 这么高的数值是十分少见的，这说明它曾是一家十分优异的公司，至少从财务上看是这样的。

其次，自 2011 年以后，它的 9C 系数一直低于 0.10，处于警惕线以下，这说明它从 2011 年开始，经营形势不容乐观。在这种情况下，必须时刻保持警惕。

最后，2016 年它的 9C 系数为 0.03，已经下滑到危险线以下，这说明它的经营情况已经进入危险区，必须尽快采取有力措施改变这种局面，否则，后果不堪设想。

当然，这只是一个大致判断，要得到更多信息，我们需要对 9C 系数进行拆分分析。

（三）净资产周转率

我们先来看看智飞生物的净资产周转率，如图 5-10 所示。

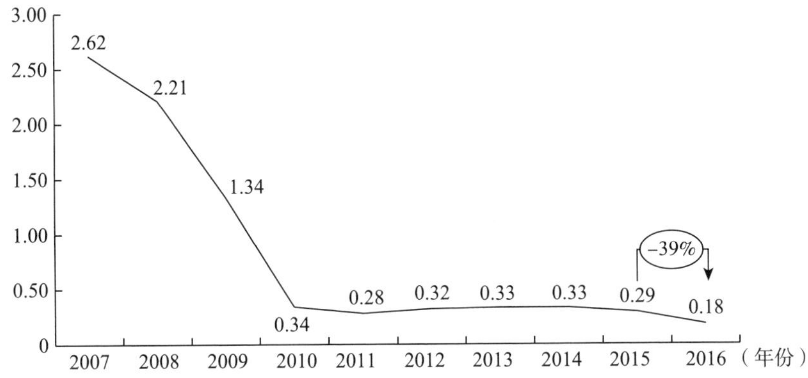

图 5-10　智飞生物净资产周转率

智飞生物的净资产周转率从 2007 年的 2.62 下滑到 2011 年的 0.28 之后，一直没能大幅回升，2016 年又下滑了 39%，跌到了历史最低值 0.18。这说明 2011 年后，它的营业收入状况一直不佳，或者是营业收入的增长没能赶上净资产的增长。

我们看一下智飞生物的营业收入情况，如图 5-11 所示。

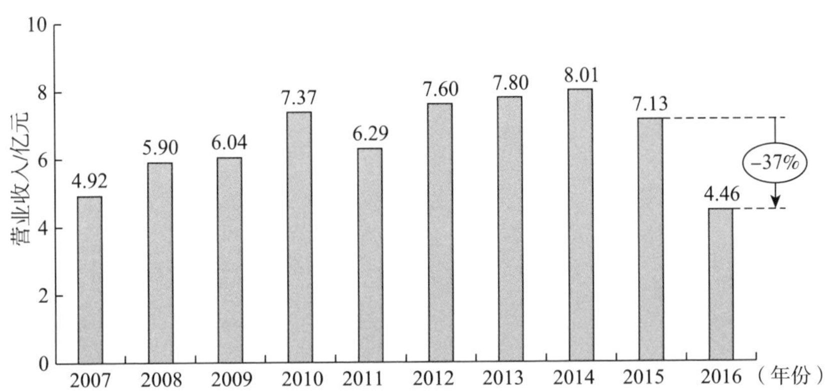

图 5-11　智飞生物营业收入

可见，2011 年之后的营业收入相对于 2011 年之前，并没有大幅下滑。所以，它的净资产周转率的下滑，是由于营业收入没能跟上净资产的增加。

但这种情况同样需要营业收入的提升来解决，而它的营业收入却在 2014 年之后又下滑了，2016 年还大幅下滑了 37%。这是什么原因造成的？如何解决？这需要我们对营业收入进行更深入的分析。

我们来看一下智飞生物 2016 年各产品的营业收入及毛利率，如图 5-12 所示。

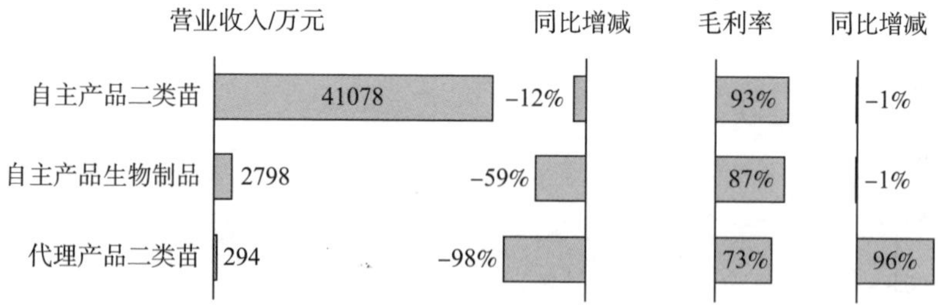

图 5-12　智飞生物 2016 年各产品的营业收入及毛利率

可见，2016 年营业收入的大幅下滑，主要是代理产品二类苗造成的，该产品营业收入同比减少了 98%，基本跌没了。其自主产品二类苗营业收入跌得不多，毛利率也最高，但可能是市场空间有限，或竞争力不够，否则可以大力发展该类产品。

智飞生物 2016 年分地区营业收入及毛利率，如图 5-13 所示。

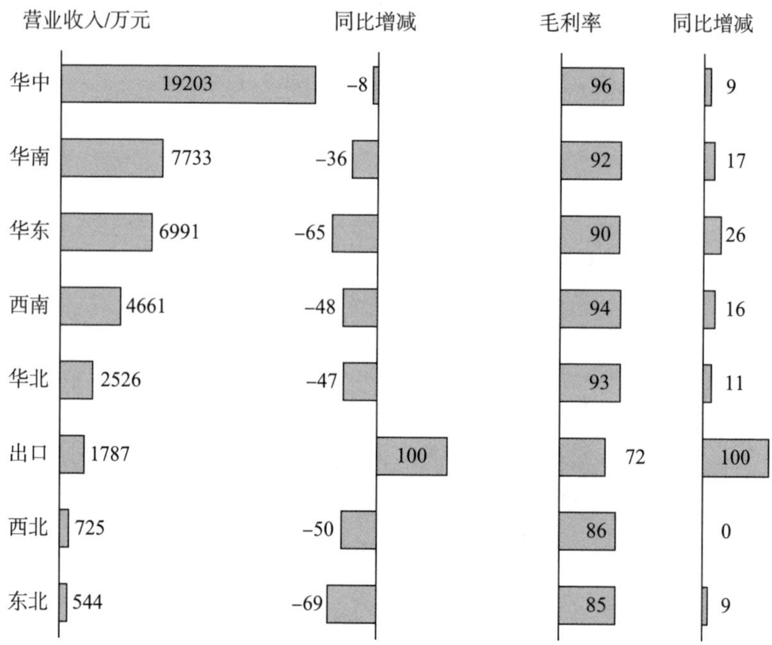

图 5-13　智飞生物 2016 年分地区营业收入及毛利率

可见，只有华中地区营业收入下滑不多，只同比减少 8%，其他区域均下滑严重。出口这一项，是新增加的，刚刚开始，量还不够。

（四）扣非净利率

我们看一下智飞生物 2007-2016 年扣非净利率情况，如图 5-14 所示。

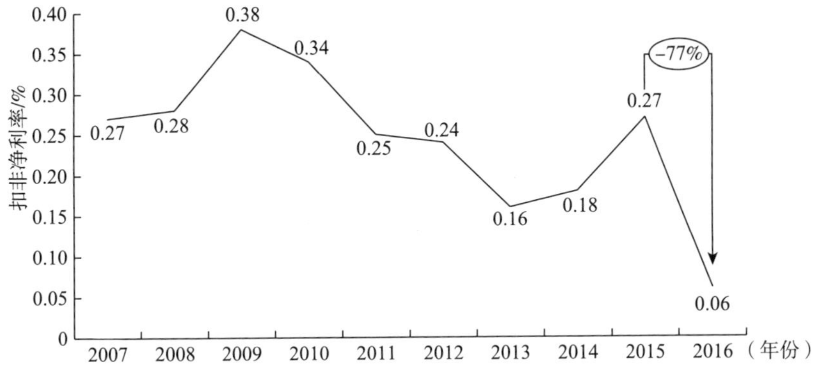

图 5-14　智飞生物扣非净利率

自 2009 年开始，智飞生物扣非净利率持续下滑，到 2013 年已经下滑到 0.16，之后回升到 2015 年的 0.27，但 2016 年直接跌到 0.06，跌幅达到 77%。

如此大的跌幅，如此低的数值，对企业影响重大，我们有必要对其进行更深入的分析。

首先，我们取得智飞生物的财务数据，如表 5-5 所示。

表 5-5　智飞生物财务数据

年份	营业收入 / 亿元	毛利率	销售费用 / 亿元	管理费用 / 亿元	财务费用 / 亿元	研发费用 / 亿元
2008	5.90	0.64	1.09	0.31	0	—
2009	6.04	0.69	1.06	0.42	0	—
2010	7.37	0.63	1.15	0.50	-0.05	0.15
2011	6.29	0.60	1.30	0.77	-0.33	0.23
2012	7.60	0.56	1.49	0.85	-0.31	0.22
2013	7.80	0.61	1.49	1.52	-0.25	0.33
2014	8.01	0.61	2.11	1.12	-0.25	0.39
2015	7.13	0.80	2.39	1.26	-028	0.58
2016	4.46	0.92	2.02	1.54	-0.18	0.59

通过计算，绘制出它的毛利率及各项费用率的图表，如图 5-15 所示。

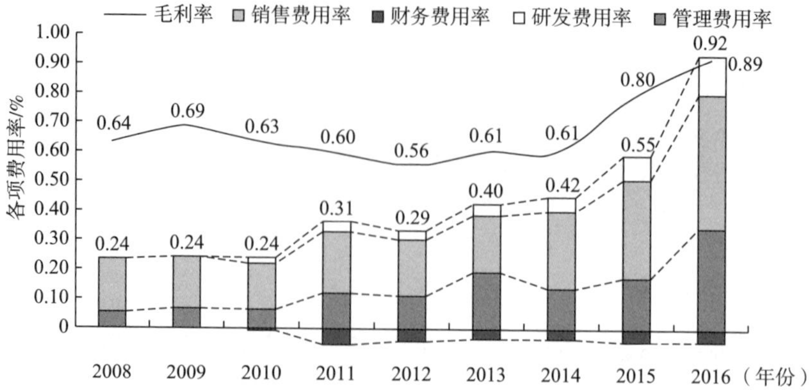

图 5-15　智飞生物毛利率及各项费用率

先看毛利率。2014 年以前，智飞生物的毛利率一直保持在 0.60 左右，但 2015 年为 0.80，2016 年达到 0.92。可见，2016 年扣非净利率的大幅下滑不是由毛利率造成的。

再看各项费用率。智飞生物的各项费用率之和持续攀升，2016 年达到了 0.89，与毛利率 0.92 之间的净利率空间已经十分狭窄了。

可见，智飞生物扣非净利率的大幅下滑，是其各项费用率的持续攀升造成的。要解决扣非净利率问题，必须从降低各项费用率入手。

（五）收现比

智飞生物收现比情况如图 5-16 所示。

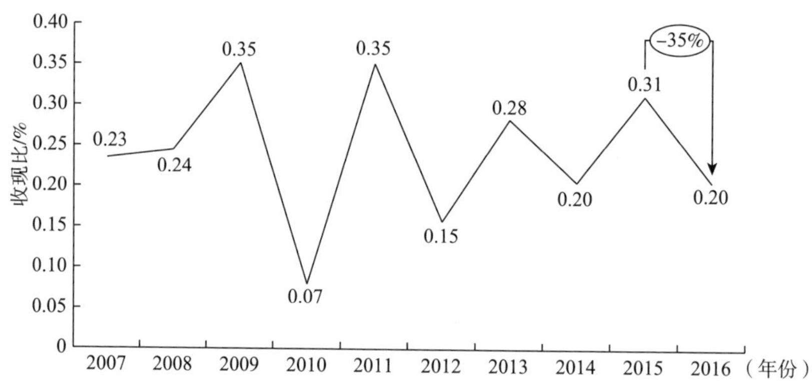

图 5-16　智飞生物收现比

2016 年，智飞生物的收现比下降了 35%。但通过考察历史数据，发现智飞生物的收现比一直呈波动状态，而 2016 年并未超出历史波动区间。所以，这可能是回款周期造成的，应该属于正常波动。

（六）财务费用率

智飞生物的财务费用率情况，在分析扣非净利率时曾有涉及，现在我们单独把它拿出来看一下，如图 5-17 所示。

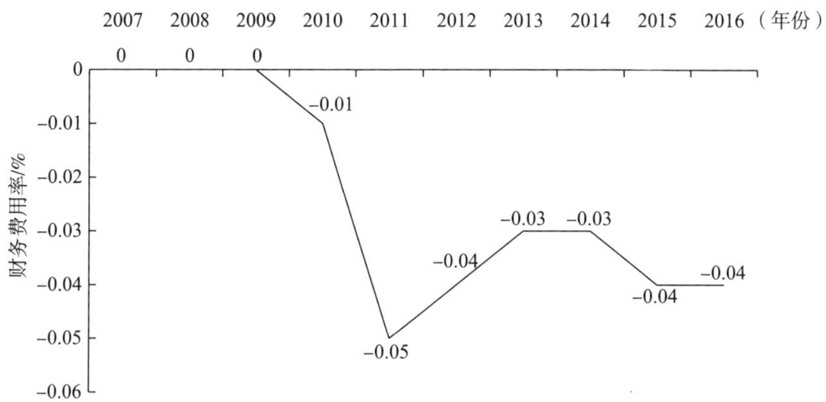

图 5-17　智飞生物财务费用率

智飞生物的财务费用率，自 2010 年以后一直都是负数，这说明它不但没有因负债向他人支付利息，而且还有自己的利息收入。2016 年行业形势不佳，智飞生物的财务费用率也没有上升，这种现象是良好的。

二、净收益

净利润容易被调节甚至造假，这里我们用净收益来分析智飞生物当时的业绩情况。

净收益的计算公式为：

净收益 = 营业收入 ×[（扣非净利率＋收现比）/2 —财务费用率]

=（扣非净利润 + 经营活动现金流净额）/2 —财务费用

首先，我们获取智飞生物的相关财务数据，如表 5-6 所示。

表 5-6　智飞生物财务数据

单位：亿元

年份	2007	2008	2009	2010	2011	2012	2013	2014	2015	2016
扣非净利润	1.34	1.66	2.29	2.49	1.60	1.80	1.25	1.45	1.89	0.27
经营现金流净额	1.12	1.42	2.11	0.54	2.21	1.13	2.22	1.61	2.23	0.90
财务费用	0	0	0	-0.05	-0.33	-0.31	-0.25	-0.25	-0.28	-0.18

其次，计算出其净收益，如表 5-7 所示。

表 5-7　智飞生物净收益数据

单位：亿元

年份	2007	2008	2009	2010	2011	2012	2013	2014	2015	2016
净收益	1.23	1.54	2.20	1.565	2.235	1.775	1.985	1.78	2.34	0.765

这样，我们就可以画出智飞生物净收益的图表，如图 5-18 所示。

柱状图为智飞生物的净收益，其他三条曲线为扣非净利润、经营性现金流净额、财务费用。

从图 5-18 可以看出，智飞生物的净收益从 2007 年到 2009 年持续增长，但在 2009 年之后，就停止了增长。2015 年的净收益为 2.34 亿元，2016 年则跌到了 0.77 亿元，跌幅高达 67%。

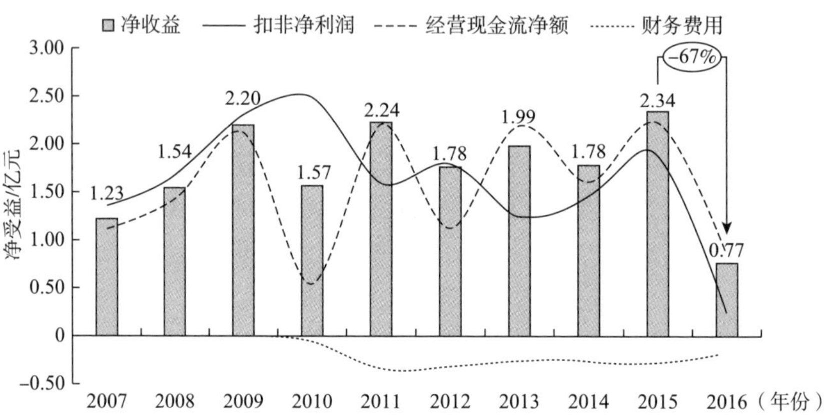

图 5-18　智飞生物净收益

再看扣非净利润、经营性现金流净额、财务费用。财务费用变动不大，但扣非净利润和经营性现金流净额都剧烈下跌。由此可知，智飞生物 2016 年净收益剧烈下跌的原因，是扣非净利润和经营性现金流净额的双双下跌。

由此可见，2016 年的山东“非法疫苗”案件，对智飞生物的影响非常大。

三、净资产

前面说过净收益是 9C 系数的分子，净资产是 9C 系数的分母。

企业最良性的增长模式是，以净收益的增长为主、净资产增长为辅。以净收益的增长，带动净资产的增长。

但是，在净资产一定的情况下，净收益的增长是有上限的。因为有多少米，就能做多少饭。

所以，当净收益增长空间不大时，必须将增长的重点转换到净资产的增长。

至于何时转换，要看 9C 系数。

当 9C 系数超过 0.2 以后，就是转换净资产增长模式的时候。

前面已经看到，智飞生物的 9C 系数不太好，远没达到 0.2。所以，它的首要任务是做大净收益，还没到做大净资产的时候。

但是，我们还是要看一下它的净资产状况，以及与净资产相关的其他重要信息。

智飞生物的净资产情况，如图 5-19 所示。

（一）净资产

智飞生物的净资产情况，如图 5-19 所示。

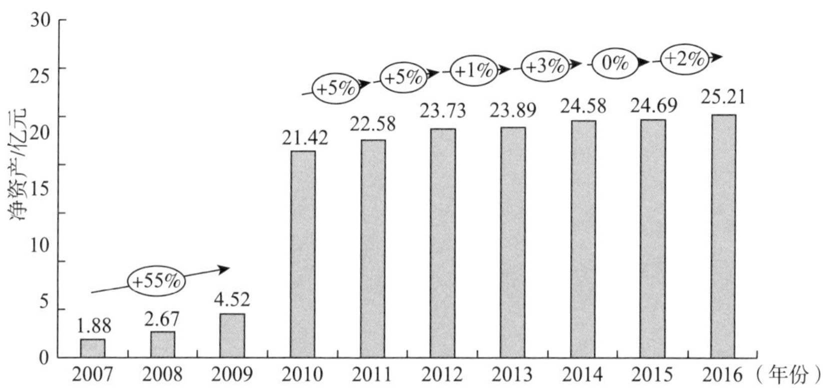

图 5-19　智飞生物净资产

2007—2009 年，智飞生物的净资产增长很快，2010 年应该是上市的节点，所以净资产剧增。但在 2010 年之后，智飞生物的净资产增长非常缓慢。2014—2016 年，智飞生物的复合增长率连 3% 都达不到，这也说明了它的净资产的增长完全依靠净收益。

我们再看看与净资产相关的其他重要信息。

（二）控制结构

智飞生物的控制结构如图 5-20 所示。

智飞生物的实际控制人蒋仁生先生直接持股 54.13%，与关联方合计持股超过 60%，这在上市公司中属于持股比例较高的。这么高的持股比例，一方面保证了他对企业的控制力度，另一方面也保留了企业足够的增发空间。

（三）负债率

2010 年之后，智飞生物的负债率一直很低，最低的时候为 3%，最高的时候才 9%。这样可以保持极低的债务风险，但不利的是不能充分利用杠杆，如

图 5-21 所示。

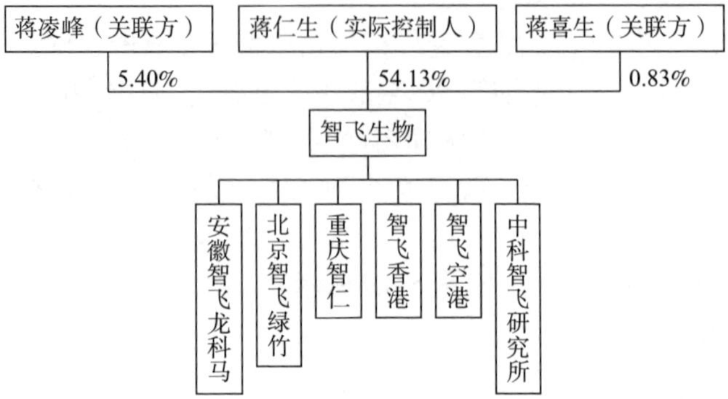

图 5–20　智飞生物的控制结构

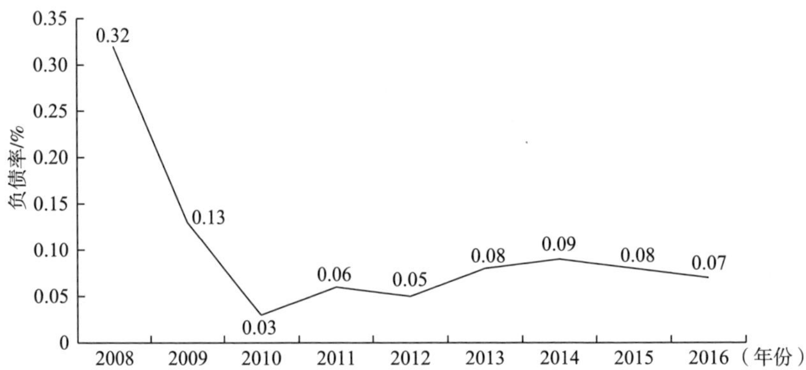

图 5–21　智飞生物负债率

（四）速动比率

智飞生物的速动比率一直保持在 10 以上，主要是因为它的流动负债很少，如图 5-22 所示。

（五）固定资产比

智飞生物于 2010 年上市，当年募得大笔资金，使其固定资产比降到了 4% 的历史最低位。之后，随着固定资产的逐年投入，固定资产比持续攀升，到 2014 年达到 27%，2015—2016 年又降了下来。这说明智飞生物的商业模式不需要大量的固定资产投资，这种模式相对较轻，如果遇到合适的机会，比较容易扩张，如图 5-23 所示。

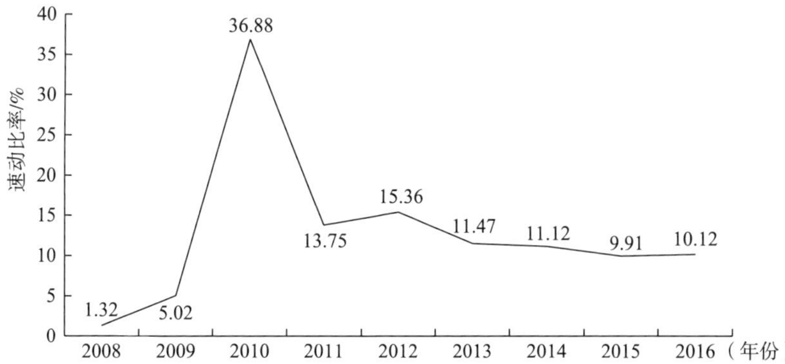

图 5-22　智飞生物速动比率

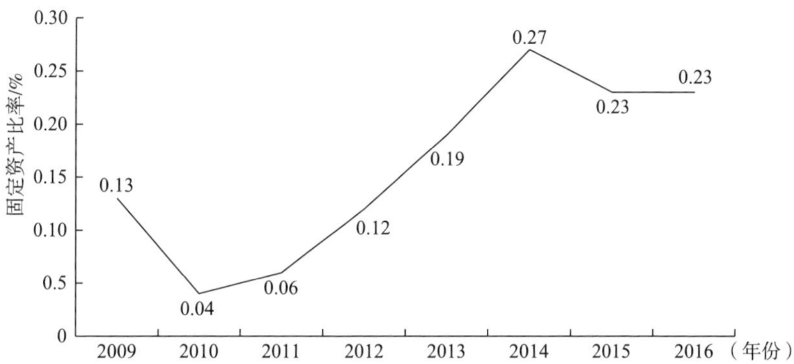

图 5-23　智飞生物固定资产比

四、政商环境

（一）政策法规

2016 年度，疫苗行业发生了重要的政策变更。

2016 年 4 月 23 日，国务院公布《国务院关于修改〈疫苗流通和预防接种管理条例〉的决定》。新条例使疫苗行业的格局发生了重要变化。

1. 取消疫苗批发环节

取消疫苗批发企业经营疫苗的环节，明确将疫苗的采购全部纳入省级公共资源交易平台，第二类疫苗由省级疾病预防控制机构组织在平台上集中采购，由县级疾病预防控制机构向疫苗生产企业采购后供应给本行政区域的接种单位。

这并非完全将批发企业排除在疫苗流通体系之外。原来从事疫苗经营活动的批发企业，只要具备冷链储运的条件，仍可以作为配送主体之一承担疫苗配送业务。疫苗经营企业逐渐向疫苗配送商转型，既可以使企业原有的专业人员和冷链设施设备得以部分保留，充分发挥其药品冷链配送的专长，也有利于疫苗全程储运中的质量控制，确保疫苗的安全有效。

2. 全程冷链“不断链”

由于疫苗对温度敏感，而且历经生产、运输、储存、接种等多个环节，在任何一个环节都可能会因温度过高而失效或减效，需要通过全程冷链来保证疫苗质量和效果。

为此，《疫苗流通和预防接种管理条例》强化了疫苗全程冷链储运管理制度，明确配送责任，强化储运的冷链管理，要求疫苗储运全过程不得脱离冷链并定时监测记录温度，部分疫苗还应加贴温控标签，同时在疫苗接收环节增设索要温度监测记录的义务。

《疫苗流通和预防接种管理条例》还增加了部分疫苗应当按要求加贴温度控制标签的规定。疫苗温度控制标签是一种能够从运输到储存再到接种全程实现冷链监测的工具，通过肉眼可观察的颜色变化，来显示疫苗是否处于有效的冷链状态或经历了过度热暴露，能使受种者在受种前可以很简单地判断出所接种的疫苗是否处于有效冷链状态。

3. 建立追溯体系

《疫苗流通和预防接种管理条例》规定，国家建立疫苗全程追溯制度，相关企业和单位应记录疫苗流通、使用信息，实现疫苗最小包装单位的全程可追溯；对包装无法识别、来源不明等情形的疫苗，要如实登记并向药品监管部门报告，由监管部门会同卫生主管部门监督销毁。

建立疫苗全程追溯管理制度，有助于落实企业主体责任，倒逼疫苗生产企业切实改进疫苗质量管理制度，确保疫苗安全有效，一旦发生问题也能及时召回。有助于监管部门对疫苗供应链全过程进行有效监管，发生问题时及时查明责任主体，界定事件成因，制定应对方案，落实法律责任。此外，还有助于消费者了解所接种疫苗的质量信息和过程信息，保障消费者的知情权和选择权。

2016 年 6 月 15 日，食品药品监管总局和国家卫生计生委又联合下发了《关于贯彻实施新修订〈疫苗流通和预防接种管理条例〉的通知》（以下简称《通知》），对新条例贯彻实施工作要求和过渡期间疫苗购销问题做出了具体规定。

值得注意的是，《通知》要求向我国出口疫苗的境外疫苗厂商，应当在我国境内指定一家代理机构，统一销售该厂商进口的全部疫苗，代表该厂商履行《疫苗流通和预防接种管理条例》规定疫苗生产企业的全部责任。

这一要求将造成境外疫苗厂商国内代理机构的唯一性，并进而造成某种程度的垄断。能够拿到国际疫苗大厂商的国内代理权，将获得极大的竞争优势。

智飞生物长期与世界最大的疫苗厂商之一默沙东合作，如果借此机会成为默沙东在国内的唯一代理机构，就会在国内获得某种程度上的产品垄断优势。

那么，智飞生物的营业收入和利润，必将获得极大的增长。

（二）政商关系

企业做大到一定程度，不可避免地要涉及政商关系问题。这时候必须谨慎处理。

这种问题利弊经常转化，成败同源，对度的把握和节点的掌控是关键。

五、技术变革

从疫苗相关技术的发展过程看，一代技术的跨越需要 30~40 年的时间，一代技术从逐渐成熟到疫苗上市使用或产品 / 技术的再次升级需要 10~15 年。下一代的疫苗技术主要集中在病毒载体疫苗、核酸疫苗和反向疫苗学技术方面。

现有的多联多价进口疫苗，纵向看相关技术到 2020 年已历时 40 年，发展相当成熟。我国民营企业涉足疫苗行业是在 20 世纪 90 年代，这些企业在 2005—2006 年开始立项多糖结合或多联疫苗的研发，通过技术引进及 10 多年的消化吸收和工艺摸索，目前已经达到相对成熟水平，后续将处于一个成本持续下降的通道。

六、产业市场

（一）产业概况

在我国，疫苗分为一类疫苗和二类疫苗。一类疫苗免费，强制接种；二类疫苗自费，自愿接种。

我国是全球最大的人用疫苗生产国。据中检院的数据披露，我国每年批签发疫苗 5 亿 ~10 亿瓶（支），全球排名第一。

我国疫苗生产企业超过 40 家，包括中国生物技术股份有限公司、中国医学科学院医学生物学研究所等国有企业，以及康泰生物、智飞生物、沃森生物、华兰生物等民营企业。

我国上市的疫苗种类较多，但大多数是传统的减毒、灭活或裂解的疫苗，产品层次较低，仿制或同类产品占绝大部分，技术上也以传统工艺为主，同质化竞争严重，研发水平也与发达国家有较大差距。从目前在美国上市的疫苗和中国市场上的疫苗比较可见，中国疫苗的传统品种众多，多以单价疫苗、减毒疫苗为主，新品种缺乏；而美国上市的疫苗多以联合、亚单位、结合等疫苗为主。

国内疫苗的销售渠道较为固定，主要是各级疾病控制中心（CDC）和接种单位，不同品种的疫苗需要公关的对象基本相同。而品种方面，除中生集团外，大多民营疫苗企业仅生产一两种二类疫苗，生产三个以上品种的企业比较少，这样渠道成本可能相对较高。

总体来讲，我国疫苗行业的规模不小，但也存在诸多问题，主要表现为规模小、市场集中度偏低、同质化竞争严重、部分疫苗产能过剩、存在重复建设、企业规模化程度不高、创新少等。大部分疫苗企业缺乏完备的研发、生产、质控体系及多样化产品线。

（二）竞争态势

疫苗行业具有高壁垒特征，主要体现在进入门槛、研发和生产三个方面。

（1）进入门槛方面。疫苗生产是一个特殊的行业，是对健康的人进行接种，使其产生免疫力。因此，疫苗的安全和质量，关乎国民的健康和生命安全。疫苗生产企业的设立、运营，都受到所在国政府或者专业组织的严格监管。企业需要获得 GCP、GMP 和 GSP 认证后，才可对疫苗产品进行生产销售。

（2）研发方面。疫苗产品的研发周期长、投入高且风险大。其间较长的研发周期和高额的费用投入，使得只有大型制药公司可以负担新型疫苗的研制开发。

（3）生产方面。疫苗行业的产能利用率通常较低，每条生产线只能生产一种配方品种的产品。疫苗行业的生产与招标采购具有一定的季节性：一类疫苗主要于 12 月—次年 2 月招标，疫苗生产主要在春季、秋季和冬季进行，疫苗整体的产能利用率不高。疫苗生产时的固定成本较高，基础设施投入大。

在国际市场，国外五大疫苗生产企业占据 80% 的市场份额，我国的疫苗生产企业占的份额极小。在国内市场，一类疫苗主要由中国生物技术集团公司（中生集团）占据，二类疫苗则是国有、民营和外资企业三足鼎立。

疫苗行业的进入门槛，在某种程度上限制了市场的竞争。但从国外的发展经验来看，中国疫苗行业集中度的提升将是必然趋势。

在安全之外，疫苗的效果极为重要，而效果是要靠科研技术实现的。可以说，疫苗行业的竞争格局主要是由科研实力决定的。

（1）我国大多数疫苗企业仍处于技术创新的金字塔底部，它们主要依赖改进型传统品种，这些品种大多竞争非常激烈。

（2）处于中部的是仿创型企业，它们拥有灵活的研发体制和核心技术，主要处于一些技术壁垒较高的领域，如结合、多联苗等。

（3）处于金字塔顶部的企业，有实力研制一些创新型产品，比如治疗性疫苗、肺炎球菌结合疫苗、HPV 疫苗等，这些产品的需求尚未满足、市场潜力巨大，技术壁垒最高。

我国部分民营企业已靠多年的积累，在二类疫苗技术领域取得了很大的突破。沃森生物、智飞生物、罗益生物等掌握了多糖结合疫苗技术，天士力取得了流感亚单位疫苗生产批件。

总体来讲，疫苗行业具有较高的壁垒，国际市场主要由外企占据，国内一类疫苗市场主要由国企占据，国内二类疫苗市场则由外企、国企、民企并存。

对于国内疫苗民企来说，国内二类疫苗市场是主战场，在该战场，集中度的提升将是大势所趋。

（三）关键竞争要素

疫苗行业无论从全球市场角度看还是公司角度看，都具有品种驱动特征。拥有重磅品种越多，或单品种规模越大的企业，其复合增速也越快。

那么，什么样的品种能够成为重磅品种呢?

疫苗品种规模的大小取决于两个因素：一是发病率；二是效果。发病率决定了赛道的宽度，效果（技术和工艺）决定了赛道的高度。

发病率越高且疾病进展危害越大的疾病，其疫苗市场的规模也越大。而效果（技术、工艺）的稳定性和有效性，既是疫苗产品的命门，也是决定是否可以长期在市场存续的关键。

由于疫苗技术代际的大跨越需要多学科的发展和支持，一般需要 30~40 年的时间完成积累，同一品类疫苗的再次创新和技术升级需要 10~15 年的时间，工艺和技术的积累具有连续性。因此，新的重磅品种都是从技术和工艺积累颇深的企业里孕育而生，疫苗市场的竞争格局相对稳定。

疫苗行业竞争的关键是重磅品种，而重磅品种来自持续、多年的技术积累，这是一个先发优势明显、大者恒大的行业。这样的行业，后发企业逆袭的机会很少。

对于国内民营疫苗企业来说，由于历史太短，基本上还没有孕育出自己的重磅品种。在这种情况下，通过代理国外重磅品种，壮大自身实力、积累科研底蕴，也不失为一条发展之路。

2016 年 6 月 15 日，食品药品监管总局和国家卫生计生委联合下发了《关于贯彻实施新修订〈疫苗流通和预防接种管理条例〉的通知》,该《通知》要求，向我国出口疫苗的境外疫苗厂商，应当在我国境内指定一家代理机构统一销售该厂商进口的全部疫苗，代表该厂商履行新《疫苗流通和预防接种管理条例》规定疫苗生产企业的全部责任。

这一“通知”给了国内民营疫苗企业借力发展的机会。

（四）产业链

9C 系数是反映企业质地和经营态势的指标，好的企业，9C 系数都在 0.20 以上;差的企业,9C 系数都在 0.05 以下。所以,要改善企业质地,优化经营态势,就必须提高 9C 系数。

那么，9C 系数是由什么决定的呢?

9C 系数主要由三个因素决定：产业链、价值链、护城河。

我们来看一下智飞生物所处的产业链。

2016 年 3 月之前，智飞生物所处疫苗行业的产业链如图 5-24 所示。

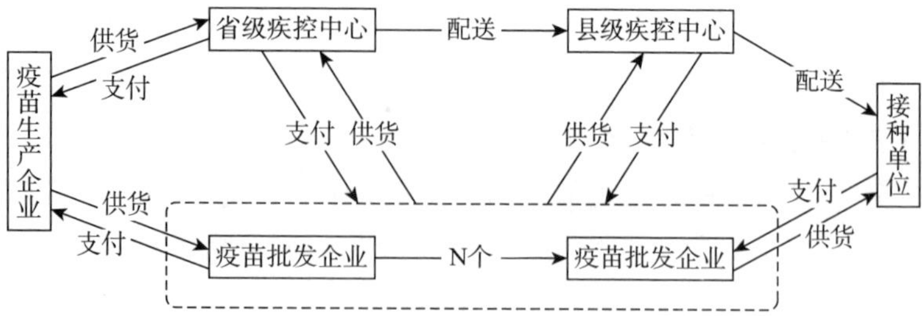

图 5-24　条例修改前的疫苗流通情况

2016 年 3 月山东疫苗事件之后，国务院公布《国务院关于修改〈疫苗流通和预防接种管理条例〉的决定》。2016 年 6 月，食品药品监管总局、国家卫生计生委联合下发《关于贯彻实施新修订〈疫苗流通和预防接种管理条例〉的通知》，对新条例贯彻实施的工作要求和过渡期间疫苗的购销问题做出具体规定。

新条例取消了疫苗批发企业经营疫苗的环节，加强了运输环节的冷链要求。

条例修改后，疫苗行业的产业链如图 5-25 所示。

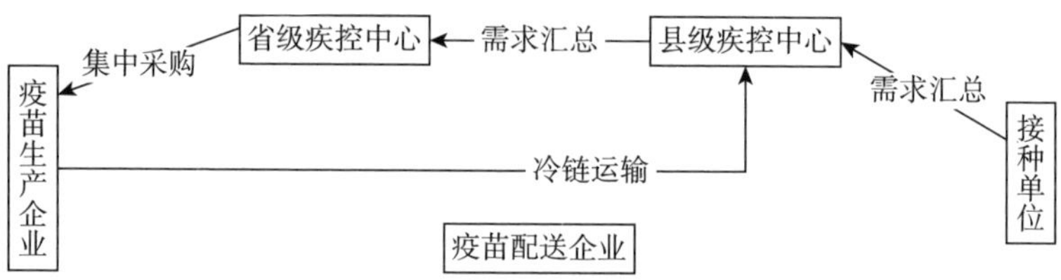

图 5-25　条例修改后的疫苗流通情况

新的产业链格局，给疫苗厂商带来的机会多于风险。有优势产品、直销渠道、冷链运输条件的企业，将迅速填补疫苗批发企业空出来的市场空间。

（五）价值链

企业的经营是以价值链为核心进行的，如图 5-26 所示。

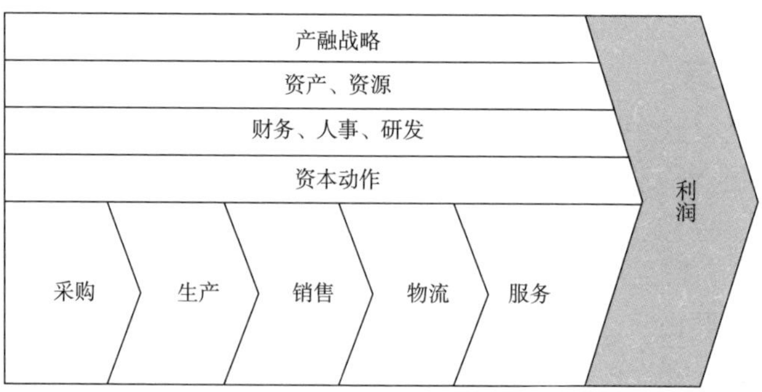

图 5-26　价值链

对照智飞生物，由于新条例取消了疫苗批发企业的经营资格，这势必造成行业中销售和物流两个环节的部分真空。所以，智飞生物首先应该加强的是价值链中的销售和物流环节。

另外，新条例规定进口疫苗厂商应在我国境内指定一家代理机构，而智飞生物一直与国际大型疫苗厂商默沙东存在合作关系。如果能打通默沙东的优势产品与国内市场之间的通道，智飞生物的营业收入和利润也必将大幅增长。

（六）护城河

智飞生物在研发、产品、营销体系等方面具有一定的优势。可以说，护城河初步成型，但是，竞争力还不够，需要进一步深挖。

首先，研发方面。

2016 年，在销售业绩因行业事件大幅下降的同时，公司依然保障了高研发费投入，全年投入研发费 7562 万元，占全年营业收入的 16.96%，其中资本化研发支出占全年净利润的 51.44%。报告期内，公司共有 21 项自主研发项目，其中两项在报告期内取得阶段性进展。

截至 2016 年年末，智飞生物已拥有发明专利 15 项，如表 5-8 所示。

表 5-8　智飞生物专利列表

编号	专利类型	专利号	专利名称
1	发明	ZL200310106212.X	冻干母牛分枝杆菌制剂（微卡）及其制备方法和用途
2	发明	ZL200410033878.1	一种免疫佐剂和含有该佐剂的疫苗
3	发明	ZL2010I0107449.X	含有复合佐剂的结核亚单位疫苗
4	发明	ZL02159032.X	一种多糖 - 蛋白结合疫苗
5	发明	ZL200610111684.8	伤寒、副伤寒外膜蛋白疫苗
6	发明	ZL200510083042.7	多价细菌荚膜多糖 - 蛋白质结合物联合疫苗
7	发明	ZL200910236407.3	一种特异性多糖制备方法
8	发明	ZL201010239120.9	一种革兰氏阴性细菌疫苗及其制备方法
9	发明	ZL201010534104.2	多价多糖或多糖蛋白混合物中各单价多糖含量的检测方法
10	发明	ZL200610152928.7	人用狂犬病裂解疫苗
11	发明	ZL200710007045.1	脑膜炎球菌多价联合疫苗
12	发明	ZL200810087598.7	流脑白百破联合疫苗
13	发明	ZL201410413100.7	b 型流感嗜血杆菌结合疫苗的制备方法

续表

编号	专利类型	专利号	专利名称
14	发明	ZL201410176080.6	志贺氏菌多价结合疫苗
15	发明	ZL201310320965.4	肿瘤抗原性多肽及其作为肿瘤疫苗的用途

其次，产品方面。

智飞生物拥有多款自有产品，其中独家产品 AC-Hib 三联疫苗在国内市场尚无竞品，将是公司利润的主要增长点。

前面提到，新条例后，进口疫苗厂商应在我国境内指定一家代理机构。而智飞生物一直与默沙东存在合作关系，如果能继续深化合作，拿到默沙东重磅产品的国内代理权，必将极大地强化公司产品方面的竞争优势。

最后，营销体系。

智飞生物年报显示，自成立之初，公司就充分认识到市场网络的重要性，通过 10 多年的悉心培育，已初步建立了行业领先的全天候、覆盖最广泛、深入最终端的市场服务网络，覆盖全国 30 个省、327 个地市、2248 个县、25400 多个接种点，能够较好地提供令客户满意的服务，同时为公司研发立项、管理决策等提供了准确、全面、及时的信息支持。

七、资本市场

（一）二级市场

我国 A 股市场，在 2015 年爆发了一波牛市行情。之后，行情消退，市场处于盘整状态，如图 5-27 所示。从大势看，市场需要足够的时间，才能酝酿下一波行情。所以，短期内应该不会有大的行情发生。

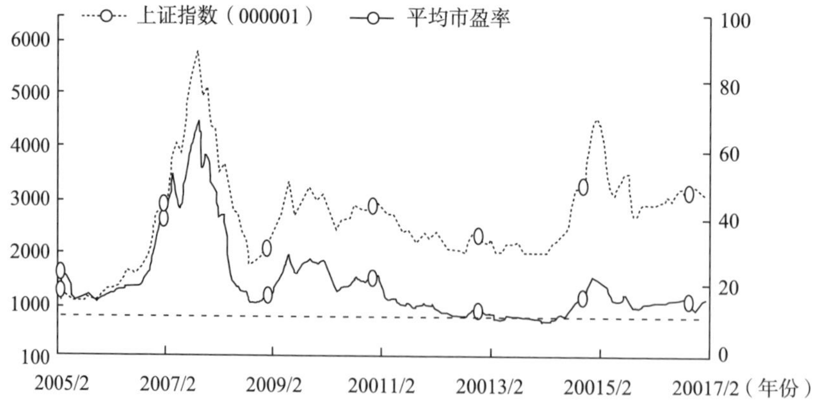

图 5-27　上证指数与平均市盈率

另外，市场平均市盈率处于中等偏高状态，相对安全，但亦有少量泡沫。

此等时期，资产价格与价值偏离值不大，在二级市场进行资本动作的价值有限。所以，除非必要，否则不宜进行大的资本动作。

（二）一级市场

2015 年 A 股爆发的牛市行情，对一级市场的募资产生了积极影响，最明显的表现就是中国创投市场年新增资本量，如图 5-28 所示。2015 年新增 71%，达到 1996 亿元，2016 年新增 79%，达到 3582 亿元，均创历史新高。

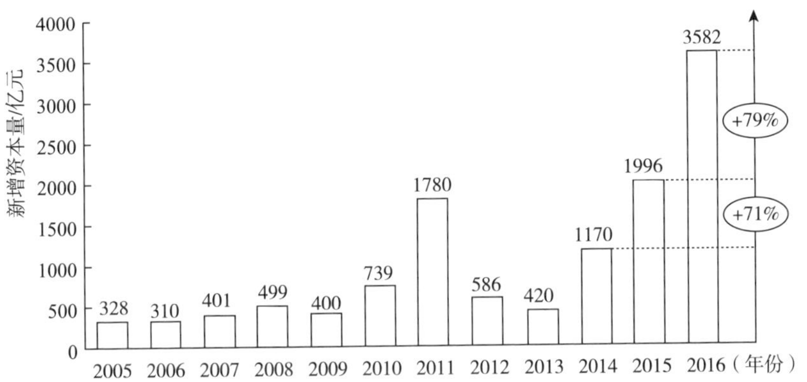

图 5-28　中国创投市场年新增资本量

在这种情况下，一级市场的资金量迅速增加，优质项目将变得稀缺，整体估值也将大幅攀升。所以，接下来的时期，一级市场适合融资，不适合投资，如有合适项目，可以考虑进行融资活动。

八、产业经营

综合考虑内外形势（内部 9C 系数、资产情况，外部政商环境、科技变革、产业市场、资本市场），智飞生物产业经营的方向如下：

（一）加强冷链运输建设

新条例取缔了疫苗产业链中批发商的经营资格，这使疫苗流通环节产生了某种程度上的市场真空。

从短期看，这对疫苗厂商的业绩影响很大，因为产业链不畅，产品运不出去。但是，从长期看，这绝对是疫苗厂商的利好因素。关键是，谁能抓住这个机会，及时填补市场真空。

以前，由于批发商的存在，大多疫苗厂商在运输环节的投入都不足，很少有厂商具备完备的冷链运输能力。新条例打开了机会窗口，但它存在的时间应该不会太长。智飞生物不能放过这个机会。

（二）优化销售网络

智飞生物一直重视直销模式，所以长期布局销售网络，现在已经初具规模。但是，新条例对销售提出了一些新要求，所以智飞生物需要对既有销售网络进行优化，以满足新形势的要求。

（三）拿到代理资格并打通国内市场

疫苗行业是品种驱动的产业，尤其是重磅品种，对企业的成长意义重大。国际疫苗巨头，都是依靠重磅产品不断做大的。其中，有的是自己研发的，有的是并购而来的。

在二类疫苗市场，国内民企还没有明显的重磅品种。

智飞生物拥有独家产品，但产品的市场空间和竞争力度还不够，不具备足够的市场势能。短期内，也看不见通过自研获得重磅品种的可能。

但是，2016 年 6 月 15 日食品药品监管总局和国家卫生计生委下发的《关于贯彻实施新修订〈疫苗流通和预防接种管理条例〉的通知》，给了它借力发展的机会。

智飞生物与默沙东长期合作，默沙东作为国际疫苗巨头，拥有多款重磅疫苗品种。如果智飞生物借此机会，拿到默沙东在国内的唯一代理资格，再打通国内市场，营业收入和利润空必将获得极大增长，企业也必将获得跳跃式发展。

（四）推广自有产品

智飞生物自有二类疫苗的毛利率高达 93%，是公司所经营的产品中毛利率最高的产品。由此可见，这类产品尽管市场空间没有那么大，但是利润空间足够大。

所以，智飞生物应该继续加大对自有产品的推广力度，尽可能做大自有产品的营业收入规模。

（五）继续研发投入

疫苗行业靠品种驱动，品种大部分来自研发，少部分来自并购。所以，智飞生物应该继续加大研发投入力度。

（六）提高费用产出效率

在对智飞生物进行 9C 系数分析时，发现主要有两个问题：一是营业收入下滑严重；二是各项费用率攀升过快。

上述各项措施的主要用意都是做大营业收入。但是，在做大营业收入的同时，也不能忽视对各项费用率的控制，否则，单纯做大营业收入，利润却没有太大的增长，企业还是赚不到钱。如果那样，做得越大越危险。因为稍有风波，就会跌入亏损的泥潭。而且做得越大，亏损越多。

控制各项费用率，提高费用产出效率，对智飞生物十分重要。

九、资本经营

综合考虑内外形势（内部 9C 系数、资产情况，外部政商环境、科技变革、产业市场、资本市场），智飞生物可进行的资本经营方向如下：

（一）进行适度的债权融资

2010 年之后，智飞生物的负债率一直很低，最低的时候为 3%，最高的时候才 9%。尽管这样可以保持极低的债务风险，但却不能充分利用财务杠杆。

智飞生物可以适当提高负债率，一般不超过 30% 都是可控的。不要说不缺资金，只要你不是寡头，就有大量需要投资的地方，资金不足是常态。太低的负债率，其实是对经营资源的浪费。

（二）积极开展一级市场融资

在 2015 年那波牛市的刺激下，中国创投市场年新增资本量增长迅速。2015 年新增 71%，达到 1996 亿元，2016 年新增 79%，达到 3582 亿元，均创历史新高。

这种情势下，市场上拥有大量资金，但优质的项目却不能同步增加，这势必造成一种趋势，那就是水涨船高，项目的估值开始提升。普通项目的估值会提升，优质项目的估值更会提升，甚至有些明星项目会涨到离谱的程度。

所以，智飞生物可以顺应这波行情，选出一些比较优质的子公司或孙公司，开展一级市场的股权融资，壮大总体资产实力。

（三）谨慎安排二级市场融资

智飞生物的实际控制人蒋仁生先生对公司直接持股 54.13%，与关联方合计持股超过 60%。

按说，这么高的持股比例，通过增发进行融资的空间是很大的，应该进行适度的二级市场融资。

但是，我国 A 股市场在 2015 年刚刚爆发了一波牛市行情，当前正处于盘整状态，需要足够的时间酝酿下一波行情。当前的平均市盈率处于中位，估值不低，但也不高。

所以，从市场行情和估值来看，都不太适合进行二级市场的融资活动。

（四）围绕产业链并购

新条例后，疫苗行业的产业链格局发生了重大变化。批发企业的出局，造成阶段性的市场真空。整个产业都处于对新形势的适应、调整状态，一切都格局未定、趋势不明。

这种局势，对有远见的企业来说是极佳的扩张布局良机。如果等局势都明朗了，机会窗口也该关闭了，即使还有机会，成本也会很高。

所以，智飞生物可以借此机会，在对产业全面研究的基础上，找到产业链中的关键环节，以及在未来的竞争中决定胜负的关键资源，然后借力并购，将这些战略性要素收入企业版图。

国际上的疫苗巨头，在其成长史中几乎都能看到并购的身影，这值得国内疫苗企业借鉴。

（五）基于价值链并购

企业的各项职能，都是靠价值链实现的。而新条例的出台，则对国内各疫苗厂商的价值链提出了更高的要求。所以，疫苗厂商都面临价值链的优化甚至重构问题。

智飞生物同样面临这一问题，但是这未必不是机会。

由于一直重视直销网络的建设，所以相对于新条例的要求，智飞生物的价值链没有结构性缺陷，该有的都有，只是强度不够。

智飞生物需要做的，是补足价值链中的薄弱环节，这就需要相应资源的投入。

并购，就是获取资源最快的方式。

附 1：产融举措

2017—2018 年，智飞生物进行了多项经营举措。其中，大部分都属于 9C 分析提示的产业经营或资本经营的范围。

（一）优化营销网络

2018 年，智飞生物公司有销售人员 1502 名，较 2017 年同期增长 37.92%，销售网络覆盖全国 31 个省、自治区、直辖市，包括 300 多个地级市，2600 多个区县，30000 余个基层卫生服务点（乡镇接种点、社区门诊）。销售队伍的壮大有利于公司打出“自主 + 代理”多产品、广覆盖的服务组合拳，切实为国民带来优质、便利的疫苗供应和服务。

（二）打通代理通道

2017 年，智飞生物与默沙东公司续签了 23 价肺炎疫苗、灭活甲肝疫苗的代理经销合同。同时，四价 HPV 疫苗也顺利获得药品注册批件，以上三种疫苗均由智飞空港提供进口和仓储服务，为公司进口疫苗代理工作，特别是在四价 HPV 疫苗的顺利通关、批签发、招投标及快速上市销售等效率方面提供了强有力的支撑。

2018 年，公司与默沙东公司就多款产品签署了基础采购协议：2018 年 7 月 9 日，公司与默沙东公司就五价轮状疫苗约定了自签署日至 2021 年 12 月 31 日共计约 31.46 亿元的产品基础采购金额；2018 年 11 月 5 日，公司与默沙东公司就四价、九价 HPV 疫苗约定了自 2019 年 1 月 1 日—2021 年 6 月 30 日共计约 180.02 亿元的产品基础采购金额。基础采购金额的确定，体现了公司引进优质进口疫苗产品的决心，也确保了未来几年代理产品的基础供应，切实为国民健康贡献力量。

（三）推进研发

2017 年 2 月 7 日，公司发布公告，智飞龙科马研发的四价流感病毒裂解疫苗获得国家食品药品监督管理总局临床试验批件。

2017 年 6 月 5 日，公司发布公告，智飞龙科马研发的冻干人用狂犬病疫苗（MRC-5）获得国家食品药品监督管理总局临床试验批件。

2017 年 10 月 9 日，公司发布公告，智飞绿竹研发的 15 价肺炎球菌结合疫苗获得国家食品药品监督管理总局临床试验批件。

2017 年 12 月 1 日，公司发布公告，智飞龙科马研发的卡介苗纯蛋白衍生物（BCG-PPD）、冻干人用狂犬病疫苗（Vero 细胞）获得药品注册受理通知书。

2018 年 2 月 6 日公司发布公告，全资子公司智飞龙科马收到安徽省食品药品监督管理局换发的《药品生产许可证》，扩展合肥市国家高新技术产业开发区浮山路 100 号生产范围为：治疗用生物制品（重组结核杆菌 ESAT6-CFP10 变态反应原），预防用生物制品［流感病毒裂解疫苗、四价流感病毒裂解疫苗、冻干人用狂犬病疫苗（MRC-5 细胞）］。

2018 年 4 月 20 日公司发布公告，全资子公司智飞绿竹收到北京市食品药品监督管理局颁发的 GMP 证书，b 型流感嗜血杆菌结合疫苗、A 群 C 群脑膜炎球菌多糖结合疫苗和 AC 群脑膜炎球菌（结合）b 型流感嗜血杆菌（结合）联合疫苗增加预灌封注射器包装形式等。

2018 年 5 月 11 日公司发布公告，全资子公司智飞绿竹获得国家食品药品监督管理总局的受理通知书，其自主研发的吸附无细胞百白破（组份）联合疫苗获得临床申请受理。

2018 年 6 月 13 日公司发布公告，全资子公司智飞龙科马自主研发的母牛分枝杆菌疫苗（结核感染人群用）作为全球唯一完成临床试验研究的结核感染人群用疫苗，正式纳入特殊审批程序和优先审评品种。

2018 年 7 月 6 日公司发布公告，全资子公司智飞龙科马自主研发的成人及新生儿用冻干皮内注射卡介苗临床申请获得国家食品药品监督管理总局的批准。

2018 年 7 月 10 日公司发布公告，全资子公司智飞龙科马自主研发的冻干人用狂犬病疫苗（Vero）细胞获得国家药品监督管理局药品临床试验批件。

2018 年 9 月 3 日公司发布公告，全资子公司智飞龙科马研发的重组结核杆菌融合蛋白（EC）获得国家药品监督管理局生产注册受理。

2018 年 12 月 28 日公司发布公告，全资子公司智飞龙科马研发的卡介菌纯蛋白衍生物（BCG-PPD）获得国家药品监督管理局药品临床试验通知书。

（四）合作研发

2018 年 8 月 8 日，智飞龙科马与中国科学院微生物研究所签订了《技术转让（技术秘密）合同》，出资 3000 万元受让微生物研究所持有的“中东呼吸综合征疫苗”项目的技术秘密——新型中东呼吸综合征疫苗，并获独占许可使用。公司与微生物研究所遵循平等互助、优势互补的原则友好合作，有利于公司加快疫苗的研发进度，若成功研发并顺利实现成果转化，将具有良好的社会效益和经济效益，对公司未来的发展将产生积极影响。

（五）联合推广

2017 年 11 月 28 日，公司与美年大健康产业控股股份有限公司在上海共同签署了《战略合作协议》。双方拟共同打造航母式健康产业平台，拓展基层医疗事业版图，发挥双方在各自领域的资源优势，充分利用健康大数据。

（六）二级市场融资

公司于 2017 年 4 月推出再融资计划，拟非公开发行不超过 1 亿股募资不超过 23.5 亿元，投向智飞绿竹新型联合疫苗产业化项目（第一期）、智飞龙科马人用狂犬病疫苗（二倍体细胞）产业化项目，以及智飞龙科马生物制药产业园（A 区）项目之研发中心项目，如顺利募资，公司将引入充沛资本投到产品研发及进行产业化，从而将进一步保证公司研发的长远布局，战略投资者也将在公司的发展中共享收益。

2018 年，公开发行股票募集资金金额调整为不超过 210000 万元，发行数量仍不超过 10000 万股。

（七）投资布局

公司参股设立了重庆智睿投资有限公司，在治疗类生物医药领域积极拓展布局，以此为依托涉猎如肿瘤类（如单抗、CAR-T 等）、心血管疾病、代谢类疾病等有发展前景的生物技术和产品的孵化和培育，主要在北京、上海、重庆等地设有技术研发平台。

此举将有利于公司把握产业发展机遇，在生物制药领域拓展布局，在未来壮大公司规模，同时也有利于降低研发投资风险、跟踪技术发展趋势、引领产业潮流，确保公司在生物制药领域可持续长远发展。

（八）加强费用控制

为优化业务范围和治理架构，降低企业管理成本及费用，提高运营效率，基于实际经营发展的需要，公司依法注销未实际开展业务的智飞香港与中科智飞研究所。

附 2：经营成果

（一）9C 系数

2019 年 12 月暴发新冠肺炎疫情，智飞生物在疫情之后的业绩具有事件驱动性，我们不予考虑。

智飞生物在疫情暴发之前的 9C 系数，如图 5-29 所示。

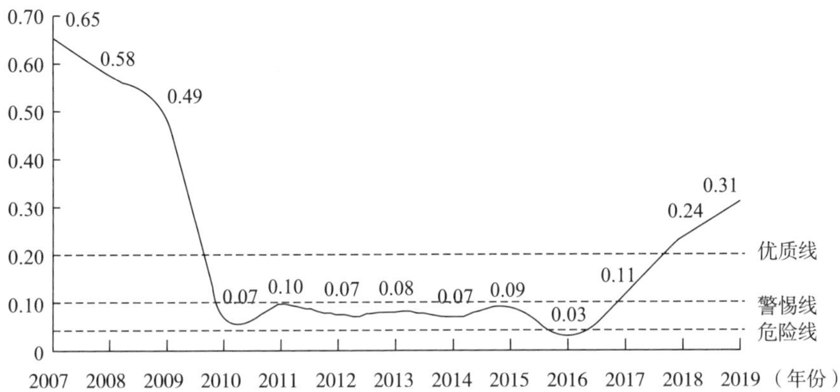

图 5-29　智飞生物 9C 系数

（二）净收益

智飞生物净收益如图 5-30 所示。

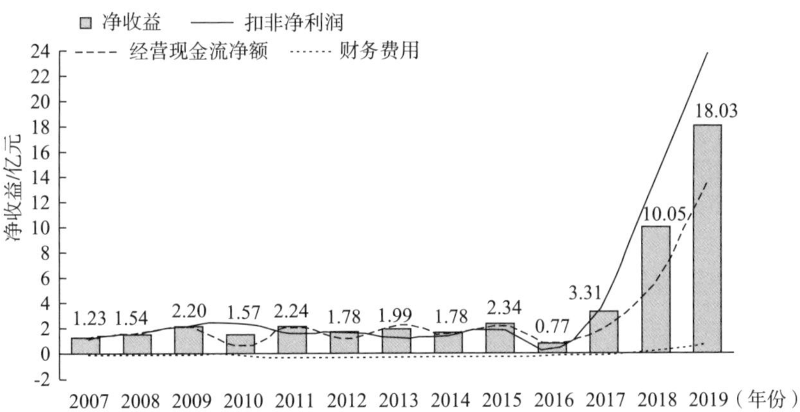

图 5-30　智飞生物净收益

（三）净资产

智飞生物净资产如图 5-31 所示。

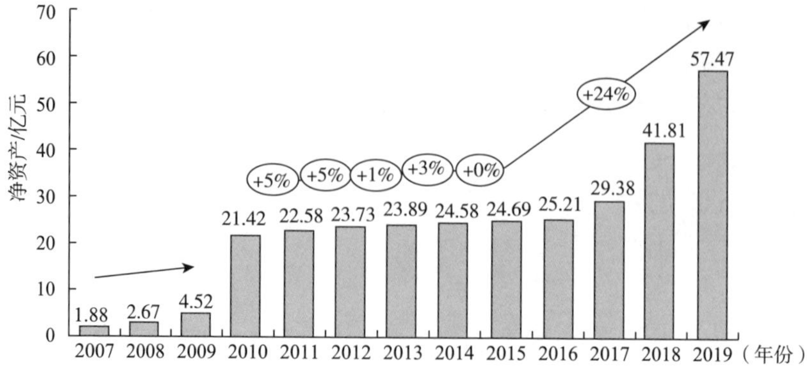

图 5-31　智飞生物净资产

第六章
公司做大的 8 个方法

士不可以不强毅，任重而道远。
——《论语》

第一节　竞争并购：吞下竞争对手

商业的核心是竞争，而竞争的手段五花八门。在诸多手段中，最终极的就是竞争并购。

所谓竞争并购，即以控制竞争对手为目标的股权收购。它的目的是解决商业竞争，表现形式是收购全部或部分股权，完成的标志是实现对竞争对手董事会的控制。

为什么说竞争并购是商业竞争的终极手段呢？

因为其他的手段都只是削弱、打击对手，而竞争并购则是直接消灭对手。

竞争并购的好处显而易见。首先，它可以一次性解决问题，一旦完成，与对手的竞争问题将彻底解决；其次，它可以在解决竞争的同时壮大自己；再次，它可以使企业更快成长，因为可以获得竞争对手多年努力的成果，不需要自己再从头积累；最后，它可以增加利润。并购之前，大打价格战，谁都吃不饱；并购之后，价格上升，利润有了保障，天天大口吃肉。

有一种黑白棋，被吃掉的子，并不从棋盘拿掉，而是转化成对方的子。这种棋，敌我之势，可在顷刻之间发生逆转，因为每胜负一子，得失都会翻倍。

竞争并购，有点像这种黑白棋。

当然，竞争并购也是有风险的，必须提前防范。风险主要有以下几个方面：整合失败、负债危机、商誉过高、反垄断调查。

竞争并购时，时机的选择很重要。选择得好，风险小、收益大；选择得不好，不但价格贵，而且风险很高。如果时间允许，最好等待以下时机：

（1）行业低迷，标的公司业绩不佳时期。

（2）宏观调控下，标的公司股东资金链紧张，需要转让套现时。

（3）基于对未来的判断，某一业务即将爆发亟待快速进入时。

竞争并购，可以发生在行业生命周期的各个阶段。一般来说，行业越早期，发生的概率越小；行业越后期，发生的概率越大。快到行业终局时，一般会发生主要玩家之间的并购。这一特征在互联网行业表现得更为明显，比如滴滴并购快的、58 同城并购赶集网、优酷并购土豆等。

案例 1：白衣继峰

继峰股份，是宁波一家汽车零部件公司，产品涵盖乘用车和商用车两大领域。产品包括汽车座椅头枕总成、中间扶手总成、门扶手总成及头枕支杆 4 大系列。

经过多年发展，继峰股份在国内市场已逐步处于领先地位。但在国外市场，却面临强力竞争。其中，主要竞争对手之一是德国 Grammer（格拉默）公司。

格拉默公司的主营业务为头枕、扶手、中控和商用车座椅总成，在座舱系统领域布局完善，商用车座椅在欧洲市场的份额超 90%，拥有成熟的生产工艺流程，并且产品研发系统非常专业，是全球领先的汽车座椅内饰细分行业供应商。它在全球 18 个国家设立了 30 个控股子公司，包括在中国境内亦有布局。

继峰股份与格拉默在多个细分领域均有竞争，继峰头枕在中国市占率第一、欧洲市占率第三，格拉默头枕在欧洲市占率第一，中国市占率第三。

面对格拉默这个竞争对手，常规的市场竞争肯定是必不可少的。但常规竞争是持久战、消耗战，最终鹿死谁手，谁都无法预料。

对于继峰股份来说，如果有机会，对格拉默发动一场歼灭战，彻底解决问题是最好的。

2017 年，机会来了。

格拉默有一个大客户是大众汽车，大众汽车有两个供应商叫 CarTrim 及 ES Automobilguss，这两家公司同属 Hastor 家族。

2016 年，由于上述两个供应商断供，导致大众汽车停产，大众汽车打算换掉他们，并专门成立一个部门研究此事。之后，Hastor 家族与大众汽车的纠纷公开化。

在这种情况下，Hastor 家族开始买入格拉默的股份，并一路增持至 20% 左右，成为其第一大股东。

Hastor 不是普通的投资者，其与大众存在纷争，而格拉默的 1/3 的订单来自大众。

2016 年年底，Hastor 家族要求格拉默替换现有监事会及管理层，此举遭到了格拉默管理层的集体抵制。

尽管 Hastor 家族未能得逞，但是格拉默管理层担心，如果 Hastor 家族继续增持股份，他们可能将无力阻止其替换管理层的动议。所以，他们亟须一位白衣骑士。

继峰股份的机会来了。

第一步，认购可转债。

2017 年 2 月，在格拉默管理层的大力支持下，继峰股份与格拉默签署战略合作备忘录。同时，继峰股份相关公司认购格拉默强制性可转换债券，转股后占格拉默 9.2% 的股份。此举使继峰股份成为格拉默重要的股东，并稀释了 Hastor 家族的股份，Hastor 家族还无力阻止。

第二步，二级市场收购。

继峰股份相关公司开始从二级市场购买格拉默股份，并一路增持。截至 2017 年 10 月，继峰股份相关公司已累计持有格拉默 25.56% 的股份，超越 Hastor 家族，成为格拉默第一大股东。

第三步，要约收购。

2018 年 5 月，继峰股份子公司要约收购格拉默，要约收购价较前一日停牌价溢价 19%。9 月，要约收购完成，交割后继峰股份相关公司合计持有格拉默 84.23% 的股份。

之后，Hastor 家族将自己的股份也悉数卖给了继峰股份。

至此，继峰股份完全掌控格拉默，国外最大的竞争对手变成了自家人。

案例 2：曹操起家

曹操也曾玩过竞争并购，我们来看看他是怎么做的。

曹操初期，兵力很少。他的第一桶金来自兖州之战，对手是黄巾军。

战前，曹操只有千余人。《三国志》记载："太祖将步骑千余人，行视战地，卒抵贼营，战不利，死者数百人，引还。"

而对手，号称百万。《三国志》记载："青州黄巾众百万入兖州，杀任城相郑遂，转入东平。"

当时，黄巾军进入兖州，杀了地方官。当地官吏去东郡找到曹操，迎他做了兖州牧（"信乃与州吏万潜等至东郡迎太祖领兖州牧"）。

之后，曹操以少胜多，战胜黄巾军，并收降了三十多万兵力（"追黄巾至济北。乞降。冬，受降卒三十余万，男女百余万口，收其精锐者，号为青州兵"）。

这一战，曹操有三大收获：

1. 兖州牧

三国乱世，汉失其鹿，群雄都想抢块肉吃，这就要凭实力说话。最直接的实力当然是军事，但军事的背后是经济。经济实力从哪里来？主要是从税收来。所以，占据一处足够大的地盘极为重要。曹操原本只是东郡太守，地方太小。黄巾军进入兖州，杀了地方官，兖州没了主人，曹操因此领了兖州牧，地盘扩大了许多。

2. 三十万兵力

曹操原本只有几千人，想争霸天下谈何容易，现在一下子收编了三十万人。董卓造逆，群雄并起，手里有兵才是硬道理。

3. 百余万人口

兖州地处中原腹地，由于战乱，人口锐减，各方面都遭到重大破坏。青州军的家属，男女老少几十万人，可以大大充实兖州缺失的人口。在古代，没有工业，没有金融，更没有互联网，发展经济主要靠农业。所以，人口是最直接的生产力，有人才能种地，才能有粮食。粮食既是民生之根本，也是军事行动的前提。

清朝学者何焯校订史书《三国志》，读到此处，也不由得感慨："魏武之强，由此而始。"

曹操这局棋，下得很绝。他没有选择消灭对手，而是化敌为己，将敌我之势进行了转化。

如果曹操选择杀敌，灭了这支黄巾军，就不会有后来的青州兵。况且，以他的兵力，也不一定能灭得了。

第二节　资源垄断：把牌抓在自己手里

企业和人一样，是有机体，需要新陈代谢，需要处于运行和生长之中。如果有一天它停止了新陈代谢，不运行、不生长了，这个企业就难以生存了。

既然要新陈代谢，就需要持续的资源供给，就像人需要食物、空气和水一样。

另外，企业还是一个系统，具有特定的结构和运作模式。这个系统的有效运作，也需要相应的资源供给。

在企业需要的资源中，有些是必需的，有些是锦上添花的，有些非它不可，有些可以替代，这些资源的重要程度是不一样的。

人如果吃不饱，就没力气干活；如果缺少必要的空气和水，还有性命之忧。

企业也一样，不能获得需要的资源供给，就会效率低下，甚至停止运作。它需要的各项资源都要齐备，任何一项必要资源的量或质不够，都会导致产能的闲置或浪费。它的产出效率，受制于最短板。有些企业，因为所需的关键原料断供，只能全厂停工。

任何行业总有几样关键的稀缺资源，谁拥有的多，谁能控制、垄断这些资源，谁就可以立于不败之地。

天齐锂业的前身为射洪锂业，自成立就一直处于亏损状态。2004 年，蒋卫平控制的天齐集团将射洪锂业收购，更名为天齐锂业。

买下天齐锂业后，蒋卫平立即着手改革，通过技改升级、改变管理经营方式、提高生产效率等手段，终于使企业扭亏为盈。之后，天齐锂业一直稳健经营，直到上游突遭变故。

锂是一种特殊金属，在新能源汽车兴起之前，并不引人注目。锂行业上游，为锂矿及含锂盐湖卤水，这是锂产品的最初原料(8 吨锂精矿生产 1 吨碳酸锂)；中游是锂产品加工，即通过矿石提锂和卤水型盐湖提锂两种方式生产工业级碳酸锂，并以工业级碳酸锂为原料生产氢氧化锂、电池级碳酸锂、氯化锂，进而延伸到锂基脂、锂电池正极材料、金属锂产品等下游领域。

天齐锂业主要生产工业级碳酸锂、电池级碳酸锂，处于锂产业链的中游位置。

锂的上游行业集中度极高，全球最大的五家锂企业是 SQM、ALB(雅保)、泰利森、FMC 和 Orocobre，五家企业拥有的“四湖三矿”提供了全球 80%~90% 的锂资源。

天齐锂业生产所需的锂精矿全部采购自泰利森，是泰利森最大的客户。天齐锂业在 2011 年、2012 年从泰利森采购的锂精矿量约占后者产品年销量的 35.69% 和 36.56%。

泰利森是全球最大固体锂矿拥有者及供应商，拥有世界上正在开采的、储量最大、品质最好的锂辉石矿——西澳大利亚 Greenbushes(格林布什矿)，Atacama 盐湖和 Greenbushes 的产量占“四湖三矿”总产量的 70.2%。

正是这样一个关键企业，突然在 2012 年发生重大变故，这对天齐锂业、对行业都有重大影响。

2012 年 8 月，泰利森初步与雅保所属的全资子公司洛克伍德达成一致，收购报价为 45 亿元。泰利森股东会在 11 月底对这次交易进行表决。

对于天齐锂业来说，这绝对不是好消息。

如果泰利森股东会通过了该交易方案，五大企业将变成四家，锂业的上游将更加集中。对锂原料高度依赖的天齐锂业，将在原材料采购中处于极为不利的谈判地位。到时候，恐怕一切都要受制于人。

在这种情况下，天齐锂业迅速做出决定：加入收购战局，并立即采取行动。

蒋卫平的出手快而隐蔽：先在中国香港设立全资子公司天齐集团（香港），再通过天齐集团（香港）在澳大利亚设立 WindfieldHoldings Pty Ltd(以下简称文菲尔德)。然后，以文菲尔德的名义采用二级市场收购和场外协议受让两种方式，“突袭”获得泰利森 19.99% 股权。这使得文菲尔德成为泰利森的第二大股东，可以在泰利森股东会上行使对洛克伍德收购报价方案的否决权。

这场“突袭”做得比较巧妙，收购比例控制在 20% 以内，既避免了“打草惊蛇”，又规避了要约收购义务 (澳交所规定，收购上市公司股份比例超过 20% 就应当履行全面要约收购义务，需收购泰利森的全部股份)，更使自己在泰利森股东会上获得较大的发言权。

这步棋，后发先至，不仅有效规避了信息披露义务，还一举奠定了与洛克伍德竞争的主动地位。

这步棋完成后，天齐锂业找到中投集团，在其支持下，向泰利森提出了 54 亿元的收购报价，比洛克伍德的报价高出 9 亿元。

天齐锂业提出报价后，洛克伍德并未加价（估计是由于在股东会层面已失去主动，不想做无谓的争斗）。最终，天齐锂业购得泰利森全部股权。

天齐锂业解除了后顾之忧，并实现了对上游的有效控制，自此进入发展的快车道。

（由于这次收购天齐锂业尝到了甜头，后来其又对上游发起了一场更大规模的收购。但由于使用杠杆太高，又赶上锂业低迷，使得该次收购成了它的重大包袱。）

第三节　迂回收购：一举定乾坤

有两本兵书流传深远，一本是《孙子兵法》，另一本是《三十六计》。

《孙子兵法》中有一个观点叫“以迂为直”，认为迂回的、间接的路线比直接的路线更安全、更有效。《三十六计》中有一计叫“釜底抽薪”，意为断其根本，其势自消。

在商战中，最能体现“以迂为直”和“釜底抽薪”思想的就是“迂回收购”。

所谓“迂回收购”，即在面临强力商业对手，使用各种常规市场化手段，都无法战胜对方时，迂回到其后方，找到其母公司或控制公司，然后采用收购的方式，取得其母公司或控制公司的控制权，这样就可以通过迂回、间接的方式，实现对对手董事会层面的控制。然后再通过董事会做出各项停战、合作的决策，最终解除纷争、实现共赢。

陈天桥以一款《传奇》游戏，实现个人财富和旗下公司盛大游戏的巨大成功。

但是，这种成功背后是存在重大隐患的，因为《传奇》这款游戏并不是盛大自己开发的，而是代理韩国 Actoz 公司的。

随着《传奇》游戏越来越火，Actoz 公司的胃口也越来越大，已不再满足于原先的收益分配方案，最终双方爆发了激烈的商业冲突。

Actoz 公司对外宣布：“由于盛大连续两个月拖延支付分成费，故终止与盛大就《传奇》游戏的授权协议。”

盛大则表示：Actoz 公司必须道歉、减少分成、答应续约新版本游戏《传奇3》，否则不同意支付拖欠款项。

Actoz公司则坚持盛大必须先归还所欠近千万美元的分成费，并要求在未来的合同中增加分成的比例。

正当双方互不让步、处于胶着状态时，又杀出一个程咬金。

原来，Actoz公司并不是《传奇》游戏的开发商和技术支持者，它只是拥有该游戏的海外代理权。

《传奇》游戏的正主是一家叫作Wemade的韩国公司，Actoz公司持有其40%的股份。Wemade公司制作了《传奇》后，授权Actoz公司成为其海外代理商。之后，盛大与Actoz公司签订协议，成为《传奇》的中国运营商。盛大与Actoz公司分成，Actoz公司再与Wenmade分成。

Wemade宣称，已正式与中国公司光通签约，光通将正式取得新版本《传奇》游戏的中国代理权。

Wemade公司的这一举动，不但打了盛大一个措手不及，而且打了Actoz公司一个晕头转向。因为这使盛大与Actoz公司之间的争斗变得毫无意义，他们抢了半天球，突然发现球没了。

Actoz公司立即表示：Wemade公司在没有与之协商的情况下，单方签订合同是违法的。

盛大的形势更为严峻，它将从此失去《传奇》游戏在中国的运营权，并将在市场面对光通这个强劲的对手。这种感觉就像是好不容易把桃子养熟了，还没吃上几口，桃子就被别人抢走了。

无奈之下，盛大宣布独立自主研发《传奇世界》，并提供《传奇》转《传奇世界》的“升区”服务。

在Wemade公司的支持下，光通公司开始了新版本《传奇》游戏的公测，并很快开始收费。两天之后，盛大《传奇世界》公测，并开始平移《传奇》用户资料，双方在市场上短兵相接。

除了在市场上的争斗，双方还爆发了法律战。

先是盛大向新加坡法院提起仲裁，要求Actoz公司和Wemade公司赔偿因单方中止合同给盛大造成的损失。Actoz公司和Wemade公司则起诉盛大，要求支付拖欠的分成费。之后，Wemade公司又以《盛大传奇》侵犯知识产权为由，到北京起诉盛大，要求赔偿损失，如图6-1所示。

当此之时，盛大一方面要面对光通公司在市场上的竞争；另一方面又要面对Actoz公司与Wemade公司法律上的诉讼。可以说，局面极为险恶，一着不慎，就有可能满盘皆输。

盛大是如何化解这一险恶局面的呢？

简单来说，盛大走了三步棋，第一步最关键。

第一，收购Actoz公司28%的股份，成为该公司最大的股东。

盛大从Actoz公司管理层手中收购了该公司28%的股份。当时，如果直接从二级市场收购，只需要花费一半的费用。盛大选择从管理层手中收购，应该是出于人和及速战的考虑。因为从二级市场收购可能遭到管理层的抵制，不利于控制该公司，也容易因此爆发公司控制权争夺战，使收购变得旷日持久。

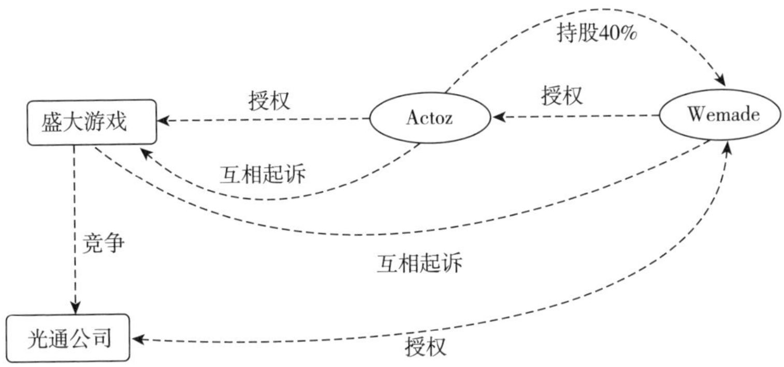

图 6–1　盛大面临的情况

第二，解除盛大与 Actoz 公司及 Wemade 公司之间的诉讼，消除法律方面的纷争。

Actoz 公司持有 Wemade 公司 40% 的股份，盛大成为 Actoz 公司最大的股东后，就通过 Actoz 公司间接控制了 Wemade 公司。这时候，盛大就解除了三方之间的各项诉讼，从而消除了法律方面的纷争，如图 6–2 所示。

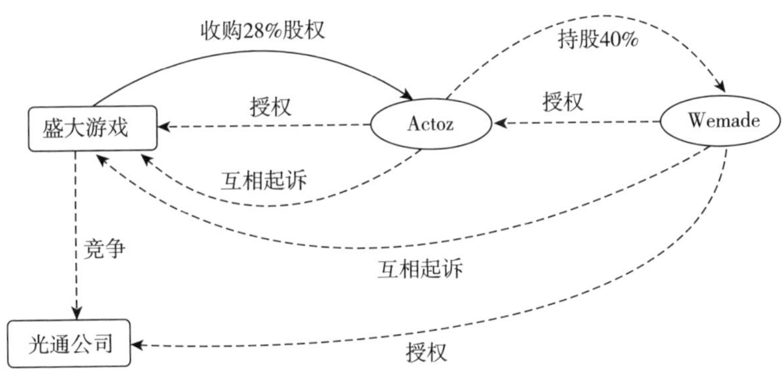

图 6–2　盛大收购动作

第三，通过市场与技术两端，逐步削弱光通的威胁，最终解决市场方面的竞争。

盛大收购 Actoz 公司 28% 的股份之时，光通的命运就已经被注定了。

市场方面，光通要面对盛大这个行业老手的残酷竞争。技术方面，得不到 Wemade 公司的充分支持。尽管 Wemade 公司宣称不会影响与光通的合作，但对 Wemade 公司拥有实际控制力的盛大，真的能让 Wemade 公司全力支持光通吗？

之后，曾经是国内最大游戏运营商之一的光通，盛大的最大对手，逐渐从市场淡出，最终销声匿迹。

第四节　虚拟裂变：卷之不盈怀，舒之弥四海

企业的所有资产可以分为三类：硬资产、软资产、现金。

硬资产指各种实物资产，比如机器、厂房、设备等。软资产指各种虚拟资产，比如专利、商标、大数据、情报、商业秘密等。

一般来讲，企业价值链的构成既需要硬资产，又需要软资产，只是所需比例、种类不同，这是由价值链的结构布局、运行模式决定的。

所有企业的价值链，根据内部软硬资产的比例不同，可以大体分为两类。一类是以硬资产为主、软资产为辅，可以称为重资产模式；另一类是以软资产为主、硬资产为辅，可以称为轻资产模式。

那么，哪种模式的价值链更容易扩张呢？

当然是轻资产模式。

因为它对实物资产的依赖较小，扩张的边际成本很低。

那么，资产轻重的判断标准是什么呢？

这并没有统一的标准，笔者喜欢用“固定资产比”来判断，其计算公式为：

固定资产比 = 固定资产 / 总资产

固定资产比越小，说明企业越轻；固定资产比越大，说明企业越重。一般来讲，固定资产比小于 0.1 的企业，都可以视为轻资产模式。

所谓虚拟裂变，即以轻资产模式，不断在软资产维度纵横延伸的扩张方法。

南极电商是一家经营品牌授权、电商生态服务、供应链管理等业务的公司，其前身为南极人，总部位于上海。

2021 年，它的状况不太好，但前几年它的成长很快。

1. 成长情况

2015 年，南极电商借壳新民科技，登陆中小板。之后几年，企业快速扩张，如图 6-3 所示。

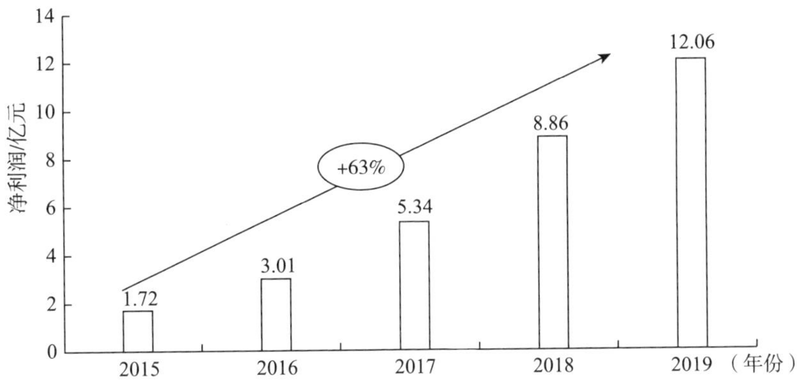

图 6–3　南极电商净利润

2015 年，南极电商的净利润还不到 2 亿元，2019 年则增长到 12.06 亿元，年复合增长率达到 63%，这个速度是十分惊人的。

再来看南极电商的营业收入，如图 6–4 所示。

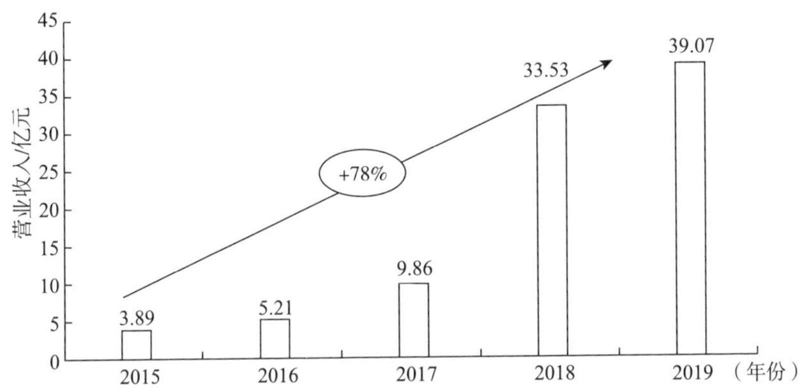

图 6–4　南极电商营业收入

南极电商的营业收入的增长速度更加惊人。2015 年不到 4 亿元，2019 年已经达到 39.07 亿元，4 年增长了近 10 倍，年复合增长率达到 78%！

南极电商是如何实现如此快速扩张的呢？

2. 扩张模式

南极电商之所以扩张得这么快，得益于自 2008 年确立的以“品牌授权”为核心的轻资产运营模式。

通过分析南极电商的固定资产比，可以清楚地看到这一点，如图 6–5 所示。

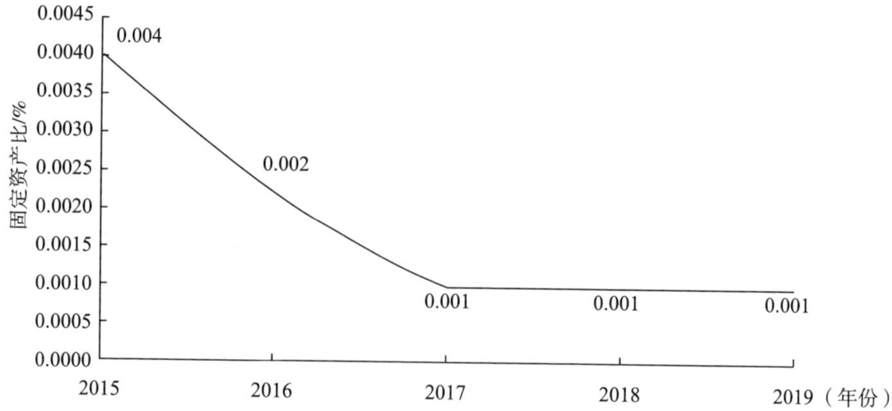

图 6-5　南极电商固定资产比

南极电商的固定资产比在 2015 年只有 0.004，这本来就已经很低了。之后，更是持续下滑，2017—2019 年一直保持在 0.001。这是一种极致的固定资产比，图 6-6 更加直观。

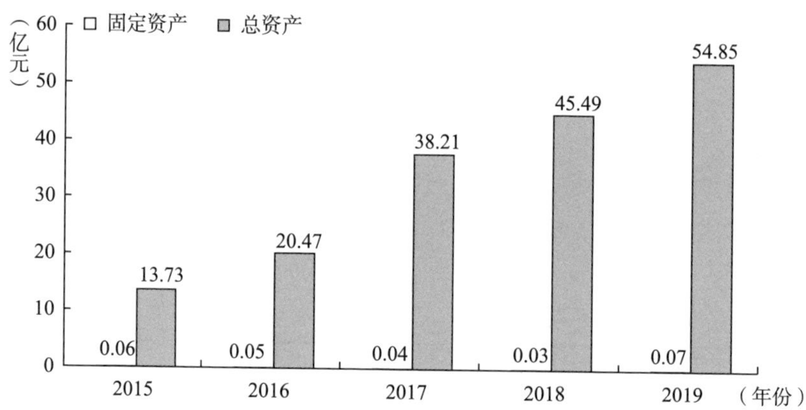

图 6-6　南极电商固定资产与总资产

南极电商每年的固定资产和总资产，都是以柱状图表示的。由于固定资产的数值实在太小，在图中看不见了。它的总资产持续增长，到 2019 年年底，已经达到 50 多亿元。可它的固定资产呢？还保持在几百万元。

这种极致的固定资产比，就是南极电商的基因，也是它得以快速扩张的秘诀。而与之相匹配的，就是其以“品牌授权”为核心的轻资产运营模式。

基于该运营模式，南极电商不直接生产、销售一件产品，所有生产、销售都由供应商、经销商负责，它则向供应商、经销商提供品牌授权、资源整合、数据赋能、研发设计、质量管理、流量管理等服务（其中，最核心的是“南极人”品牌的使用权，这是它最重要的资产）。

南极电商的上述模式有以下几个特点：

第一，客户定位为供应商和经销商，而非消费者。

第二，出售的是虚拟产品、品牌使用权和服务，而非有形的实物。

第三，对固定资产不具有依赖性。

这种模式的最大优点是扩张的边际成本很低，从一个领域扩张到另一个领域，只需要极少的投资。

2014 年，南极电商的一级产品类目只有 17 个，到 2016 年已经达到 57 个。如果不是以轻资产模式扩张，它是很难做到这一点的。

除了扩张的边际成本低，这种模式还有其他优点。比如维系成本低、沉没成本低、抗风险能力强等。

当然，世间没有完美的事物，凡事必杂于利害，这种运营模式也有缺陷，或者说风险。

3. 相关风险

以“品牌授权”为核心的轻资产运营模式，有以下风险：

第一，专业形象的稀释与淡化。品牌被应用的品类越多，专业形象就会被稀释和淡化，稀释和淡化到一定程度就会失去竞争力。所以，扩张不是没有边界的，如何掌握它的度，这是一门艺术。

第二，产品质量难把控。产品质量缺陷会损害品牌形象，但自己不掌握生产环节，如何把控产品质量？

第三，一荣俱荣，一损俱损。品牌扩张到多个品类，就形成了连环战船。欣欣向荣时一切都好，一旦有一处出现问题，其他各处都会受到影响。

第五节　政策东风：好风凭借力，送我上青云

9C 模型四大环境中的第一大环境，就是政商环境。它分为两个层次：一是政策；二是政商关系。

政商关系不在本书的讨论范围，这里只说政策。

政策对商业的影响极大。这又分为两个层面：一是对行业的影响；二是对企业的影响。

对行业的影响，体现在各种鼓励、补贴、限制、禁止性产业政策，它能决定一个行业的兴衰存亡。比如商品房的政策，带来二十年的房地产繁荣；而 P2P 的禁令，导致行业中企业的清零，直接消灭了这个行业。

对企业的影响，体现在各种目录和清单式政策，这种文件授予或限制了具体企业的经营资格，是能直接决定企业命运的。

政策借力，即充分借用各类政策的力量，使企业获得长足发展。为此，有两项工作极为重要：一是政策研判；二是政策顺应。

2018 年 6 月，创业板迎来一家新公司。当时谁也没有想到，它只用了 2 年多的时间，市值便暴涨了 10 倍。这家神奇的公司就是宁德时代。

宁德时代的创始人叫曾毓群，1968 年生 ,17 岁时考上了上海交通大学船舶工程系的本科，之后又先后到华南理工大学和中科院求学。毕业后，被分配到福建的一家国企。三个月后他离开国企，跑去广东东莞，进入一家名叫新科磁电厂的美资代工厂工作。新科磁电厂隶属于全球最大的独立硬盘磁头供应商"香港新科"（SAE），是当时全球超七成硬盘磁头的供应商。31 岁时，曾毓群成了最年轻的技术总监。

1999 年，SAE 执行总裁梁少康、曾毓群及其在 SAE 的顶头上司陈棠华三人决定辞职创业，共同成立了一家主营 MP3、手机锂电池的"新能源科技有限公司"（ATL）。

自此，曾毓群进入电池制造领域。

当时，ATL 并没有核心技术，为开启业务，他们向贝尔实验室购买了电池专利授权。可后来发现，贝尔实验室的这项技术并不完善，生产的锂电池反复充放电后容易鼓包。他们不得不自己寻求解决方案。从研究电解质入手，通过测试优化方案，最终解决了电池鼓包的问题。凭借这一技术的改善，ATL 随后拿到了苹果、三星等多家大公司客户的订单。2002 年，公司实现盈利。

之后，公司获得发展，但也犯下了错误。为了应对快速扩大的产能需求，公司两次引入外部资金，后来大股东成了日本 TDK 公司。这对最初创业的三人来说，面临控股权落空的问题。

2011 年，曾毓群团队下定决心，以股权转让的方式，将 ATL 大部分业务打包售出。ATL 中的动力电池部门则从 TDK 抽离后，在福建宁德成立了一家新公司，即现在的宁德时代。

宁德时代成立时，动力电池赛道上已经有了比亚迪和国轩高科两个玩家，走的都是磷酸铁锂路线。在这条路上，宁德时代没有优势。为避开竞争，曾毓群选择了成本更高昂的三元锂路线。曾毓群并不知道，他的这一选择将因为一年之后的某个文件变得举足轻重。

2011 年年底，宁德时代凭借优秀的产品性能，成为宝马的电池合作伙伴。宝马和宁德时代成立了电池联合开发团队，开发涵盖电池包的所有关键技术领域。华晨宝马曾于技术攻关时定期向宁德派出工程师进行技术支持，向宁德时代发出详尽的动力电池系统需求规格书。这些都为宁德时代掌握动力电池从研发到测试的全流程提供了极大的帮助。

2012 年，宁德时代获得了与华晨宝马合作的机会，为后者旗下首款纯电动 SUV“之诺 1E”开发动力电池系统。据第一财经报道，当时宁德时代钻研了宝马提供的数百页德文生产标准文件，打通了动力电池研发、设计、开发、认证、测试的全流程。

2012 年 6 月 28 日，国务院印发《节能与新能源汽车产业规划（2012-2020 年）》，要求到 2015 年，动力电池模块比能量要达到 150wh/kg 以上。三元锂电池是当时唯一能在 2015 年达到 150Wh/kg 以上的动力电池，后续的补贴政策延续了这一思路。这为宁德时代提供了重大的发展机遇。

之后，国家颁布了两个对宁德时代意义非凡的文件。

一是《汽车动力蓄电池行业规范条件》企业目录（第一批），屏蔽了外资对手。

2015 年 11 月 11 日，国家颁布《汽车动力蓄电池行业规范条件》企业目录（第一批），新能源汽车使用的电池必须进入该目录，否则新能源车辆就不能获得补贴，宁德时代成为首批入选的企业之一。这份名单上没有外资电池企业，为当时数量众多、技术参差不齐的国内动力电池企业赢得了发展空间。白名单推出后，以北汽和吉利为代表的国内车企对电池的需求更多转向国内企业，宁德时代三元锂电池的装机量大幅增长。

二是 2017 年 1 月 1 日起实行的《关于调整新能源汽车推广应用财政补贴政策的通知》，限制了铁锂对手。

宁德时代的电池走的是三元路线，与之对应的是铁锂路线。

在我国新能源汽车发展初期，铁锂电池曾广泛应用于乘用车，2015 年磷酸电池装机市占率达到 53%。

2016 年 12 月 30 日，财政部科技部、工业和信息化部、发展改革委联合发布《关于调整新能源汽车推广应用财政补贴政策的通知》。该通知首次对电池系统的能量密度提出要求：250km 以下车型单车补贴 3.6 万元，250km 以上车型补贴均为 4.4 万元，电池系统能量密度 90（含）-120Wh/kg 补贴系数为 1 倍。

这使得磷酸铁锂电池能量密度低的短板凸显，2017 年铁锂装机市占率下降到 22%。

之后，宁德时代的三元锂电池逐渐成为主流。

2016 年以前，比亚迪一直居于中国动力电池市场的首位，宁德时代则于 2017 年起开始反超并拉开与比亚迪的差距。

2018 年 6 月，宁德时代在创业板上市，市值很快超过中国最大车企上汽集团。不到三年，宁德时代的市值就暴增了超 10 倍。

《汽车动力蓄电池行业规范条件》的效力一直持续到 2019 年 6 月，宁德时代因此获得了长达 4 年的政策保护，如图 6-7 所示。

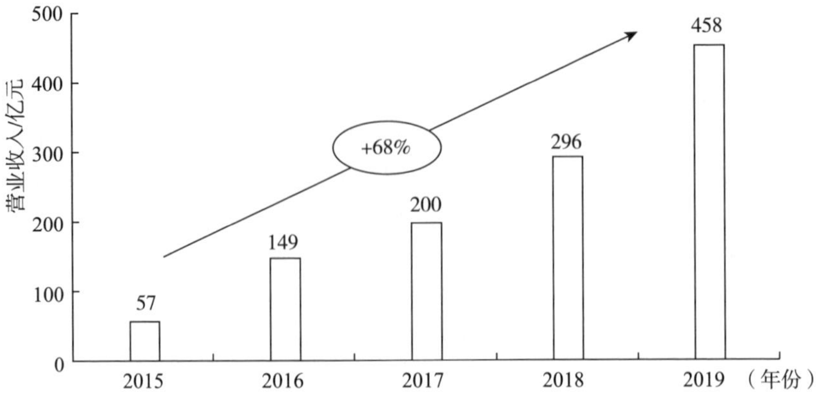

图 6–7 《汽车动力蓄电池行业规范条件》有效期间宁德时代营业收入

宁德时代在 2017 年时，国内车企客户只有 74 家，2019 年这一数字已经涨至 120 家。

2020 年 2 月，宁德时代成为特斯拉国产 Model3 的电池供应商。

2020 年上半年，工信部公布国内新能源车型有效目录，3900 余款车型中，由宁德时代配套动力电池的有 2000 余款，占比约 51%，是配套车型最多的动力电池厂商。

2019 年 6 月，《汽车动力蓄电池行业规范条件》废除，宁德时代的护身符失效，海外电池厂商得以进入中国市场，赛道开始变得拥挤。

商业生态已经改变，宁德时代不得不采取新的战略与打法。其中，最重要的一项就是对上下游的联系与控制。相关内容，我们将在“战略捆绑”一节讨论。

第六节　连环借力：商界高手的多米诺财技

一个实缴资本为零的壳公司，能在一年内发展成为拥有资产几十亿元、控制资产近百亿元的大公司吗？

如果以传统的产业思维来判断，这不可能实现，因为产业经营根本达不到这种速度。现在，有公司真的创造了这样的业绩，它是如何实现的呢？

它是以资本的手段，靠连环借力实现的。

大致发展脉络如下：

一、借力投资机构高管，获取首期投资

该公司的创始人原在其他公司任职，因工作关系结识了某知名投资机构高

管。后该创始人出来创业，便找到该高管，力邀其加盟。该高管先是介绍了一位曾任职另一投资机构高管的朋友加入，后自己也正式加盟。借助这两位投资机构高管之力，该创始人不但获得了两位高管所在两家投资机构的投资，而且获得了其中一家机构的关联机构，即第三家投资机构的投资。

当然，这三家机构不会仅仅因为有内部人介绍就答应投资，该创始人肯定也有自己的独到之处。但毋庸置疑，两位高管起到了关键作用。

二、借力投资机构，空手收购新三板公司

该创始人曾于 2015 年年初注册了一家壳公司，注册资本 500 万元（认缴），该创始人 100% 控股。

获得三家投资机构投资后，该创始人随即便与三家投资机构一起，以定向增发方式，投资 1.2 亿元，收购了一家新三板公司。其中，创始人的壳公司出资 6000 万元，占定增后新三板公司 46% 的股份。收购完成后，该创始人便取得了新三板公司的控制权。

该创始人和三家投资机构，收购新三板公司，付出了多少成本呢？是 1.2 亿元吗？

不是，他们尽管投入了 1.2 亿元，但该 1.2 亿元进入了新三板公司，并没有被老股东拿走，而新三板公司已在他们的控制之下。所以，他们只是需要拿出资金，但并不需要付出资金。事实上，该创始人甚至都不用拿出资金，他的壳公司 6000 万元的出资，是他以壳公司 20% 的股权作为质押，向三家投资机构借的。也就是说，该创始人是以空手（壳公司实缴资本为零），获得了一家新三板公司，该新三板公司估值 1.3 亿元，创始人的壳公司拥有 46% 的股份。

三、借力知名投资人，获取知名度和信任背书

新三板公司的收购完成后，三家投资机构的三位负责人，进入了公司的董事会和监事会。而三位负责人都是行业知名人士，这使得该新三板公司迅速吸引了媒体和业界的目光。而让三位知名人士进入董事会、监事会，应该在之前融资时就已经协商好的。

四、借力行业知名度，获取投资及背书

该创始人通过朋友的引荐，联系上某人。某人近年来也在做投资，一直对该创始人所从事的领域有所关注，而该创始人恰恰在该领域有一定的知名度，所以某人之前也知道该创始人。再加上创始人公司所公示的三位投资界知名人士的背书，某人也成了该创始人的投资人，并出任了新三板公司的监事。

五、借力行业资源和对赌，获取上市公司投资及负责人背书

通过前述两位高管中其中一位的引荐，该创始人结识了某知名上市公司负责人。后该上市公司同意向创始人的新三板公司投资 19 亿元，持股 20%。而上市公司之所以投资，是因为双方在资源上具有互补性。另外，创始人对业绩做出承诺，并签订了对赌条款（当年经审计的税后净利润不低于人民币 5 亿元，后两年度则分别为上一年度净利润目标基础上增长 20%）。

该轮融资完成后，新三板公司估值已达 95 亿元，尽管创始人的壳公司持股比例下降到了 35%，但拥有和控制的资产都大幅增加了。

六、借力并购，完成对赌

签署了对赌协议就得完成，否则后果很严重。但单纯靠产业经营，创始人所签的对赌协议是很难实现的。怎么办呢？用资本的手段。创始人采用的是并购其他业绩良好的公司的方式。而这一业绩实现方式，可能在签署对赌协议之前，创始人就已经计划好，甚至已经开始布局。

借用并购，创始人于当年 9 月份就完成了当期对赌业绩的 70%。

后记：产业和资本，是企业的两大驱动力量，对企业都很重要。大家都很熟悉产业，但资本由于专业性太强，并不为普通的企业所掌握。企业要想快速发展，资本的手段必不可少。上述创始人有很好的产业背景，如果只做产业，他也会有不错的发展。但他并没有局限产业，而是充分利用资本的力量，获得了远超普通企业的发展速度。

第七节　要素整合：用非我有的高阶杠杆智慧

小企业要想做大，面临的最大困难是什么？一个字——缺。缺资金、缺资源、缺人才，除了有做大的梦想，什么都缺。

企业是一个系统，系统的构成与运作，需要必要的条件。除了上述资金、资源、人才，还有信息、方法、能力等，这些都可以称为生产要素。

如果把企业看成一个人，那么生产要素就是维持生存和促进生长的给养。企业要长大，给养必须能跟上。

小企业面临的，就是长大的梦想与稀缺的生产要素之间的矛盾。

要素整合，是解决这一矛盾的方法之一。

所谓要素整合，即从企业目的出发，综合运用形势研判、股权吸引、置换、融资、合作、合资等方法，取得各种生产要素的使用权，然后将之组合、拼接、

酶化、升华、增值，最终将之融入企业现有系统，并支撑现有系统的复制、扩张、做大。

要素整合有几个核心理念：

（1）人分三种类型：资源、资源所有者、资源整合者。凡有大作为者，都是资源整合者，比如历代帝王、金融家、政治家。

（2）资源包括有形的，也包括无形的。有形的比如土地、机器、厂房、设备；无形的比如品牌、商标、产业政策、人心趋向，以及自然资源，甚至林间的清风、空中的明月，也有其价值。

（3）占有任何资源都是有成本的，如果无力发挥其价值，就会成为负资产。

（4）重要的不是占有资源，而是如何最大化地发挥资源价值。所以，不求为我所有，但求为我所用。

（5）具备资源整合能力的人是极稀少的，要么需要过人的天赋，要么需要长期艰苦、苛刻的训练。

（6）世界上有海量的资源被闲置、浪费，普通人看不到它们的价值，更无力最大化它们的功用，这都将是资源整合者的机会。

这是一个没有完成的案例，但它的思想核心就是要素整合，是值得品味和借鉴的。

东方高圣是一家投行，成立于 1998 年，做并购业务起家。2012 年，他们砍掉了其他类型的业务，专注医药大健康领域，为部分上市公司做并购投资顾问服务。2015 年，新三板火爆，做了多年乙方的东方高圣，决定亲自下场操盘医药项目。

东方高圣自己并没有资金实力操盘医药这种烧钱的项目。但是，它也不是什么都没有。它有什么呢？有多年的并购经验，有对医药行业的专业认识，有医药领域的人脉资源。它缺什么呢？缺很多，最缺的是资金。

如何操作？

东方高圣做了这么多年并购，自己操盘项目，自然不会从头做起。它选择了并购切入。并购的对象，是一家叫作全有时代的新三板公司，该公司亏损多年，是一个符合操作要求的壳公司。从并购该公司开始，东方高圣开启了自己的运作。

1. 拿到董事身份，控制项目平台

东方高圣的操作很有章法，并没有直接购买股权或定增控股。第一步是先拿到董事身份，实现对全有时代的实际控制。

2015 年 8 月 13 日，全有时代发布公告：原控制人曹全有辞去所任公司董事及董事长，东方高圣法定代表人仇思念进入公司，担任新的董事会董事并担任董事长。

2015 年 9 月 18 日，全有时代完成工商变更登记，法定代表人由曹全有变更为仇思念。

为什么不直接办理股权转让，实现股权控制呢？这样控制力不是更好吗？

不办股权转让，是后续操作的需要，这里大有玄机。

2. 发布动人计划，筹谋定增融资

2016 年 2 月 29 日，全有时代在北京举行新闻发布会，宣布公司正式更名为东方略，并推出国内医药创新的全新模式——阿波罗计划。

所谓阿波罗计划，即定向增发 6 亿股，募集 30 亿元，一期计划 12 亿元，在肝病、心脑血管、恶性肿瘤三个疾病领域，针对源自美国的临床三期及以后的生物医药品种，通过 1 亿美元（约 6 亿元人民币）以持股 10%~20% 的方式，投资 1 家美国纳斯达克已挂牌、到了临床三期的生物医药研发公司。投资的前提是，能够取得在中国大陆开发、生产、销售的独家权利。

阿波罗计划的目标是：改变改革开放以来中国在西药领域只有仿制药，没有原研药的历史。改变一类新药中国比美国平均晚 10~20 年上市的现状，实现中美新药同步上市。将救命的新药第一时间引入国内，治愈更多的患者，让中国人用上全球最新上市、最好的药品。

东方略表示，阿波罗计划的 30 亿元定增，发布会当天便已超额完成首期的 6 亿元额度。东方高圣、新鼎资本、星空资本、深圳熔岩四家机构，分别在发布会上与全有时代 (东方略) 签署了投资意向书。

发布会之后，东方略公布了一系列人事任用公告。

2016 年 3 月 9 日，东方略董事会决议提名新董事、改组董事会，增加董事王海盛、焦树阁、吕亦晨。焦树阁是鼎晖投资总裁，鼎晖投资是资本大鳄；王海盛是资深医药专家，同时是上市公司金城医药投资公司的老大；吕亦晨是哈佛大学资深研究员，免疫方面的专家。

2016 年 4 月 1 日，东方略又聘请周国庆为公司副总经理，负责美国生物医药领域的投资，周国庆是医药行业资深并购专家。同日，成立科学顾问委员会，聘请成军（北京地坛医院副院长）及魏来教授（北京大学人民医院副院长）为委员会委员，两人均是国内肝病方面的权威。

2016 年 5 月 27 日，又聘任高杰女士为公司常务副总经理，负责肝病领域的相关工作。同时，提名 Roger Kornberg（中文名字：罗杰 · 科恩伯格）先生和张驰先生为董事会成员。罗杰 · 科恩伯格先生是 2006 年诺贝尔奖获得者，也是国际著名化学家、结构化学家和遗传学家，现任美国斯坦福大学结构生物学教授。张弛是新三板著名大咖啃哥、新鼎资本董事长。

2016 年 8 月 7 日，东方略董事会决议公告，聘任杨维平为公司总经理，杨维平曾任双鹤药业股份有限公司总裁。

2016 年 4 月 12 日，东方略发布签署《消灭乙肝工程备忘录》合作内容：东方略负责以投资方式引入国外先进的肝病领域治疗药物或治疗技术。远程集团协助公司推进肝病领域治疗药物、技术的研发及推广。也就是说，东方略把美国药拿回来，合作方提供推广渠道。

发布会更名、阿波罗计划、定增认购协议、人事任用，这一波动作操作下来，是什么意思？

东方略要搞大事情了，壳已经买好了；

这个事情很有前途，但是也很费钱，初步估算需要 30 亿元；

已经有人火速认购了 6 亿元，很抢手；

我们不是说说而已，已经招揽了一票好手进来，是真的要干事情的；

再不上车就晚了，还有 24 亿元的额度，你投不投？

3. 进行股权转让，实现股权控制

2016 年 4 月 27 日，东方略原股东曹全有、曹楠与董兴佐、刘景华签署《股权转让协议》。同时，董兴佐与刘景华签订《一致行动协议》，二人合计持股比例达到 62.5%，成为东方略的实际控制人。

董兴佐、刘景华是谁？他们是东方高圣关联公司股东，是替东方高圣暂时持有股权的。

4. 推进定向增发，完成部分融资

2016 年 4 月 29 日，东方略公告董事会决议，通过《关于与开曼维瑅瑷生物研究院签订股权转让意向书的议案》。议案内容：公司和开曼维瑅瑷生物研究院签署了股权转让意向书。维瑅瑷生物研究院是横跨中美的生物免疫治疗技术的平台，在中国大陆已经建成全资的 GMP 生产线和临床前研发中心。拥有哈佛大学授权包括中国在内的全球独占使用的一套治疗性疫苗专利。正式协议需股东大会审议通过后方可正式生效。支付人民币 200 万元保证金。董事吕亦晨是维瑅瑷生物研究院的股东。

2016 年 9 月 23 日，东方略又公告修订后的股票发行方案，具体明确了募集资金投资的具体项目信息。除了补充现有流动资金和医药项目运作费用外，投向两个项目：一个是免疫技术，看起来就是之前签过意向协议的维瑅瑷生物研究院，预计投资 1 亿元人民币；另一个是宫颈癌疫苗项目。公司预计购买宫颈癌疫苗中国区独家专利授权所需资金 1500 万美元，投资宫颈癌疫苗药品公司股权款项所需资金约 3500 万美元。这就是之前说的两个盈利模式：一个是投资美国药研发公司，提供广阔的中国市场，用来获得股权增值收益；另一个是买断国内专利许可，挣新药许可的收益。

这两个公告是什么意思呢？

意思是，我们的阿波罗计划真的不只是说说，而是在按着计划做，还在观望的投资人可以出手了。

2017 年 1 月 13 日，东方略发布公告：发行 7400 万股普通股，共募集资金 3.7 亿元。发行对象为 7 名非自然人投资者。其中，除了发布会上签署认购协议的那几家外，还有一家叫上海仟德股权投资合伙企业（有限合伙），认购了 2430 股，将持有东方略 30.76% 股份，成为第一大股东。

上海仟德是何方神圣？

上海仟德由东方高圣控制，是东方高圣出资5400万元和两家上市公司泰格医药、金城医药合资而成。

也就是说，东方高圣用5400万元撬动了3.7亿元。尽管比初始计划的30亿元缩水了很多，但这依然是不小的成就。

5. 进行后续操作，装入产业项目

2017年7月27日，东方略发布公告，通过旗下公司阿波罗土星和BVI Apollo获得INO公司VGX-3100疫苗相关的专利和专有技术在约定区域的授权，以及认购INO公司非公开发行的限售普通股。

2018年2月7日，东方略又公告以现金购买INO公司拥有或控制的一款针对HPV宫颈癌癌前病变的DNA治疗性疫苗VGX-3100相应的专利、专有技术，在约定区域内以4300万美元授权给旗下阿波罗土星公司。

6. 进行上市辅导，筹备登陆科创板

2019年3月19日，金城医药在互动平台上透露：2016年参与投资的上海仟德股权投资合伙企业，为东方略控股股东。经了解，东方略符合登陆科创板的条件，券商和律师正在进行相关的辅导工作。另外，东方略前期引进的几款三期临床肿瘤创新药，也将在国内启动三期临床试验。

这表示东方略的操作已经进入IPO阶段。

尽管到2021年3月也未见东方略实现IPO的消息，但它从一家投行起步，这一路操作下来，还是有很多值得探究和借鉴的地方。

第八节　战略捆绑：你中有我，我中有你

战略捆绑，即从战略目的出发，以合资、合作等方式，与上下游或其他关键合作伙伴，建立战略联盟关系。彼此捆绑，形成紧密的利益共同体。

既然叫战略捆绑，这种行为的目的指向就必须是战略性的。什么叫战略性的？就是基于深度思考后所决定的、事关企业长远发展的、全局性的。临时决断不叫战略性，出于短期目的不叫战略性，只是基于局部考虑不叫战略性。

战略捆绑的对象，一般以上下游最常见，但也不局限于此。只要是对企业战略目的有重大影响的，都可以进行战略捆绑。为此，某个非盈利组织、某个小机构甚至某个人，只要他事关企业战略发展，都有可能成为战略捆绑的对象。

战略捆绑的方式一般是投资、合资、合作、联盟。这几种方式，有的主要以股权为纽带，有的是以某种特殊资源为依托，捆绑的力度不尽相同。具体采用哪种方式，要看对象的具体情况和自身的实力和资源。一般来讲，掏钱拿股权的方式最直接有效，但也有例外情况，比如高度依赖人和的企业或机构，股

权方式就不那么好用。

当然，战略捆绑也是有风险的。主要有三个方面：资源分散、利益冲突、殃及池鱼。这些必须事先有所防范。

前面讲到，宁德时代借力《汽车动力蓄电池行业规范条件》迅速崛起。

但是，2019 年 6 月，《汽车动力蓄电池行业规范条件》废除了，宁德时代的护身符失效了，国外竞争对手大量进入中国市场。宁德时代如何应对呢？

这时的宁德时代，已非 10 年前可比。

10 年前，宁德时代的前身 ATL，因创业初期势单力薄，两次引入外部资金后，曾毓群等创始团队的股份被大大稀释，面临企业控制权旁落的危险。

10 年后，宁德时代成为创业板一哥，市值已达数千亿元，已是中国电池行业巨头，拥有巨量资金、资源和庞大的影响力。全球车企销量 TOP10 中，宁德时代已配套其中 7 家。在国内，宁德时代为乘用车企业配套近 40 家，商用车企业配套超过 80 家。

1.《汽车动力蓄电池行业规范条件》废除之前，宁德时代就已与国内多家车企实现紧密捆绑

早在 2017 年，宁德时代就与上汽集团合资组建时代上汽，经营范围为锂离子电池、锂聚合物电池、燃料电池、动力电池、超大容量储能电池的开发、生产和销售及售后服务。宁德时代在时代上汽持股 51%。

2018 年 7 月，又与东风汽车合资建立东风时代（武汉）电池系统有限公司，注册资本 1 亿元，双方各持股 50%。该公司主要从事研发、生产和销售新能源汽车动力电池。

与东方汽车合资的同月，宁德时代还与广汽集团达成协议，双方在动力电池领域成立两家合资公司，即时代广汽动力电池有限公司和广汽时代动力电池系统有限公司，两家公司分别从事电芯生产和电池包供应。

2018 年 12 月，宁德时代又与吉利汽车旗下浙江吉润汽车有限公司成立合资公司。据公告，双方以现金形式共同出资 10 亿元人民币，宁德时代出资 5.1 亿元，占比 51%，浙江吉润出资 4.9 亿元，占比 49%。合资公司将在电芯、电池模组、电池包研发制造及销售领域发力。

2019 年 1 月，宁德时代又与一汽集团合资成立时代一汽动力电池有限公司，该公司经营范围包括锂离子电池、动力电池、超大容量储能电池及电池系统的开发、生产、销售，以及提供相关售后和技术咨询服务等。

2.《汽车动力蓄电池行业规范条件》废除之后，宁德时代将捆绑的重点转到上游

2020 年 2 月，宁德时代以旗下参股公司天宜锂业，与澳洲锂矿商 Pilbara Minerals 签署了为期 5 年的锂辉石精矿供应协议。根据协议，PilbaraMinerals 西澳的 Pilgangoora 项目每年将向天宜锂业供应多达 7.5 万吨的锂辉石精矿，

其中 2020 年供应 6 万吨，为其锂盐项目建设提供原料供应保障。

2020 年 8 月，宁德时代发布公告，拟围绕主业，以证券投资方式对境内外产业链上下游优质上市企业进行投资，投资总额不超过 190.67 亿元人民币。投资范围具体包括境内外产业链上下游相关上市公司的股票、可转换债券及其他权益类投资品种。

2020 年 9 月，宁德时代与加拿大多伦多 V 板上市的 NeoLithium 公司签署股权认购协议，宁德时代投资 858 万加元（约合人民币 4401 万元）认购超过 1000 万股。交易完成后，宁德时代占有这家公司 8% 的股份，成为 NeoLithium 的第三大股东。NeoLithium 是加拿大著名的锂矿公司，在阿根廷卡塔马卡省拥有 TresQuebradas 锂盐湖项目，未来年产能可以达到 4 万吨电池级别碳酸锂。

2020 年 9 月，宁德时代又以 25 亿元认购先导智能定增股份。认购完成后，宁德时代将以 7.29% 的股本占比，成为先导智能的第二大股东。先导智能是全球新能源装备的龙头企业，也是宁德时代最大的锂电池生产设备的供应商之一。

2021 年 1 月，通过福建闽东时代乡村投资发展合伙企业，认购 A 股锂电池检测龙头星云股份定增 309.6 万股，共计 1 亿元。

2021 年 3 月，宁德时代以 5835 万元的价格购买旗下天宜锂业 10% 的股权。股权转让完成后，宁德时代对天宜锂业的持股占比增至 25%。天宜锂业是宁德时代供应链的主要参与者，向宁德时代供应碳酸锂和氢氧化锂产品。

3. 除了上下游，宁德时代还捆绑了多个电池相关公司

2019 年，宁德时代出资 10 亿元联手哈啰出行建立合资公司，推出定位两轮电动车的“哈啰换电服务”。

2020 年 7 月，宁德时代和星云股份组建合资公司福建时代星云科技有限公司，主要经营风光储充测一体化智能电站、家庭智能后备电源系统、基站智能后备电源系统、变电站储能系统、岸基电源系统、能量管理系统等，以期在全国推广电动车智能充电站，满足电动汽车充电服务市场需求，适时开展电动汽车电池系统售后检测。

2020 年 8 月 20 日，宁德时代与蔚来汽车、国泰君安和湖北省科技投资集团有限公司一起，出资成立武汉蔚能电池资产有限公司。其中，宁德时代出资 2 亿元获得了 25% 的股权及董事席位。这家公司从事换电业务，主要为蔚来汽车用户提供换电支持。

2020 年 12 月，宁德时代又与宏大爆破合资成立福建宏大时代新能源科技公司，其中宁德时代出资 780 万元，持股比例为 26%，这家公司主要经营充电桩方面的业务。

宁德时代在充电领域也有涉及，曾与福建百城新能源成立新业务公司——上海快卜新能源，主营充电桩快充服务。

4. 宁德时代还在其他领域布局

2020 年 7 月 9 日，宁德时代与河南跃薪智能机械有限公司成立一家新公司，宁德时代为第二大股东，持股比例为 30.77%。新公司的经营范围将包括电动化无人矿卡和无人矿山技术研发、提供电动化无人矿卡和无人矿山技术解决方案等。据介绍，双方将会整合资源，发力电动智慧矿山技术研发和产业推广提供全流程解决方案，这意味着宁德时代又在无人矿山领域投入了重金。

2020 年 8 月 18 日，宁德时代入股天津市滨海产业基金管理有限公司，成为 16 家股东之一，同时还与蚂蚁集团、南洋商业银行、北大千方科技等公司组建了一家消费金融合资公司。

2020 年 10 月，宁德时代携手湖北小米长江产业基金合伙企业（有限合伙）等 8 家企业入股杭州芯迈半导体技术有限公司，宁德时代持股 2.7027%。

2020 年 11 月 9 日，国内自动驾驶卡车公司嬴彻科技宣布完成新一轮 1.2 亿美元（约合人民币 7.77 亿元）的股权融资，而此轮融资由宁德时代领投。

2020 年 12 月 10 日，永福股份发布公告称宁德时代将持有其 1456.8 万股股份，将占永福股份总股本的 7.998%，凭借这些股份，宁德时代将会成为永福股份的第三大股东。永福股份是国内唯一一家能承担大型发电、输变电业务的电力勘察设计上市企业，这也意味着宁德时代在电力领域的参与将会增加。

2020 年 12 月，宁德时代还投资了一家险企——中国人寿。有人分析，宁德时代可能会在电池方面推出保险业务，保证电池资产的后市场服务。

2020 年 12 月 18 日，上汽集团旗下出行品牌享道出行宣布完成了超过 3 亿元的 A 轮战略融资，投资名单中也有宁德时代。享道出行用户注册量已经超过 2000 万元，服务的企业用户超过 2000 家。

2021 年 2 月，宁德时代公告，将与多家公司合作，共同出资设立福建时代闽东新能源产业股权投资合伙企业，专项投资布局锂离子电池及材料、智能制造、储能、智能驾驶、可再生能源、新能源汽车、信息技术、人工智能、上下游相关产业及延伸生态领域。在上述合伙企业中，宁德时代出资 5.48 亿元，子公司出资 100 万元，合计持有基金 21.96% 的认缴比例。

小结：

宁德时代沿着动力电池产业链，与上下游各关键厂商合资、合作，紧密捆绑，并在其他领域也多方出手，形成了独有的生态圈。

有了这个生态圈，宁德时代的行业感知将更加灵敏，将更加强化上下游的整合能力。在与外资电池厂商的竞争中，这将起到极其重要的作用。

第七章
公司控制的 10 种方法

夫权籍者，万物之率也。
——《战国策》

第一节　直接控制：简单粗暴

直接股权控制，是所有公司控制模式中最常见、最直接、最简单粗暴的。它不绕弯子、不玩花样、直来直去，是公司控制模式的初级版和基本款。

学了其他模式后，你可能看不上它，觉得它太低级。但是，它毕竟是其他所有模式的根基。这个根基不牢，其他模式是用不好的。所以，在学其他模式之前，我们要打好基础，先来看看直接股权控制是怎么回事儿。

一、模式要点

所谓直接股权控制，即以《公司法》及《公司章程》为依据，以自然人、法人、非法人组织为控制主体，采用直接持有大比例股权的方式，实现对目标公司的控制。

这种模式的控制依据来自《公司法》及《公司章程》，需要对公司章程进行必要的设置，但不需要签署任何股东协议。它的适用主体最广泛，只要是合法存在的主体，基本都可适用。它的控制方式是直接持有目标公司大比例股权，这是最原始、最朴素、最有效的方式。

二、股权架构

直接股权控制的股权架构最简单，如图 7-1 所示。

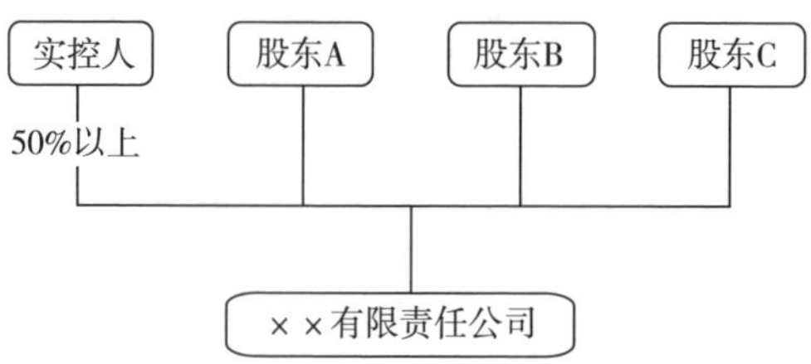

图 7-1　直接股权控制

三、控制原理

（一）人心层面

出钱最多，占股最大，所以就要享有最大话语权，这是最朴素、最世俗，但也是最容易让人接受的理念，沟通起来基本不会有障碍。

（二）法律层面

我国《公司法》将公司分为两种：有限责任公司和股份有限公司。

1. 有限责任公司

有限责任公司的最高权力机构是股东会。

《公司法》第三十七条规定，股东会行使下列职权：

（1）决定公司的经营方针和投资计划。

（2）选举和更换非由职工代表担任的董事、监事，决定有关董事、监事的报酬事项。

（3）审议批准董事会的报告。

（4）审议批准监事会或者监事的报告。

（5）审议批准公司的年度财务预算方案、决算方案。

（6）审议批准公司的利润分配方案和弥补亏损方案。

（7）对公司增加或者减少注册资本做出决议。

（8）对发行公司债券做出决议。

（9）对公司合并、分立、解散、清算或者变更公司形式做出决议。

（10）修改公司章程。

（11）公司章程规定的其他职权。

以上所列事项中，（7）（9）（10）为特别事项。《公司法》第四十三条规定：股东会的议事方式和表决程序，除本法有规定的，由公司章程规定。股东会会议做出修改公司章程、增加或者减少注册资本的决议，以及公司合并、分立、解散或者变更公司形式的决议，必须经代表三分之二以上表决权的股东通过。

（7）（9）（10）之外的为普通事项，《公司法》并没有特别规定通过需要的表决权比例，所以需要在《公司章程》中进行设置。

2. 股份有限公司

股份有限公司的最高权力机构是股东大会。

《公司法》第九十九条规定：本法第三十七条第一款关于有限责任公司股东会职权的规定，适用于股份有限公司股东大会。

所以，股份有限公司股东大会的职权，与有限责任公司股东会的职权是相同的。

《公司法》第一百零三条第二款规定：股东大会做出决议，必须经出席会议的股东所持表决权过半数通过。但是，股东大会做出修改公司章程、增加或者减少注册资本的决议，以及公司合并、分立、解散或者变更公司形式的决议，必须经出席会议的股东所持表决权的三分之二以上通过。

这里与有限责任公司有些不同，不但规定了特别事项通过所需的表决权比例，也对普通事项通过所需的表决权比例，明确做出了规定。所以，是不需要也不能在《公司章程》进行设置的。

四、补充说明

（一）67%、51% 等说法是不准确的

对于特别事项的通过，《公司法》要求的表决权比例是“三分之二以上”。什么叫“三分之二以上”？并不是必须 67%，66.7%、66.6667% 都算。

对于普通事项的通过，《公司法》对有限责任公司没有规定，需要在《公司章程》进行设置。对股份有限公司要求“过半数”，这也并不是要求非得是 51%，50.0001% 也算，只要超过 50% 即可。

（二）“股东”与“出席股东”的差异

对于特别事项的通过，尽管《公司法》要求的都是三分之二，但计算基数是不一样的。

有限责任公司，要求的是“代表三分之二以上表决权的股东”，计算基数是“全部股东”。

股份有限公司，要求的是“出席会议的股东所持表决权的三分之二以上”，计算基数是“出席股东”。

这是容易忽略的地方，一定要注意。

（三）有限责任公司章程不能设置同股不同权

股份有限公司，《公司法》第一百零三条第一款已经明确规定：“股东出席股东大会会议，所持每一股份有一表决权。”所以，它不能在章程中设置同股不同权。

但是，有限责任公司是可以在章程中设置同股不同权的。如果有这样的设置，那么持股比例与表决权的比例是不一致的。从理论上说，有这样设置的公司，即使你持有 99% 的股权，也有可能通过不了任何事项；或者只持有 1% 的股权，就可以通过特别事项。相关的内容，我们会在后面的“类 AB 股”中介绍。

小结：

直接股权控制，如同少林的太祖长拳，尽管最基础、最简单，但也最实际、最扎实。所以，乔峰用它就可以力克群雄。但是，它有一个最大的弱点——太耗费内力了，也就是太耗钱了。尽管现在的《公司法》采用的是认缴制，但实缴的现实需要和风险是绕不过去的。

现在，有了很多更巧妙的、迂回的控制模式可用，接下来会一一介绍。

第二节　杠杆控制：层层放大

上一节，我们讲了直接股权控制，它走正道、打呆仗，是公司控制的正途。只不过，它有一个最大的缺点，就是太费钱了，创业公司往往会感到力不从心。

这一节，我们将开启省钱模式，介绍一些可以节省资金、更巧妙的公司控制模式。与直接股权控制相比，它们都有讨巧的成分，但并非偏门，都是符合商业逻辑和法律法规要求的。

我们先来介绍杠杆股权控制。

杠杆，是物理学中最巧妙的原理之一。应用它，我们可以四两拨千斤，实现力量的倍增。

杠杆股权控制，就是把杠杆原理应用到公司控制，实现花小钱、办大事。

在金融领域，杠杆一般对应的是负债。但这里所说的杠杆，与负债没有任何关系。

一、模式要点

所谓杠杆股权控制，即在目标公司之上，搭建两层或多层控制架构，每一层都持有优势股权比例，以《公司法》及《公司章程》为依据，由上至下、层层控制。

这种模式的控制依据，依然是《公司法》及《公司章程》，需要对公司章程进行必要的设置，但不需要签署任何股东协议，它在直接股权控制的基础上增加了层级。

二、股权架构

杠杆股权控制的股权架构如图 7-2 所示。

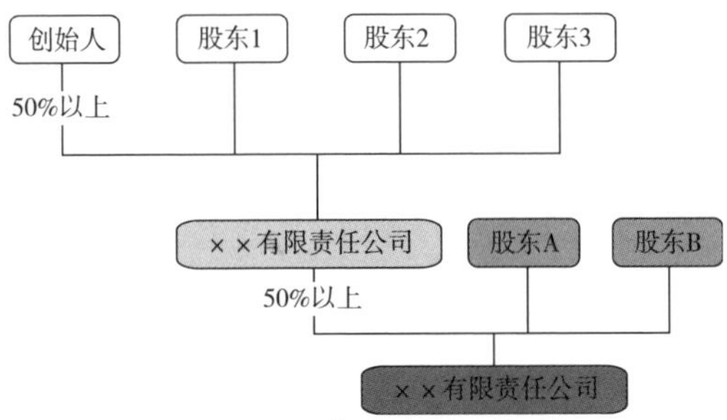

图 7-2　杠杆股权控制

三、控制原理

（一）传递放大

由于增加了层级，而每一层级都有放大效应，所以杠杆股权控制，可以用相对较少的资金撬动和控制较大的资产。

比如一家注册资本为 100 万元的目标公司，我们以通过特别事项的表决为目标，分别用直接股权控制和杠杆股权控制，看看有什么不同。

1. 直接股权控制

需要持有三分之二以上表决权，如公司章程没有特别规定，需要持股 66.67%，投资 66.67 万元。

2. 杠杆股权控制

每一层都需要持有三分之二以上表决权，如公司章程没有特别规定，每一层都需持股 66.67%。但是，层级越多，所需投资越少。

如果只有两层，需要投资 100 万元 ×66.67%×66.67%=44.45 万元。

如果搭建三层，只需投资 100 万元 ×66.67%×66.67%×66.67%=29.63 万元。

（二）人心层面

杠杆股权控制，每一层级都是一个独立的直接股权控制架构，所以在每一层依然是出大钱占大股的朴素理念，从心理上容易让人理解和接受，不会产生抗拒心理。

（三）法律层面

与直接股权控制是相同的，这里就不再重复了，相关内容见上一节。

四、补充说明

（一）持股主体

最上层持股主体没有要求，可以是自然人、个人独资企业、合伙企业、公司，但中间层必须是公司。否则，控制规则是完全不一样的。

（二）层级不能太多

从理论上说，层级越多，所需投资越少。由于税负等问题，层级不能太多，一般两三层比较常见。

（三）67%、51% 的说法是不准确的（见上节）

（四）“股东”与“出席股东”的差异（见上节）

（五）有限责任公司章程不能设置同股不同权（见上节）

小结：

杠杆股权控制，可以将它看成是直接股权控制的复合版或升级款。因为其基础还是直接股权控制，只不过叠加了层级。所以，直接股权控制的各项规则，杠杆股权控制同样适用。这也是我们在上一节首先介绍直接股权控制的原因。

不过，杠杆股权控制也有缺点，每一层都需要持有大比例股权，但对创业公司来说，资金经常是有限的。有没有一种模式可以用极少的资金，实现对目标公司的控制呢?

当然有，有限合伙就可以实现这一目的，相关内容在下一节介绍。

第三节　有限合伙：以一控百

2006 年 8 月 27 日，我国修订了一部法律，内容不多，但却对创投行业、上市公司、普通公司，甚至是企业高管都带来了重大影响，并且一直持续至今。

这部法律就是《中华人民共和国合伙企业法》，修订的主要内容是增加了一种合伙企业类型——有限合伙。

现在，有限合伙已在各种场景被大量应用。最常见的应用，是搭建私募股权投资基金架构、做拟上市公司的股权激励，以及公司控制之有限合伙控制。

一、模式要点

所谓有限合伙控制，即以《合伙企业法》《公司法》《公司章程》为依据，在目标公司之上搭建有限合伙控股架构，以有限合伙企业作为一级控股主体，以有限合伙企业的普通合伙人（GP 公司）作为二级控股主体，以创始人作为三级控股主体，用非常小的资金体量，通过普通合伙人（GP 公司）、有限合伙企业两层架构，实现对目标公司的控制。

二、股权架构

有限合伙控制说起来复杂，但把它的股权架构图画出来，控制逻辑还是很清晰的，如图 7-3 所示。

股权架构最下面是控制对象，即目标公司。第一层控制主体是有限合伙企业，控股目标公司；第二层控制主体是 GP 公司，作为普通合伙人，控制有限合伙企业；第三层是创始人，控制 GP 公司。

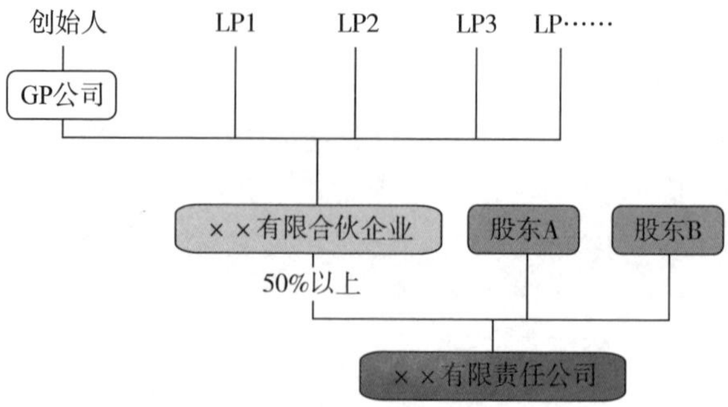

图 7-3　有限合伙控制

三、控制原理

（一）第一层控制

有限合伙企业控制目标公司，这一层是我们前面讲的公司控制模式的初级版和基本款——直接股权控制。这一层的控制依据是《公司法》及《公司章程》，具体内容已在"直接股权控制"中详细介绍，这里不再赘述。

（二）第二层控制

普通合伙人（GP 公司）控制有限合伙企业，这一层是有限合伙控制模式的核心和关键。

根据《合伙企业法》的相关规定，有限合伙企业的合伙人分为两种：一种叫普通合伙人，即 GP；另一种叫有限合伙人，即 LP。其中，普通合伙人执行合伙事务，对合伙企业债务承担无限连带责任；有限合伙人不执行合伙事务，以其认缴的出资额为限，对合伙企业债务承担责任。

在这种规则下，普通合伙人以其特殊身份，拥有对合伙企业的控制权。这种特殊身份，与出资比例没有直接关系。比如马云控制蚂蚁金服的股权架构中，作为普通合伙人的云铂公司控制下属两家有限合伙企业，一家投资比例为 0.47%，一家投资比例为 0.04%，但这丝毫不影响他对蚂蚁金服的控制权。

普通合伙人可以是自然人，也可以是公司，但绝大多数都是公司。多设一层公司架构会增加税负，为什么那么多企业都这么做呢？

这又回到了普通合伙人的特殊身份问题，它对合伙企业拥有控制权是有代价的，那就是要对合伙企业债务承担无限连带责任。

所以，为了规避无限连带责任，才多设公司这一层。因为公司是有限责任，这样名义上承担无限责任，但实际上承担的是有限责任，事实上是将风险隔离了。

还有一个原因是便于控制权的转移。日后有需要，直接在作为 GP 的公司层面操作即可。

（三）第三层控制

创始人控制普通合伙人（GP 公司），这一层和第一层的控制模式一样，也是直接股权控制。差异点在于，这里的 GP 公司一般是由创始人 100% 控股。

四、补充说明

（一）税负风险

合伙企业本身是不需要缴纳企业所得税的，但它把利润分配给合伙人是需要纳税的。最终需要承担多少税负，各地掌握的标准并不一样。有一些税收洼地，可以通过一些合理的税务筹划降低税负。但税收洼地的本质是地方之间的税源争夺，具有很大的不确定性。

另外，GP 公司如溢价转让所持合伙企业投资份额，自己需要缴纳企业所得税，把利润分配给股东，股东还需要再缴纳个人所得税，这里会出现双重税负的问题（高达 40%）。

（二）政策风险

用 GP 公司作为普通合伙人，变无限责任为有限责任，在某种程度上这是有违立法本意的。所以，这里有一定的政策风险。

（三）人心与规则

人心是复杂的，规则是冰冷的。有限合伙控制也不是想用就能用的。因为普通合伙人一般只有小比例投资，如何说服有限合伙人把资金投给你，还不要决策权。这里除了如何取信的问题，还有规则设置的问题，既要有人格魅力，又要有法律设计，也是不容易做成的一件事。

小结：

在我国现有法律规则下，有限合伙控制，所需资金少、控制力度强、法律依据充足。尤其是蚂蚁金服的股权架构被披露后，有限合伙更是圈了一大批粉儿。现在，有限合伙控制已经成为最常用的公司控制模式之一。

与有限合伙控制同样有效的还有一个模式，就是 AB 股控制，又叫牛卡计划。以前，正宗的 AB 股，只能在海外应用，我国的法规不支持。不过，现在的情况有所变化，我国科创板已经出现了 AB 股控制案例，这种模式也开始有条件地被放开，相关内容在下一节介绍。

第四节　AB 股：同股不同权

互联网是一个烧钱的行业，想快速做大就要不断融资。上市时，创始人手里剩下 20% 左右的股权是常见情况，甚至只剩下不到 10% 的情况也有。按说，创始人持股比例这么低，是很容易丢失控制权的。但这样的案例并没有发生太多，为什么呢？

因为互联网公司基本都在海外上市，可以采用 AB 股控制模式，实现对公司的控制。

一、模式要点

所谓 AB 股控制，又叫双重股权结构，即把公司的股份分为 A 类股和 B 类股（有的还有 C 类股）。A 类股每股拥有一票表决权，B 类股每股拥有 N（一般为 10）票表决权。创始人及团队通过持有 B 类股，即使持股比例很小，也可以在表决时占据优势地位，从而实现对公司的控制。当然，创始人及团队也可以持有 A 类股，投票权为 B 类股的 N 倍，原理是一样的。

AB 股的本质是同股不同权。我国有很多互联网公司在纳斯达克证券交易所上市，几乎都采用了 AB 股控制模式。实践证明，控制效果很好。

二、股权架构

AB 股控制的股权架构很简单，以优刻得为例，如图 7-4 所示。

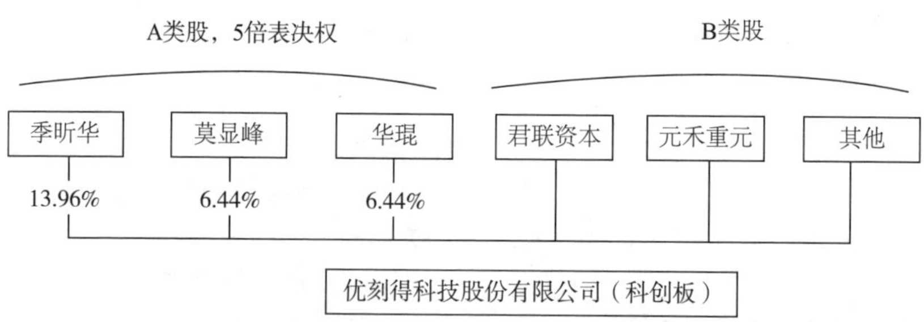

图 7–4　AB 股控制

创始人及团队，持有 A 类股，其他人持有 B 类股，A 类股表决权为 B 类股的 5 倍。这里为什么不是 10 倍？应该是创始团队与投资人博弈的结果，5 倍够用，投资人也能接受。

三、控制原理

（一）投票权博弈

AB 股控制的核心，是利用投票权的倍数差异，在表决权上形成优势。我们还是以优刻得为例。

创始团队持有 A 类股，持股比例合计 26.8%，其他人持有 B 类股，持股合计 73.2%。A 类股表决权是 B 类股的 5 倍。

从持股比例上，初始团队明显处于劣势。但在表决权比例上，情况却不同，我们来计算一下。

初始团队的表决权为：26.8 × 5=134，其他人表决权为 73.2 × 1=73.2，表决权总量为 134+73.2=207.2。

初始团队的表决权比例为 134/207.2=64.67%，其他人的表决权比例为 73.2/207.2=35.33%。

初始团队所持表决权已经超过半数，可以主导通过普通事项。如果再持有 2% 的 B 类股，A 类股 +B 类股，表决权达到 66.67%，就可以超过 2/3，主导通过特别事项了。

还有一点，创始团队的负责人持股比例为 13.96%，这个比例是很有讲究的。我们计算一下其表决权比例，为 13.96 × 5/207.2=33.69%，超过 1/3 了，这意味着老大对特别事项拥有否决权。股权设计上，每一个数字都充满玄机。

（二）人心层面

投资人投了大钱，凭什么给你 5 倍、10 倍甚至 20 倍的表决权？用什么说服他们？这除了在财产权上给予一定的优先权利外，更需要创始人的人格魅力，以及获取信赖的能力。

（三）法律层面

法律层面分为两类：一是证券交易所的各项规则，主要用来确定投票权；二是《公司法》，主要用来进行具体议事和表决。两者结合起来，互相配合，形成一套完整的法律支持体系。

四、补充说明

（一）国内已能使用

2018 年 4 月 30 日之前，港交所、上交所、深交所都不支持 AB 股。所以，有一种说法，AB 股只能在海外使用，国内不能使用。

后来，情况发生变化，国内不能使用 AB 股的说法已不再成立。

2018 年 4 月 30 日，港交所新《上市规则》生效，允许双重股权结构公司上市。2018 年 7 月 9 日，小米上市成为港交所首家采用 AB 股的上市公司。

2019 年 3 月 1 日，我国证监会公布《科创板首次公开发行股票注册管理办法（试行）》，也有条件地放开 AB 股制度。2020 年 1 月 20 日，优刻得上市，成为科创板首家采用 AB 股的上市公司。

（二）适用有条件

根据科创板的规则，采用 AB 股的公司与不用 AB 股，上市的条件是不一样的，要用 AB 股，需要达到更高的标准，不是想用就能用的。

（三）权利勿滥用

可以说，我国 A 股的环境是很复杂的，即使没有 AB 股，也有太多大股东侵害小股东利益的事件，关联交易、掏空资产、股价操作，他们的戏法层出不穷。现在，有了 AB 股，大股东的百宝囊里又多了一法道具，可以玩的戏法更多了。

不过，戏法玩多了，总会露馅，法规也在越来越完善。如果滥用权利，迟早要付出代价的。

小结：

AB 股是很有效的公司控制模式，所以才会在纳斯达克证券交易所上市，成为一种常规存在。

但是，AB 股的设置，要依赖证交所的各项规则，这些规则是针对拟上市股份有限公司的，对于有限责任公司并不适用。

那么，对于大量存在的有限责任公司能否采取某种手段，实现 AB 股的效果呢?

答案是肯定的，相关内容，我们将在下一节进行介绍。

第五节　类 AB 股：章程妙用

上一节，我们介绍了 AB 股控制模式，控制效果很好。小米在港交所，优刻得在科创板，都使用了这种模式。但是，它的应用有赖于证交所的相关规则，主要适用于拟上市股份有限公司，大量的有限责任公司并不能使用。

但是，有限责任公司是可以使用“类 AB 股控制模式”的。其原理与 AB 股相同，控制效果也很好。如果你的企业类型是有限责任公司，可以考虑此控制模式。

一、模式要点

所谓类 AB 股控制，即充分利用《公司法》的股东自治条款，在《公司章程》中，约定不按出资比例行使表决权。即持有小比例股权的创始人，拥有多数表决权，其他股东尽管持有大比例股权，但只拥有少数表决权，从而实现创始人持有小比例股权，控制有限责任公司的目的。它与 AB 股控制的原理相同，所以称其为类 AB 股控制。

二、法律依据

类 AB 股控制的法律依据，为《公司法》第四十二条："股东会会议由股东按照出资比例行使表决权；但是，公司章程另有规定的除外。"

法律条文不在多，而在有用。一句"公司章程另有规定的除外"，便给股权设计提供了无限可能，律师可以利用它帮助创始人达到目的。

三、股权架构

类 AB 股控制的股权架构很简单，如图 7-5 所示。

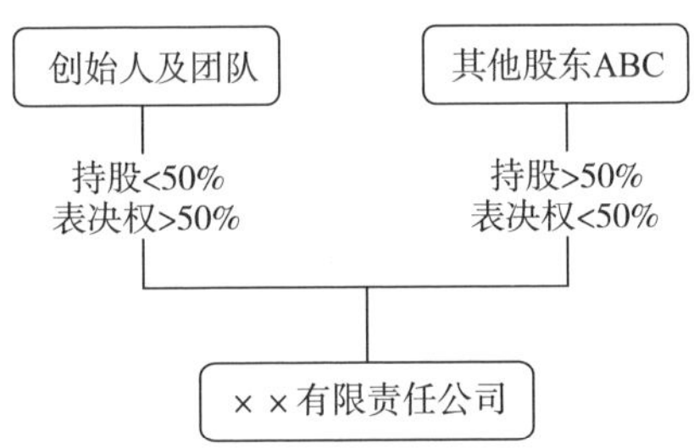

图 7-5　类 AB 股控制

表决权与持股比例分离，创始人持有少数股权，但拥有多数表决权；其他人持有多数股权，但只有少数表决权，从而实现创始人对公司的控制。

四、控制原理

（一）人心层面

与 AB 股一样，类 AB 股的本质是同股不同权。创始人作为小股东，拥有多数表决权，其他人持有多数股权，却只拥有少数表决权。这当然对创始人有利，但是反常规。创始人如何说服其他股东同意呢？关键有两点：

第一，在权上占了便宜，就必须在利上做出让步。要在分红、退出、清算等财产权利上，给予其他股东优先权。此消彼长，使双方都能找到可以接受的权与利的平衡点。

第二，要有人格魅力，要让其他股东认可你的能力，相信你的人品，相信公司在你的控制下能够发展得更好。为此，创始人平时的声誉很重要，一定要爱惜自己的羽毛。

（二）法律层面

《公司法》第四十二条，是类 AB 股控制的法律依据。但是，它提供的只是一个空间和机会，如何利用它实现控制公司的目的，还要看各自的情况。

需要解决的有两个问题：一是如何拿到多数表决权；二是拿到以后，如何行使。

第一个问题的解决方法是，在《公司章程》中进行设置；第二个问题是如何行使，需要配合使用《公司法》和《公司章程》。

《公司法》第四十三条规定：股东会的议事方式和表决程序，除本法有规定的，由公司章程规定。股东会会议做出修改公司章程、增加或者减少注册资本的决议，以及公司合并、分立、解散，或者变更公司形式的决议，必须经代表三分之二以上表决权的股东通过。

股东会需要表决的其他事项为普通事项，对于有限责任公司，《公司法》并没有特别规定通过所需要的表决权比例，所以需要在《公司章程》中进行设置。

五、补充说明

（一）适用类型

《公司法》第四十二条，是对有限责任公司的特别规定。所以，类 AB 股控制模式只能适用有限责任公司，不能适用股份有限公司。

（二）歧义风险

《公司法》第四十二条，只是给了利用《公司章程》设计类 AB 股的机会。但在设计时具体如何表述，《公司法》及配套文件并没有规定。也就是说，应该如何表述，并没有统一的、权威的标准。这就导致一个问题，即发生争议后，各方对条款的理解容易产生歧义。起诉到法院，不同的法官也可能做出不同的解释。

要减少歧义的风险，只能多研究司法判例，总结出尽量严谨、容易被法官采纳的条款表述方式。

小结：

类 AB 股控制，是《公司法》赋予创始人的一个隐性权利，注意的人不多，用的人也少。但从以往的司法判例来看，其控制力度与其他控制模式相比丝毫不弱。用了它之后，67%、51% 才能控制公司的说法就不对了。

第六节　委托投票权：因人成事

前面讲了五种公司控制模式，控制力度都很强。这次要讲的控制力度不如前面五种，但它却拥有其他模式不具备的独特功能，这个模式就是委托投票权控制。

一、模式要点

所谓委托投票权控制，即持有小比例股权的实控人，以协议方式，获得其他股东的投票权委托，在股东会或股东大会中占据优势表决权比例，从而实现对公司的控制。

这种控制模式中，最关键的是争取其他股东的信任与支持，与实控人签署《委托投票权协议》。有了这个协议，再加上《公司法》和《公司章程》，就可以形成一个完整的控制链条。

二、股权架构

委托投票权控制的股权架构，也很简单，如图 7-6 所示。

实控人持有小比例股权，单独无法在股东会或股东大会中形成表决权优势，但有了委托投票权，所控制的表决权超过 2/3 甚至 1/2，可以实现控制。

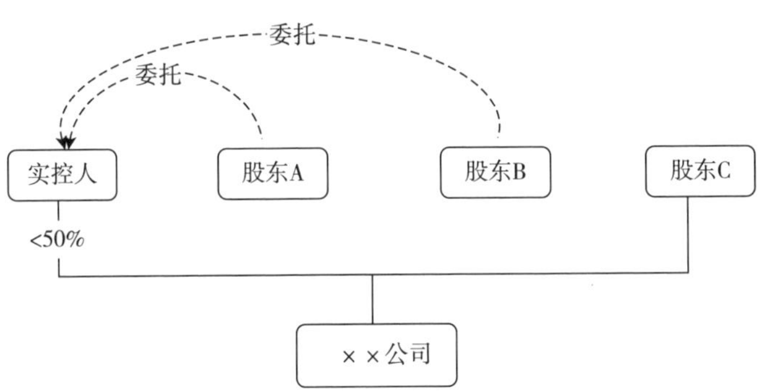

图 7-6　委托投票权控制

三、控制原理

（一）委托投票权协议

《公司法》第一百零六条规定："股东可以委托代理人出席股东大会会议，代理人应当向公司提交股东授权委托书，并在授权范围内行使表决权。"这是关于股份有限公司的特别规定，所以，股份有限公司可以直接适用这一条，签署委托投票权协议，获得授权，控制公司。

对于有限责任公司，《公司法》并没有委托投票权的直接规定，那么它可以使用委托投票权吗？当然可以，只不过不能适用《公司法》，而是要用《民法典》。

股东将所持股权所对应的投票权委托给他人行使，本质上是一个民事行为，双方之间是委托合同关系。只要不存在《民法典》所规定的无效情形，这个合同关系就是合法的。实控人基于合同关系行使表决权，是在履行合同，也是受《民法典》保护和约束的。

从本质上说，委托投票权控制的逻辑基础是不求为我所有，但求为我所用。但是，人家凭什么让你用，这才是最考验实控人的地方。

另外，委托投票权协议是整个模式得以成立的根基，这个协议十分重要，条款一定要设置严谨，不要留下漏洞。

（二）公司法

委托投票权协议，只能获得投票权，但如何召开股东会或股东大会，如何行使投票权，如何通过各项决议，还得适用《公司法》的相关条文。

（三）公司章程

这里主要针对有限责任公司，决议普通事项，没有规定需要多少表决权才能通过，所以，需要公司章程进行补漏。当然，公司章程有无限发挥空间，其应用绝不限于此。

四、补充说明

（一）控制力度不强

与其他公司控制模式相比，委托投票权控制，控制力度相对较弱，一般是将它作为其他模式的补充与配合，很少孤立使用。

（二）可以委托给非股东

股东委托投票权，对于受托对象，并没有法律规定必须是股东。也就是说，非股东也可以成为受托人。这是委托投票权最有价值的一点，也是值得注意的地方，它的独特功能就是指这个。

小结：

委托投票权控制是一种常规的公司控制模式，在上市公司中比较常见。与委托投票权相关的还有一个概念，叫一致行动人，有些人把它们两个混为一谈。事实上，它们是完全不同的法律概念。下一节我们就来讲讲一致行动人。

第七节　一致行动人：抱团取暖

一致行动人控制，在有限责任公司用得不多，但在股份有限公司，尤其是已上市的股份有限公司中比较常见。它的优点是操作简便，效果立竿见影，所以被很多人青睐。

一、模式要点

所谓一致行动人控制，即持有小比例股权的实控人，与其他股东签署一致行动人协议，在股东会或股东大会中保持意见统一，并以此占据优势表决权比例，从而实现对公司的控制。

一致行动人，通俗点说，就是统一战线，或者叫抱团取暖、一致对外。

在这种控制模式下，各一致行动人表决权分别独立行使，而不是委托给实控人代为行使，这是与委托投票权不同的地方。

二、股权架构

一致行动人控制的股权架构与委托投票权控制架构类似，如图 7-7 所示。

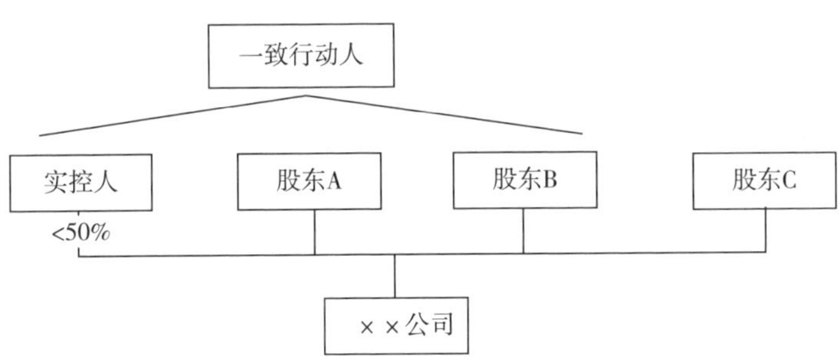

图 7-7　一致行动人控制

实控人持有小比例股权，但与其他股东一致行动，在股东会或股东大会占据优势表决权比例，实现对公司的控制。

三、控制原理

（一）一致行动人协议

一致行动人控制的基础，是一致行动人协议。这个协议很重要，条款一定要设置严谨。

对于上市公司，何为一致行动，何为一致行动人，是有明确规定的。《上市公司收购管理办法》第八十三条第一款规定："本办法所称一致行动，是指投资者通过协议、其他安排，与其他投资者共同扩大其所能够支配的一个上市公司股份表决权数量的行为或者事实。"该条文第二款中又明确列出了十二种构成一致行动人的情形。

对于非上市公司，《公司法》等法规并没有规定何为一致行动、何为一致行动人。但是，这并不影响对这一法律工具的使用。与委托投票权一样，把一致行动人协议看作一个普通的合同关系，直接适用《民法典》。

（二）公司法

一致行动协议，帮助实控人争取到更多表决权，但如何使用这些投票权还要适用《公司法》的相关条文。这与委托投票权一样，不再赘述。

（三）公司章程

公司章程主要是针对有限责任公司，如何对普通事项进行表决，需要公司章程进行规定。当然，如有其他特殊需要，也可以在公司章程中进行设置。

四、补充说明

（一）控制力度弱

委托投票权控制的力度就不强，一致行动人控制的力度就更弱。委托投票权，实控人代为行使表决权，能够保证表决意见的统一。一致行动人，各股东自行表决，尽管有一致行动人协议，但也不是每次都能意见一致。如果发生意见分歧，对最终以谁的意见为准又没有明确约定，那么实控人还能不能控制公司将成为一个问题。有个案例，一致行动人协议约定意见不一致，最终以持股最多的股东意见为准。后来，二股东通过受让其他股东股权，持股比例超过实控人，成了一致行动协议中拥有最终决定权的人，实控人由此失去对公司的控制。

还有一点，一致行动人协议毕竟只是个协议。作为协议，一般是有期限的，也是可以解除的。到期或解除后，基于该协议的公司控制，也就难以为继了。

（二）随附义务

如果是上市公司，一致行动人是有随附义务的。这种义务主要体现在信息披露和对收购要约的触发。是否属于一致行动人，不以一致行动人协议为准，即使没有这个协议，只要存在《上市公司收购管理办法》第八十三条第二款所规定的情形，都属于一致行动人，都负有相关义务。

小结：

委托投票权控制与一致行动人控制，都是以“协议”为基础的控制模式，这一类模式的控制力度都相对较弱。

下一节要介绍的“股权代持”，是以“协议 + 股权”为基础的，控制力度要强得多。

第八节　股权代持：人后有人

股权代持有十大成因（后面有一章专门讲股权代持），其中之一就是强化控制权。使用代持方式控制公司，即为股权代持控制。

一、模式要点

所谓股权代持控制，即持有小比例股权的实控人与隐名股东签署协议，并代持其股权，使名义持股比例超过三分之二甚至二分之一，从而实现对目标公司的控制。

股权代持控制模式下，隐名股东不在股东名册和工商登记中出现，其在公司的一切权利，包括财产权和表决权，都由作为名义股东的实控人代为行使。股东会表决时，实控人所拥有的表决权，等于自己实际所持股权的表决权加上代持股权的表决权。

二、股权架构

股权代持控制的股权架构如图 7-8 所示。

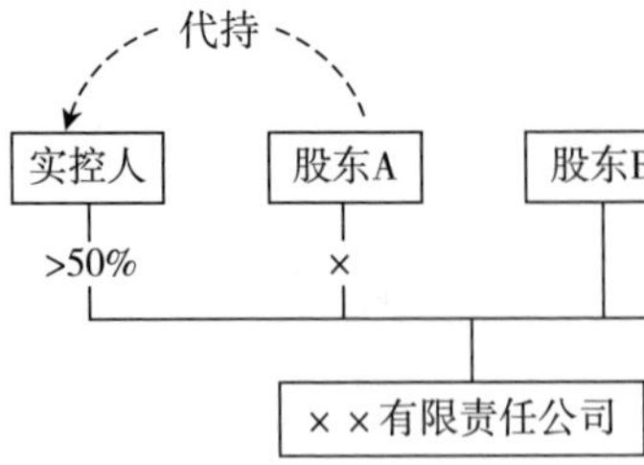

图 7-8　股权代持控制

实控人自己真正持有的股权比例，加上代持隐名股东的股权比例，两者超过三分之二甚至二分之一，实现对目标公司的控制。

三、控制原理

（一）股权代持协议

任何公司控制模式都有一个根基，股权代持控制模式的根基就是股权代持协议。

基于该协议，隐名股东实际出资，并享有投资收益；实控人作为名义股东，需要把投资收益给付隐名股东。但是，股权代持协议的约束力，仅限于隐名股东与名义股东。隐名股东与公司之间不能直接主张权利，也互相不负有义务。隐名股东与公司之间的任何事务，都需要通过名义股东进行连接。在这个过程中，实控人作为名义股东，给付了投资收益，但把表决权拿到了手里。

（二）工商登记

在办理工商登记时，所代持的股权是登记在作为名义股东的实控人名下的，这具有公示的意义，是对实控人非常有价值的一点。这种效果，是委托投票权控制与一致行动人控制所不能实现的。

（三）公司法

有了表决权以后，如何行使要适用公司法，前面已讲过多次，不再赘述。

（四）公司章程

有限责任公司普通事项，如果表决通过，以及实控人的各种特殊需求，要在公司章程中进行设置，也已讲过多次，不再赘述。

四、补充说明

（一）适用范围

需要注意的是，我国现有法律仅对有限责任公司的股权代持关系做了相关规定。至于股份有限公司、合伙企业、个人独资企业，并没有相关规定，能否使用股权代持，在实践中争议很大。

所以，在有限责任公司中应用股权代持是没有问题的，在其他类型的企业中则要慎重。

（二）代持风险

股权代持，对名义股东和隐名股东都是有风险的，名义股东有七大风险，隐名股东有十大风险。

小结：

股权代持在实践中应用较多，它的确能解决很多问题，功用不仅限于控制公司。但是，股权代持引发的股权争端也很多，所以很多人对它又爱又怕。如何用其利、防其弊，法律设计是基础，人心把握是关键。

我们已经讲了八种公司控制模式，都是基于股权或协议的。下一节我们将聊一聊公司中的几个关键职位，以及它们对控制公司的意义。

第九节　关键职位：权柄在手

我们前面讲了八种公司控制模式，着眼点都在于，控制股东（大）会、董事会。但是，控制了股东（大）会、董事会就能控制公司吗？

不一定。公司中有 7 个关键职位，对控制公司意义重大。不控制这 7 个关键职位，即使能够控制股东（大）会、董事会，也有可能控制不了公司，如图 7-9 所示。

这 7 个关键职位分别是：

一、法定代表人

法定代表人有两个重要职权。

（一）对外代表公司

《民法典》第六十一条规定：法定代表人以法人名义从事的民事活动，其法律后果由法人承受。法人章程或者法人权力机构对法定代表人代表权的限制，不得对抗善意相对人。

法定代表人可以代表公司，他以公司名义签署的各种文件，即使公司没有盖章，也对公司发生法律效力。仔细想想，法定代表人的这个权力还是很大的。

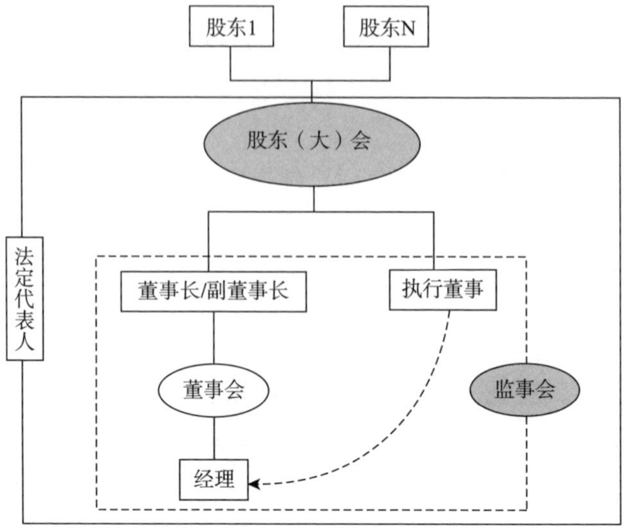

图 7-9　关键职位控制

（二）进行诉讼

公司起诉他人，或被他人起诉，都要由法定代表人进行诉讼。如果法定代表人不同意起诉或应诉，公司是很难进行诉讼的。曾经有个案例，公司起诉某个股东，一审都胜诉了，但二审法院查明，法定代表人不同意起诉，结果就被直接驳回了。

二、执行董事

股东人数较少或者规模较小的有限责任公司，可以设一名执行董事，不设董事会。执行董事也很重要。

（一）担任法定代表人

法定代表人不是谁都能担任的，根据《公司法》的规定，只有三种人能够担任法定代表人，执行董事是其中之一。

（二）召集、主持股东会

股东行使权利，需要通过股东会。而设执行董事的有限责任公司，召集、主持股东会的权限，在执行董事。

（三）兼任总经理

执行董事可以兼任经理，经理的职位也很重要，后面会具体讲解。

（四）章程规定的其他职权

这里是自由发挥空间，是可以充分利用的。

三、董事长

董事长有三个重要职权。

（一）担任法定代表人

上面说了，只有三种人可以担任法定代表人，董事长是其中之一。

（二）主持股东（大）会

股东会或股东大会，由董事会召集，董事长主持。这里看似无关紧要，但有股东会决议因为不是由董事长主持的被法院撤销了。

（三）召集、主持董事会

对于董事会，董事长不但负责主持，而且负责召集，这是与股东（大）会不同的地方。

四、副董事长

特殊条件下，副董事长有两个重要职权。

（一）主持股东（大）会

董事长不能履行职务或者不履行职务的，股东（大）会由副董事长主持。曾经有个案例，副董事长就是利用这一条，通过了更换董事长的股东会决议。

（二）召集、主持董事会

董事长不能履行职务或者不履行职务的，董事会由副董事长召集和主持，也有副董事长利用这一条，通过对董事长不利的董事会决议的。

五、经理

经理的职位也很重要。

（一）担任法定代表人

经理也属于可以担任法定代表人的三种人之一。

（二）日常管理

《公司法》第四十九条，赋予了经理八项职权，这里不再一一列举。

（三）提请聘任或者解聘财务负责人

财务负责人很重要，任免的决定权在董事会，但是经理可以任免的提请权在经理。

（四）列席董事会会议

董事会会议，经理有权列席，有利于及时掌握情况。

六、监事

很多人对监事不重视，甚至在有些公司中，监事就是个摆设。实际上，监事有很多法定职权。如果发生控制权争端，是可以利用这些职权采取各种对抗行动的。

（一）提议召开临时股东会会议

股东会分定期会议和临时会议，监事有临时会议召集权。

（二）召集、主持股东会（有条件）

董事会或者执行董事不能履行或者不履行召集股东会职责的，监事会或者不设监事会的公司的监事可以召集和主持董事会。

（三）检查公司财务

股东也有知情权，但监事可以直接检查公司财务，这是股东不能比的。

（四）对董事、高级管理人员提起诉讼

董事、高管损害公司利益的，监事可以代表公司起诉董事、高管。

（五）列席董事会会议

监事可以列席董事会，并对董事会决议事项提出质询或者建议。

（六）对经营异常进行调查

监事会、不设监事会的公司的监事，发现公司经营情况异常的，可以进行调查；必要时，可以聘请会计师事务所等协助其工作，费用由公司承担。

七、财务负责人

公司是以营利为目的的经济组织，财务负责人的重要性，大家都有共识，这里就不多说了。

小结：

关键职位控制，一般作为其他公司控制模式的补充与配合，很少单独使用。因为从根本上说，这些职位的任免权，毕竟都在董事会或股东（大）会。不掌控董事会、股东（大）会，是很难拿到这些职位的。

但是，如果对这些职位的更换设置了严格的限制和条件，即使失去了对董事会、股东（大）会的控制，也可以在一定期限内通过这些职位控制公司，这是最应该注意的地方。

第十节　关键资源：非你不可

本节内容不多，但重要性不比前面任何一节差。

本节要讲的是关键资源控制。这种公司控制模式，不依赖股权、协议和职位，这是与前面 9 种公司控制模式不一样的地方。

所谓关键资源控制，即实控人通过控制对公司意义重大的某些资源或资产，实现对目标公司的控制。这些关键资源，最常见的有以下几类：

一、关键资产

任何公司都有关键资产，掌控它就可以掌控公司。

当年马云不惜背负信誉受损的代价，把支付宝从阿里巴巴体系剥离，真的是想要私吞支付宝吗？当然不是，他只不过是为了阿里巴巴的控制权。不走这一步，他随时面临失去阿里巴巴控制权的风险。走了这一步，形成了既定事实，雅虎就不敢把他赶下台。因为马云已经控制了支付宝，把他赶下台，阿里巴巴就会失去支付宝这一关键资产，这是阿里巴巴不能承受之痛。

二、老板商誉

为什么有的老板非常固执地要亲自担任公司代言人，把自己与公司深度捆绑，将个人形象照遍布各地的户外广告呢？节省代言费当然是原因之一，但更深层次的动机，恐怕还有控制权保护的考量。当老板名字成为公司商誉的核心要素，控制权更迭，将使公司价值严重受损，这是所有股东都不愿意看到的。

三、虚拟资产

商标、专利、版权、域名、专有技术、商业秘密等，这些都属于虚拟资产。

虚拟资产有一个特点，即舒之弥四海，卷之不盈怀。虚拟资产扩张的边际成本很低，价值可以无限放大，但储存、维持和控制它们的成本极低。如果公司的商业模式是建立在虚拟资产之上的，那么控制了虚拟资产就可以控制公司。

四、渠道资源

以前，渠道很重要，甚至有些人可以挟渠道而令诸侯。现在，从总体上讲，渠道的重要性已大不如从前。但在有些特殊行业，尤其是严重依赖线下的行业，渠道的话语权依然强势。这些行业中的公司是可以通过控制渠道，强化对公司的控制权的。

五、上游资源

有些行业，尤其是资源类行业，得上游者得天下。比如锂行业，全球的锂矿就那么多，谁能把上游资源控制在手里，谁在公司就有话语权。与之类似的还有影视行业，掌握上游著名导演、演员资源的人，在公司拥有话语权。

六、证照、印章

证照、印章对控制权的意义，不分行业，在所有公司都很重要。尽管不能说控制了证照、印章就能控制公司，但控制了它们，无疑将在控制权的战术执行层面占据主动地位。

小结：

关键资源控制，除了控制证照、印章，控制其他资源不需要《公司法》的支持和保障，这是它与其他控制模式最大的不同。

现在，已经讲了 10 种公司控制模式。还有一些模式，比如华为的工会委员会持股、阿里巴巴的合伙人制度，其形成都有特定的历史原因和背景，对其他公司的实际应用价值不大，也不具有可复制性。所以，我们就不再专门讲述了。

第八章
股权分配：目的是资源

夫主将之法，务揽英雄之心。
——《三略》

第一节 打开方式：明确资源缺口

有些人提到股权分配，上来就说比例如何划分，各自应该占多少比例，一共有几种模型。

这么说不能说不对，但如果想把股权分配这个决策做好，其实应该在划分比例之前先做另一个工作，那就是根据公司战略明确资源缺口。

什么意思呢？

就是先考虑你的战略是什么，需要什么资源，现在已经有的资源是什么，还缺少什么资源。然后，再考虑如何分配股权。

为什么要先做这个工作呢？

因为股权分配只是手段，不是目的。目的是什么？是资源。

不管把股权分配给个人还是机构，都是为了其背后的资源。

分配给团队，是为了让团队拼命干活，目的是人力资源；分配给 VC，是为了让它投钱，目的是资金资源；分配给上下游，是为了夯实前端与后端，目的是产业链资源。

股权分配，就是用股权换取人或机构背后的资源，这是股权分配的本质。

那么，不同的资源，应该分多少股权呢？

这并没有统一的标准，因为同样的资源对不同公司的意义是不一样的。对 A 公司毫无用处的资源，对 B 公司可能是亟须的拼图一角，或者是激活整个盘面的关键一子。

所以，相同的资源在不同的公司，价值是不一样的。当然，应该给予的价格，也就是分多少股权也应该不一样。

那么，如何确定某个资源对自己的价值呢？

这要看你对它需求的迫切程度。如果它不是你需要的，给多少股权都是浪费；如果它是你亟须的，多给点股权也得把它拿下。

这就是股权分配前，明确资源缺口的逻辑。

但是，如何明确自己的资源缺口呢？

这就要看公司的战略是什么。你想干的事情不一样，模式不一样，缺少的资源肯定也不一样。

有人说，创业公司没法定战略，因为变化太快，计划根本赶不上变化。

但是，总不能盲目地瞎跑吧，总得有个大致的努力方向，有个基本的战略雏形，而这足以明确资源缺口是什么。

很多创业者面临股权分配的问题非常纠结，不知道对不同的人到底应该分多少。

这是因为没有想透资源缺口的问题，拿不准对方对公司的价值到底有多大。

如果想透了资源缺口是什么，不同人的价值是很清楚的，应该分多少股权，就不会太纠结了。

从目的出发，以终为始，先想好战略与资源缺口，然后再考虑股权分配，这才是创业公司股权分配的正确打开方式。

第二节　明确负责人：股权分配很重要

人无头不走，鸟无头不飞，创业公司分配股权时，一定要明确负责人。

怎么明确呢？最直接的方式就是让他占大股，从股权比例上把他凸显出来。

合伙创业，一般都是发生在熟人之间，要么是同学，要么是前同事，或者是老乡、亲戚、朋友。这种情况下，怎么分配股权这个话题好像太功利，大家不好意思敞开心扉。所以，草率分配股权，尤其是股权均分很常见。

但是，股权均分这种没有明确负责人的股权结构是非常不合理的，创业失败的概率极高。每个创业公司都是一个山寨，而山寨是需要头领的，没有头领，别说发展，想生存都难。

一、负责人的职责

有几项职责，是必须由负责人承担的，其他人代替不了。这些职责包括：

（一）定方向

公司往哪儿走？2C 还是 2B ？做大还是做强？做品牌还是闷声发财？目标是什么？方向在哪儿？对这些终极拷问，都需要深度思考，才能回答。谁来干？只能是负责人。

（二）定战略

方向定了，怎么实现？选择什么路径？用什么模式？分几个阶段？各个阶段的重点是什么？存在什么问题和障碍？如何克服？这些都不是能够简单回答的问题。谁来思考？只能是负责人。

（三）找人、找钱、找资源

创业公司有情怀、有梦想，除此之外什么都缺，不然怎么能叫创业公司呢？背靠大树参与项目的叫内部孵化，不叫创业。所以，创业公司缺人、缺钱、缺资源，这是普遍现象。但是，要实现目标，不能只靠梦想发电，还得靠实实在在的人、钱、资源。这些从哪里来？还得由负责人去找。

（四）承受压力、风险

竖起面旗子，拉起一票人马，从无到有，开创一项事业，不是那么容易的。创业公司的平均寿命只有 2.9 年，自己凭什么能够活下来？活不下来怎么办？创业公司的失败是常态，成功是偶然。这种压力由谁来承受？风险由谁来承担？只能是负责人。

（五）负总责

团队意见不一致听谁的？公司出了事情由谁来扛？负责人。

二、负责人缺位的风险

如果负责人缺位会怎样？最可能的是以下三种局面：

（一）公司僵局

两种情况：

情况 A：既然负责人缺位，大家都有机会，想当将军的士兵有的是。你对公司有贡献，我也有贡献；你的能力强，我的能力也不弱。负责人的位置只有一个，你我都想干，谁来担任？抢呗！

情况 B：创业过程，基本都是灰度决策，很少非黑即白。但是，人的性格不一，风险偏好不同，狼性也不一样，面对公司事务，出现意见分歧，是最正常不过的事情。如果遇到重大分歧，谁也不肯让步怎么办？

出现上述两种情况，就从分股权时的谈钱伤感情变成了谈感情伤钱。你不服我，我也不服你，最终公司不能有效决策，从而陷入僵局。

（二）一盘散沙

这种局面与第一种情况正好相反。大家谁也不想出头，谁都不愿意承担责任，各自为战，难以统一行动、形成合力，只能是一盘散沙。

（三）心理失衡

如果足够幸运，可能会出现这种局面：在实际经营中，某个人脱颖而出，能力强、贡献大、人格魅力足，并且勇于承担责任。这时候，他会成为实际的负责人。

但是，这会逐渐出现一个问题。那就是早期没有给予他足够的股权，他的收益和贡献是不成正比的。短期没什么，长期如此，他就会心理失衡。之后，他要么失去干劲，要么产生主动寻求平衡的想法，即堤内不够堤外补。这对公司是损失，对个人是风险，于双方都是大隐患。

小结：
创业公司分配股权，一定要有明确负责人，这是规律，也是人性。
创业者们，一定要引以为戒！

第三节　股东类型：身份不同诉求不同

创业公司股权分配，一半是科学，一半是艺术。艺术这一半，面对的主要是人性。人性本就无常，股权又是权与利的混合体，两者相遇，想不复杂都难。

但是，态势太复杂不利于公司发展。所以，最好能把复杂的问题尽量简单化。

对于股权，简单化的方法之一就是把股东分类。

尽管人性无常，但也并非毫无规律可循。大部分人的言行，都不是毫无缘由的，都是有其背后的原因与动机的，这主要取决于他所处的位置和自身的身份。作为创业者，就应该设身处地，站在对方的立场考虑问题。

按照位置、身份、立场不同，创业公司的股东一般分为以下几种：

一、创始人

创业公司的发起人、创立者、负责人、CEO，是创业公司最重要的股东，没有之一。

一家公司从一无所有起步，到千难万险原始积累，到遭遇危机午夜梦回，再到破除危机重新起航，每一步，创始人的作用都至关重要。创始人群体，是最稀缺、最值得尊重的群体之一。

作为创始人，也应该分享创业收益，因为财散才能人聚。但是，对于企业控制权，却不能轻易稀释，也容不得半点疏忽和马虎。

二、合伙人

合伙人是与创始人一起，燃烧青春追逐梦想的人。没有创业精神的人当不了合伙人，只想着到点下班的人当不了合伙人。

作为合伙人，心中所想的不是高薪与福利，而是创业成功之后的美好场景。为此，他可以少拿甚至不拿工资，如果成功，他也应该分享收益。同时，作为创业公司的一分子，他有参与决策的合理诉求，创始人必须接受，并给予足够的尊重。

三、高管 / 员工

他的主要诉求是工资与福利，这个必须有保障。至于期权，主要看公司的发展势头。形势大好，当然把期权当成宝，否则不会太将其当回事儿，也起不到太大的激励作用。

四、上下游盟友

上下游合作伙伴是创业公司最重要的盟友，对创业公司意义重大。绑定他们最好的办法，就是合资。宁德时代绑定了多少上下游伙伴，进入了他们的生态系统。

作为盟友，诉求主要是经济收益，意图左右公司控制权的是极为稀少的偶然事件。

五、财务投资人

财务投资人只要收益，不参与企业的经营，也不会对创始人指手画脚。即使有相应的表决权，一般也会委托给创始人行使。

但是，对于收益的保障与分配顺序，甚至破产清算清偿的先后，他是有特殊要求的。这些要求一般都是合理的，因为人家毕竟让渡了决策权，在财产权上享受点优先权也是应该的。

六、战略投资人

战略投资人与财务投资人不同，他的主要诉求并不是财务收益，而是你对他的战略价值。对他来说，你的公司是他生态布局的一部分，他对你是有后续的产业甚至资本预案的。所以，他介入你企业的决策是必然的事件，甚至吞并你，或主导你做决策都有可能。

当然，这种股东也有好处，他能给你带来产业资源，这经常是创业公司迫切需要的人才，甚至你只需要背靠这棵大树，就可以过上好日子。这也是证监会对拟上市公司审核大客户依赖的原因。

对于这种股东，利弊都很明显。引进之前，创始人一定要想清楚，他对自己究竟是蜜糖，还是砒霜。

> **小结：**
>
> 区分股东类型，是为了在股权分配时，了解各类股东的立场与诉求，以合理考量他们对公司的价值与影响，并有针对性地设置不同的关系处理模式，拟定不同的协议条款。只有这样，创业公司这个混合乐队才不会鸡飞狗跳，才有可能劲儿往一处使，共同促成创业目标的实现。

第四节　股权比例不要固定：预设适度弹性

几个小伙伴一起创业，比较常见的场景是设计股权比例，然后直接按该比例办理工商登记。至于公司章程，一般都是让代办公司套用现成的模板。

这么操作，各自的股权比例，是一次性直接登记在工商部门的。在以前的注册资本实缴制时代问题不大，但在现在的认缴制时代就不太合适了。

尽管它符合法律，但不能满足商业实践的需要，甚至还会与商业实践发生一定的冲突。

一、为什么

如果出现以下几种情况，已经分配出去的股权怎么处理，将会非常麻烦。

（一）中途退出

开始创业时，大家踌躇满志，都怀着一颗雄心，准备大干一场，觉得既然是创业，吃苦受累没什么。

但是创业维艰，毕竟是九死一生的事情，不是所有人都能坚持下来。即使能坚持下来，在长时间高强度、高压力下，也不是一直都能和平相处的。如果有人坚持不住，或闹了矛盾，或有了更好的发展机会，决定退出，那么已经分给他的股权怎么处理？

让他留着，其他人会觉得不公平；收回，怎么收回？以什么价格收回？人家同不同意？这些都是问题。

（二）不能胜任工作

一种情况是分配股权时，对其工作能力判断失误。事后发现，无法胜任所负责的工作。

还有一种情况更常见，即跟不上团队发展。创业公司生存环境险恶，并且要不断面对各种复杂形势，所以持续学习是对创业者的必然要求。但是，个体之间是有差异的，每个人的学习能力也不一样。当初一起创业的小伙伴，几年之后必然有跟不上队的人出现。对于这些掉队的人，他们的股权怎么处理？

（三）承诺不能兑现

有时候，分配给某人股权，是因为他承诺提供某种特殊资源，比如大客户资源、渠道资源、媒体资源、投资人资源等。但是，并不是所有的承诺都能兑现。如果兑现不了，股权已经分配给他了，怎么处理？

二、怎么办

解决上述问题的基本策略是设定一个期限，比如 4 年或 5 年。然后，相关的股东按这个期限分期获得股权。这不仅适用于合伙人，还适用于创始人，也就是负责人。

操作模式上，可以只约定期限。干够了期限，就分配给股权。也可以除了期限，再附加工作贡献。即每年年初制定任务，年底根据任务完成情况，核算应分配的股权。

需要说明一下，分期获得股权只适用于需要出力或出资源的股东类型。对于以现金出资的股东，应该一次性直接确定他的股权，不能使用分期授予的方式。

三、如何实现

上述对策，是基于商业实践的需要设计的。不过，现行的工商登记制度是不能直接实现上述意图的。

法律是智慧的。为了现实应用的普适程度，《公司法》留了一些股东自治的活口，律师是可以在其范围内灵活发挥的。这些活口尽管不多，但足以实现上述策略意图。

实现的方法是，综合运用公司章程和股东协议，把分期授予股权的相关约定都设置进去。

小结：

创业公司分配股权时，不要一次固定；否则，日后会有很多麻烦。

正确的策略是，约定一个年限，分期授予股权。不过，这只适用于出力、出资源的股东，不适用于只出资金的股东。

具体的实现方法是，充分利用《公司法》股东自治条款，设计好公司章程和股东协议。这是可以灵活发挥的空间，足以填补法律与商业实践之间的缺口。

第五节　退出机制：人在股在，人走股留

创业是一场冒险，一路上会遭遇各种挑战、陷阱、恶劣环境。即使这样，也不一定能修成正果。

做这种艰难又危险的事情，靠一个人的力量是不行的，必须有一个团队。而团队成员之间的关系，则是社会生活中最密切的人际关系之一。

这种特殊关系来之不易，一般都不愿轻易舍弃。所以，大家创业时都会商量如何合伙，但却很少甚至不讨论如何散伙。而隐患，往往就此埋下。

一、隐患

愿望是美好的，现实却是残酷的。

合伙创业，大家都希望能天长地久。但是，生活总是会遭遇各种意外。因为被动或主动原因，不能继续跟随团队创业，需要离职，是比较常见的情况。

当出现这种情况，已经分配给他的股权怎么处理？

创业团队，是人和组织，而股权是绑定人的主要要素之一。如果人离开了，股权还在，会产生很多问题。

（1）其他团队成员会觉得不公平：我们卖力干活，他坐享收益，凭什么？

（2）不利于吸引新的合伙人：来人就要分配股权，股权本就有限，如果离开的人再占点股权，可以分给新合伙人的就更少了。

（3）股东会决议、办理工商登记都麻烦：他配合还好，如果不配合，如影响、阻挠融资、上市等重要事项，或提各种条件，都有可能。

二、机制

创业公司分配股权，一定要有退出机制。在人离开时，能够收回他的股权，这要在分配股权时就约定并设置好。

三、触发

退出机制的触发，分两种情况：

（一）被动离职

（1）重病：生老病死是自然规律，人类无法抗拒。如果得了重病，无法正常工作，离职就是迫不得已的事情。

（2）犯罪：如果因为犯罪行为被判了刑，就不可能参与创业活动了。

（3）去世：人生无常，或因疾病，或因意外，不幸离世，股权就会成为遗产。但企业是人和组织，继承人被动地成为股东，原有股东不一定能接受。

（4）内部矛盾：内部之间发生重大分歧，甚至严重的、不可调和的矛盾与纠纷。

（二）主动离职

（1）坚持不住：创业是艰辛的旅程，并不是所有人都能坚持下来。

（2）个人掉队：创业公司要试错、迭代，要求个人必须不断学习、不断成长。但是，每个人的情况都不一样，后来总会有人掉队。

（3）有更好的机会：创业很苦，当有更好的发展机会出现时，很多人都会选择离开。

四、方式

退出机制被触发后，一般可以通过以下两种方式回收股权：

（1）公司回购：由公司将股权回购，然后再进行处理。这主要靠协议安排，工商登记程序会比较麻烦。

（2）股权转让：将股权转让给其他股东，这在工商登记上比较简单。不过，也应该有配套的股东协议。因为回收的股权，经常并不直接归属于某个人，可能会存在代持，这需要根据具体情况处理。

五、价格

如果事先没有约定，以什么价格回收股权，是最容易产生争议的。所以，一定要在公司设立时沟通好，并以法律条款固定下来。根据触发情形的不同，可以进行不同的价格约定：

（1）初始价格：最开始获得股权，花了多少钱，就以多少钱回收。

（2）净资产：股东退出时，对企业进行清产核资，看净资产是多少，然后再根据持股比例确定价格。

（3）最近估值：最近一次获得融资时，对企业的估值是多少，以此为参考，再根据持股比例确定价格。

小结：

创业公司分配股权，一定要有退出机制，否则会留下重大隐患。近几年，由于违反这一条，分崩离析的创业公司太多了。创业者们，一定要引以为戒！

第六节　预留股权：留有调剂空间

几个人合伙创业，设立公司时，比较常见的操作是，一次性把 100% 的股权全部分配给初始股东。这么做符合《公司法》，也符合常规，但与商业实践的需要不匹配。更好的做法是，设立公司时就先预留出一部分股权，而不是 100% 分掉。为什么要这样操作呢？

一、用途

预留部分股权，是为了出现以下情况时，公司能够轻松应对，而不是把时间用在“股权谁来出”这种头疼和注定会扯皮的问题上。

（一）吸纳新股东

企业要发展，需要持续的资源投入，更需要各领域的高手加盟。但高手是看不上工资的，他们需要股权。当出现这样的高手时，可以直接用预留的股权吸引他们加入。

（二）股权激励

企业发展到一定程度，需要股权激励，甚至在某些新兴行业，以期权为表现形式的股权激励都成了标配。所以，这已经成为常规的企业需求。但是，股权激励的时机很重要，太早太晚都不好。公司设立时就属于太早，并不适合进行股权激励。什么时候合适呢？最好是刚刚完成一个里程碑事件，比如拿到了融资。如果有预留的股权，借势推出股权激励，效果会很好。

（三）股权调剂

公司设立时，有一点是不知道的，就是在以后的创业征途中，谁的贡献大、谁的贡献小，这有太多的未知和偶然。当出现贡献大小的分野，以及贡献与股权比例的失衡时，创业者的初心是很容易发生动摇的。这时候，最好能进行一些合理的股权调剂。但是，如果没有预留的股权，基本难以实现，因为谁都不愿意把自己碗里的肉拿出来分给别人。

（四）其他用途

创业是一场马拉松，在漫长的创业过程中，企业会有各种各样的特殊需求。有时候，常规的方法无法解决问题，而股权经常能够发挥奇效。

二、设置

《公司法》要求必须把全部股权登记在具体股东名下，是不允许有部分股权处于“无主”的悬空状态的。所以，要预留股权，必须利用《公司法》的其他条款进行特殊设置。常见的方法有两个：

（一）负责人代持

把预留的股权，放在公司负责人名下。除了代持协议，还需要股东协议等配套的法律文件。

（二）持股平台

设立一个持股平台，把预留的股权，全部装到持股平台。以后有需要，都可以在持股平台层面进行操作，简便快捷。

持股平台有各种用途，设立持股平台已经成了常规化动作。翻阅拟上市公司的资料，你会发现，几乎所有拟上市公司都设有持股平台。

小结：

股权是战略资源，对于解决各种重大问题具有不可替代的作用。

当公司需要股权时，同比例稀释现有股东股权和用预留股权，对现有股东来说，感觉是不一样的。同比例稀释，感觉是在拿自己的蛋糕分给别人；用预留股权，这种感觉就不会那么明显。两种方法，推行的难度是不一样的。

预留股权，对创业公司来说，既是资源储备，又是腾挪空间，是具有战略意义的。所以，创业公司分配股权时，一定要有相应的设置。

第七节　正式协定：亲兄弟明算账

经常有人问，某某（前老板、前同事、朋友、同学、老乡）拉我创业，答应给百分之多少的股权，不过只是口头约定，没有签署任何书面协议，这事靠谱吗？或者现在出现某某问题了，我该怎么办？这种问题有个共性，就是股权分配只是口头约定，没有工商登记，也没有任何协议。

一、原因

为什么会出现股权分配口头约定的情况呢？大致有三种原因：

（一）不着急

觉得公司规模还小，先干起来再说，企业刚起步，什么都没有，确定股权没有意义，还是先把蛋糕做大，到时候公司值钱了再分配股权也不晚。

（二）图省事

办理工商变更登记太麻烦，如果以后发现股权给错了更麻烦。如果签署合同或协议，又得请律师，也麻烦，还是省点事吧。

（三）并不是真想给

有的创始人想拉人创业，又给不起高工资，如果不说分配股权，没人愿意来。所以，创始人便口头承诺分配股权，但从其本心来讲，并不是真的想给股权。这种情况，其实是很恶劣的，自以为聪明，但会付出大代价。

二、弊端

对于创业公司，股权分配时，如果只是口头约定，没有任何正式的书面文件，会有很大弊端：

（一）军心不稳

创业创业，干劲很重要，没有干劲，什么都缺的创业公司凭什么在大公司的竞争压力下生存下来？但是，只有口头约定，就是完全赌创始人的人品，总会让人觉得不踏实。心不踏实，是很难全力干活的。

（二）预期落差

如果企业发展得好，估值是会不断增长的，创立时不怎么起眼的股权，可能会在几年之后变得非常值钱，甚至百分之零点几，就能让一个人实现财务自由。在这种情况下，大家会非常计较股权比例。在以正式文件确定股权比例之前，创始人会预期少分一点，其他人会预期多拿一点。对于尚未确定的东西，人们都会充满期待。各自对于股权比例的预期，会因为人性特有的弱点，最终出现落差。

（三）争端隐患

当预期落差出现以后，这种矛盾是很难调和的。因为股权比例总量是固定的，一方多了另一方必然就少了，双方是零和博弈。当不能达成一致意见，必然产生争端，甚至激烈的股权纷争。这种事情一旦爆发，基本都是双输的局面。不要低估小股东，有时候，小股东的破坏力也是十分惊人的。

（四）各种扯皮

如果只是口头约定，那么各种具体的权利义务是无法明确的，比如如何分红、如何退出等。当出现某种特殊情形时，双方都会争取对自己有利的解释，就会出现各种扯皮。

三、建议

基于以上考虑，建议有两点：

（一）不轻许诺

对于股权，创始人一定要谨慎处理，要想好给谁不给谁，不要轻易许诺给他人股权。这个承诺是很重的，要负责任。不要以为答应了不给，别人就没办法，最后的代价会很惨重。

（二）书面文件

如果想好了，决定要给谁股权，就要采用正式的书面形式，这样才能彰显股权的价值和自己对这件事的重视程度。如果你儿戏，别人又怎么能把它当回事儿呢？

具体的方式，可以是直接办理工商登记，也可以用股权代持，或股东协议，或期权协议等，这要根据具体情况而定。

小结：

创业公司的股权分配，不管基于什么原因，都不要只是口头约定。要么明确不给，要么以正式的书面文件确定下来。否则，不但起不到股权分配应有的作用，还会带来各种弊端，对创业公司、创始人、合伙人都是非常不利的。

第八节　谨防失控：不能承受之痛

作为一家创业公司，能不能不分配股权就发展做大？

当然能。近几年，有几家知名公司，比如公牛电器、农夫山泉，股权一直掌控在创始人手里，直到上市前才释放了少量股权，给一些特殊的投资机构。

但是，这些公司从创立到做大一般都经历了十几年，甚至几十年的漫长岁月。因为他们不肯释放股权，只能靠时间换空间。

如果想缩短时间，快速做大，就必须吸纳尽可能多的资金、资源、人进入企业，而这就需要不断地把股权分出去，给初始团队、投资人、核心员工。这在互联网行业是常规做法，到上市时，创始人手里还剩下 20% 左右的股权是比较常见的情况。

企业释放了股权，得到了人、资金、资源。但在人、资金、资源进入企业的同时，创始人对企业的控制力也在不断减弱。当控制力降低到一定程度，就会出现一种风险——失控。如果创始人对此掉以轻心、麻痹大意，或者过于自信，认为没有人能撼动自己的地位，这种风险就有可能变成现实。

按照严重程度，失控分为三个等级：

一、部分失控

部分失控，即创始人不能再一个人说了算，也不再一言九鼎。很多决策，需要征得其他股东的同意。在重大问题上，其他股东拥有一票否决权。

创业公司的规模相对较小，很难与大公司正面竞争。但有一点，创业公司是有优势的，那就是决策流程短，可以对环境的变化快速做出反应。然后，以快打慢、以动制静。不过，这需要一个前提，那就是创始人拥有足够的决策权，可以一个人说了算，可以一言堂。

部分失控以后，创始人将失去独立的决策权，创业公司也将失去快速反应的优势。

二、大权旁落

大权旁落，即被他人取代，被动的辞任董事长、CEO 等实权职位，从企业的掌舵人被边缘化，从而失去对企业的控制权。

极少数创始人把企业当猪养，养大了卖个好价钱，对他们来说，是很正常的商业操作。但对绝大多数创始人来说，是把企业当儿子来养。企业对于他们的意义，不只是获取经济收益的工具，还有很深厚的感情。可以想象，一旦失去对企业的控制权，对这些创始人意味着什么。

三、彻底出局

彻底出局，即被动地从自己创办的企业离开，甚至同时伴有刑事责任。这时候，是否还持有股权已经没有意义了。

这种情况是最残酷的，但在商界并不罕见。这种案例不会绝迹，以后还会出现，因为这也是残酷商业现实的一部分。创始人需要思考的是，如何不让这种悲剧降临到自己的头上。

小结：

创业公司想要快速发展，就要不断地把股权分配出去，获取需要的资金、资源、人。这将造成控制力减弱，带来失控的风险。

如果无视这种风险，或者麻痹大意、掉以轻心，就可能使创始人失去对企业的控制，甚至从企业彻底出局。

所以，创业公司在分配股权时，一定要对这种风险给予足够重视，并根据自己的具体情况，采用不同的公司控制模式。

第九章
融资：风险与收益并存

粟不如者，勿与持久。
——《鹤林雨露》

第一节　融资之前：必知的 9 个问题

对不断壮大的创业者大军来说，融资似乎已经成为一种风潮。很多创业者还没有开发出成型的产品，甚至都没有注册公司，就已经开始张罗融资事宜了。

暂且不论这样的项目能不能引起投资人的兴趣（他们的眼光是十分挑剔的），单单从创业者角度来讲，你真的已经做好融资的准备了吗？

一、你需要花费三个月到一年的时间

融资不是一件简单的事情，不但专业程度高，而且手续烦琐，花费的时间长。从联系投资人，到有投资人对你的项目产生兴趣，到双方签订投资意向书，再到尽职调查，并最终签署正式的投资协议，这需要花费很长时间。能在三个月之内搞定的算快的，半年或者一年都搞不定的也正常。

二、能否成功融资无定数

花费的时间长还不算可怕，可怕的是即使花费了时间，也不一定能够融资成功。总的来说，这是小概率事件。创业者的时间和精力是十分宝贵的，你需要考虑好，愿不愿意承担这种风险。

三、你可能会遭遇一些融资骗局

这不稀奇，有太多的创业者想要融资。但一个普通的创业者，一生也很难有超过 5 次的融资经历，融资又涉及很多专业知识，所以创业者对其中的一些门道不了解是正常的。这恰恰给骗子们提供了机会，他们当然不会错过。

四、你可能会遇到一些恶劣的投资人

如果你有幸找到的是真正的投资人，不是骗子，也不要高兴得太早。因为资本市场和其他领域一样，其中的人和机构，以什么作风行事的都有。有的对

创业者很友善，但也有一些很不尊重创业者，甚至可以说很恶劣。如果你碰到了他们，那就自己多加小心吧。

五、你将失去部分股权

创业公司没什么资产，有的只是未来不知价值几何的股权，这也是用来寻求融资的资本。

不管你向天使融资还是向 VC 融资，都需要出让一定份额的股权。这份股权从此属于投资人，这是游戏的规则。但股权融资也有好处，那就是不用你提供抵押，也不用你归还。

六、成功融资后需要你烧掉几年的青春

投资人给你带来的不只是一箱弹药（大笔资金），还有一根皮鞭（业绩要求）。为了实现双方约定的目标，你从此就要卖命干活了。投资人烧的是钱，你烧的是青春，这很公平。

七、项目失败你将一无所有

在你和投资人签署投资条款清单和投资协议时，你可能看不懂其中的很多条款。但你应该知道，投资人把资金交给你是要有一些保护措施的，具体就体现在条款里。其中有一条叫清算优先权，具体包括三种形式。不管使用哪种形式，你要知道，如果项目失败了，投资人是可以优先于你收回成本的，并且还会要求一些收益。如果企业剩余的资产不多，可能还不够投资人的收益。

八、业绩不理想可能会稀释你的股权

有些投资人会要求你签署对赌条款，这无可厚非，很多知名企业家当初也签了这个协议。合理的对赌条款能激发创业者的潜力，并使创业者获得收益（股权）。但关键是“合理”二字。很多创业者和企业家就是签署了不“合理”的对赌条款，最终被稀释掉大量股份，甚至有的被净身出户。这里的利害关系，一定要仔细斟酌。

九、项目成功你可能会失去对企业的控制权

如果你的项目发展顺利，将获得 IPO 的机会，这是投资人和你最希望看到的。但一般要冲到 IPO 这个阶段，需要花费大量的资金。单单靠一两轮的融资是不够的，所以只能不断地融资。但在一次次融资的同时，你的股权也在一步步被稀释。到 IPO 时，你会发现，自己已经不是企业的大股东了，已经失去了对这个企业的控股权。除非你还有其他依仗，否则下一步你将失去对这个企业

的控制权。

看了这么多，你的融资念头是不是被打消了？

其实，完全没有必要，这也不是笔者写这本书的目的。因为相对于上面的风险和弊端，融资给你带来的机会和好处更多。否则，那些聪明的创业者也不会融资了。之所以讲这些，是为了让你保持头脑清醒，这样融资之路才能走得更稳，才能更珍惜机会。

第二节　VC 特性：与普通股东的不同

已经接受过 VC 投资的企业，或打算接受 VC 投资的企业，将同时存在两种股东：一种是普通股东，包括创始人和原始股东；另一种是 VC 股东。VC 股东尽管也是股东，但与普通的股东相比，还是有很大区别的。这些区别无所谓好坏，但创始人还是要做到心中有数，这样才能理解 VC 的做法和行为，并进行更好的沟通。

一、出钱多占股少

你与同学、朋友合伙开公司，每人在公司占的股权多少，是以设立公司时出钱多少来决定的。出钱多，占的股权多；出钱少，占的股权也少。

但 VC 在投资你时与此不同，他们出的钱一般会比你多（甚至不需要你出钱），但他们要求的股权比例却未必多。一般他们会让你的股权保持在 50% 以上，使你对企业拥有足够的控制权。

二、不参与日常事务

一家 VC 会投资多家企业，在所投企业，他们一般只在董事会层面发挥作用，不会参与日常的管理和事务。企业日常事务不是他们的长项，并且也没有时间。

三、要求特殊权利

VC 出了那么多钱，要求的股权却与其投资数额不成比例，这并非他们在做慈善，而是他们的商业模式，其中有深层次的考虑和原因。

他们的股权达不到控股比例，但又不参与企业的日常管理，从理论上讲，他们的投资风险很大。不仅是商业上的风险，还有被投资企业创始人道德上的风险。为了解决这个问题，VC 会要求一些特殊权利，防范商业及创始人道德方面的风险。

四、权利保障靠合同而非持股比例

如果一个股东持有一家公司过半的股权，那他就可以轻松地控制这个公司。但 VC 的股权一般不会超过 50%，他们在持股比例上并不占优势。所以他们会要求创始人签署他们的格式投资协议，在这些协议中设定了很多保护自己的条款，以此寻求权利保障。

五、为退出而来

和你一起创业的原始股东们，是为了与你共同打造一份事业，以此获得财富和满足感、归属感。如无意外，你和你的原始股东们是不会离开企业的，这里是你们的家，寄托了你们的梦想。但 VC 不同，他们就是为了离开而来。到一定阶段，他们是要退出的。没有退出渠道的项目，VC 是不会投资的。

六、收益靠退出不靠分红

普通企业的股东，主要的收益来自分红。但 VC 不同，对于他们来说，分红太少也太慢，是不能满足他们的商业模式对盈利的要求的。他们的收益来自其所投企业的退出，理想的方式是 IPO 或并购。

有 VC 投资的企业，需要股东们有更多的沟通，既指 VC 一方，也指企业一方。

对于 VC 来说，作为企业的创始人一方，可能面临更多的挑战。因为 VC 每天都在跟企业打交道，每天都在琢磨创始人的心理。对于如何处理好与创始人的关系，他们是富有经验的。但创始人不同，他们与 VC 打交道的机会并不多，经验很少。只要你接受了 VC 的投资，就要不断学习这种知识，否则不但处理不好和 VC 的关系，还会使自己处于不利地位。

第三节　资本方底细：投资人优劣势分析

知己知彼，无往不利。

投资人与创始人，是投融资关系的一体两面，双方互为依托，即合作又博弈。

他们有一个共同的目的，就是把企业做大做强，直至上市或被收购。为此，双方会肝胆相照，精诚合作。

同时，他们在某些方面也会存在利益冲突。所以，双方难免互相对抗，甚至会有争斗。

双方所处的位置不同，都有自己的优势和劣势，要想处理好这种投融资关系，就必须知悉自己，又明了对方。

一、投资方的优势

（一）专业精通

这是投资人在投融资关系中最大的优势。

创始人一般都精通企业管理和经营，但在融资和资本运营方面却是绝对的短板。融资和资本运营对企业影响重大，但也很复杂，专业性很强。创始人很少有机会接触这方面的知识，即使有接触，也是一知半解。但投资人不同，就是干这个的，对相关专业技巧烂熟于心。

（二）选择范围广

投融资市场，是典型的狼多肉少。这些年创业越来越热，各种各样的项目层出不穷。尽管做创业投资的天使投资人和 VC 也在增加，但与创业融资需求相比,依然有很大差距。面对市面上无穷无尽的项目,投资方有很大的选择空间。

（三）掌控交易主动权

创业公司有融资需求，投资人有投资需求，由谁来决定是否达成交易，以及何时达成交易呢？基本是投资人一方。

尽管也有多个投资人抢一个创业项目的情况，但毕竟是个案，是极少数。在大多数情况下，还是大量的创业公司在追逐很少的投资人。投资人可以决定投资谁，并能掌握交易的进程和节奏。

（四）可接受失败

创业投资的风险很大，越是早期，风险越大。所以，天使投资人和 VC 不可能把鸡蛋放到一个篮子里。他们会分散投资，把资金投到十几个甚至几百个项目。

某个项目失败,对他们的影响不大,甚至大部分项目失败,他们也可以接受。即使只要有少量项目成功，其高回报就能弥补其他项目的亏损，并在整体上有不错的收益。

二、投资方的劣势

（一）信息不对称

这是投资人一方最大的劣势。

创业项目的真实情况如何？各项参数的真实数据是多少？创始人的能力和诚信度怎样？这些情况投资人很难知道。尽管投资人也会尽职调查，但并不是所有信息都能在尽职调查中查出来。只要有一个关键信息没有查到，就有可能导致投资失败。

（二）不直接掌控公司

天使投资人和 VC，一般只做财务投资。在投资以后，他们通常仅在董事会层面参与企业的管理，不会也不能直接管理企业的日常运营。

大多数时候，企业（包括投资人投入的资金）处在创始人的直接管理之下，这将带来一定的代理成本和风险。

（三）依赖创始人

投资人出钱，创始人出力。在投资人将资金注入企业后，企业发展得如何，主要看创始人。

这相当于投资人把自己绑在了创始人的战车上。投资人为战车提供了燃料，但方向盘却在创始人的手里。

所以，投资人的希望寄托在创始人的身上；投资人的成功，严重依赖创始人的能力和努力；投资人的梦想，要靠创始人去实现。

小结：

总体来讲，投资人在投资之前是占据明显优势的。投资之后，优势会有所降低。

对于优势，投资人自然应该充分利用和发挥；对于劣势，投资人也应建立一套成熟、完备的方法体系进行弥补。

但不同的投资人的专业实力不同，在发挥优势和弥补劣势两方面，各自的差异很大。有些投资人有完善的体系，但有些投资人给创始人留下了很多可以利用的漏洞和弱点。

第四节　融资方底细：创始人优劣势分析

在创业融资中，投融资双方各有优势和劣势。要想在投融资关系中，保护自己的权益并占据主动，就要充分明了己方和对方的优劣势，并以此为基础，扬长避短，制定相应的应对之策。

一、创始人的优势

（一）掌握信息

信息不对称，是投资人最大的劣势，同时又是创始人最大的优势。

对于创业公司，创始人掌握最多的信息，知道一切外界所不知的背景和内幕。有些信息，对项目的成败和投融资关系影响重大。

尽管投资人也会尽职调查，但并不是所有信息都能通过尽职调查得到。不同的尽职调查人员，专业水平和职业素养也不同，所以尽职调查的结果也不一样。

（二）懂行业

对于关注的行业，投资人也会安排专门人员持续跟踪和研究。但他们毕竟没有真正在行业中摸爬滚打，对行业的了解是不能与创始人相提并论的。

整日在行业中拼杀的创始人，拥有行业亲身经验和独特嗅觉，掌握行业的第一手资料，对行业的了解要比投资人透彻和深刻。

（三）掌控企业

投资人投资一个企业后，一般只在董事会层面参与管理，是不负责企业日常经营的。在大部分情况下，企业处在创始人的掌控之下，况且企业本就是创始人的，也应该由创始人掌控。

创始人掌控企业，在很多事情上可以便宜行事，能在很大程度上主导企业的发展，从而在投融资关系中占据一定的优势。

（四）资本依赖

投资人在某种程度上，扮演搭顺风车的角色，他们不能（也不愿意）直接参与企业的日常经营，需要借力创始人的努力，把企业做大做强，直至上市或被并购。所以，他们需要创始人努力，对创始人具有很强的依赖性。

但这种依赖性并不是不可替代。如果创始人被证明没有能力带领企业取得重大成就，或创始人有损害投资人的行为，或投资人动了夺取控制权的念头，投资人是不介意换掉创始人的。

二、创始人的劣势

（一）选择机会少

创业投资领域，总的来说是买方市场。尽管也有一家创业企业挑选多家投资机构的情况，但毕竟是少数。大部分情况下，创业公司处于被挑选的地位，要被投资人选择，而不是选择投资人。

创始人在谈判时，处于被动地位，有些创始人不得不接受对赌等很多苛刻的条件（他们不知道，即使在这样的情况下，很多条款也是有机会争取的）。

（二）不懂专业

投资人最大的优势是懂专业。这是一套在行业积累多年，凝结了无数血的教训和经验智慧的知识体系，它是投资人规避投资风险，并在与创始人的博弈中占据主动的法宝。大部分投资人对此都很熟悉，因为这是他们安身立命的根本。

但创始人平常很少有机会接触这些，只知皮毛，或者一知半解，甚至在这方面的知识根本就是空白。

（三）不懂资本

投资人有特殊的目的和诉求，并且也有成套的方法体系来实现它们。其中，有些与创始人的利益是一致的，但有些是不一致的。不管是否一致，创始人经常都是不了解它们的。

很多创始人不知道投资人心里在想什么、下一步要干什么、遇到什么情况会有什么反应。等投资人做出某种行为时，也不明了其背后的原因和动机，以及对自己必然或可能造成的影响。

（四）机会成本高

投资人可以投资几十、几百个项目，即使大部分失败了也没关系。因为只要有几个成功，就能收回所有损失，并且还能有不错的收益。单个项目的失败，对他们的影响不大。

但创始人不同，创业失败率很高，需要全身心投入。所以，每个创始人在某段时间，只能做一个项目。如果成功了，自然可以名利双收；如果失败了，创始人几年的心血白费了，什么都不会留下。

小结：

总的来说，创始人在与投资人的关系中处于劣势，被投资人占据主动和先机。

但也有少数例外情况。因为创始人与创始人不同，投资人之间的差异也很大。有些创始人具有远见卓识，能充分借助专业人士的力量弥补自己的不足；有些投资人并不专业，不懂或不会利用自己的专业优势。

有时候，创始人也能在投融资关系中占据有利的地位，并在博弈中胜出。

第五节　资本方风险：投资人主要风险分析

创业公司融资时，往往对投资人的很多做法不理解。这是因为他们不知道投资人的处境，当然也不明白投资人的心理。其实，投资人的很多做法，只不过是为了规避风险。投资人通常面临哪些风险呢？

一、人的风险

创业投资最大的风险是人的风险。

不同于银行贷款等债权投资，做创业投资是没有抵押担保的，看准了就要一笔钱砸下去。投资之后，投资人也不参与企业经营，投资款由创始人掌控。

除了上述的道德风险，还有一些人的风险更是防不胜防。比如创始人的配偶离婚要求分割股权、上市后操作失误被责令退市等，这些可不是空穴来风，而是发生过的事实。

投资人会通过尽职调查、投资条款等措施约束创始人，降低相关的风险，但这并不能从根本上解决问题。近年来发生的多起投资人因此受损的案例也证明了这一点。

二、商业风险

创业公司很多，能够获得投资人的青睐并拿到融资的也不少，但一路过关斩将冲到 IPO 的毕竟只是少数。很多企业经营不到三年就倒闭了，更多的企业在不死不活中煎熬。

被投资的企业，经常要面对很多从未遇到过的问题，永远不犯错误是不可能的，关键是不能犯战略性、关键性、严重性的错误，否则根本没有翻盘的机会。

三、市场风险

市场经济状况，尤其是 IPO 市场的变化，对投资人的影响巨大。

经济有周期，是企业经营所处的大环境。任何企业的运营，都难逃经济周期的影响，只不过大小不同而已。

相对于经济周期，IPO 市场的变化对投资人的影响更直接。迄今为止，IPO 市场已停摆八次，每一次都对整个创业投资行业造成重大影响，处在其中的投资人和投资机构，无一能够独善其身。

四、政策风险

政策包括国家政策和地方政策，对所投企业会有不同程度的影响，尤其是对于以投资新兴产业为主的天使投资人和风险投资机构，更应对政策的动向保持高度关注。

政策具有一定程度的滞后性，很多新兴产业处在萌芽状态时，政策是空白和不明朗的。但政策早晚会出，属于那只还没有落下的靴子，前景如何，充满不确定性。

小结：

政策风险和市场风险，是外部风险，是投资人和创始人人力不能掌控的，只能分析、研究、预测、顺应。

但商业风险和人的风险属于内部风险，是通过努力能在一定程度上掌控和驾驭的。所以，这两项风险（尤其是人的风险）通常是投资人风险管控的重点。

第六节 融资方风险：创始人主要风险分析

创业投资又被称为风险投资，因为投资创业公司的投资人承担的风险的确很大。创始人一方呢？在融资时和融资后就没有风险了吗？当然不是。创始人不但有风险，而且风险还不小。

融资是战略行为，对创业公司的影响重大且深远。所以，创始人对融资中遇到的各种问题都不能马虎大意，对融资中的风险更要高度重视，并谨慎应对。

在投融资实践中，创始人面临的风险五花八门，其中大部分都有相应的办法可以化解，但你必须知道可能有哪些风险。最常见、最主要的有：

一、被骗

投融资市场，是典型的狼多肉少。缺钱的创业公司和企业太多了。无数的创始人和老板，对资金翘首以盼。

所以，投融资领域一直是诈骗的高发区。骗子有一套系统的诈骗手法，专业精通且手段高明。创始人和老板一不小心就会上当。

二、被剽窃

遇到骗子投资人是一种悲剧，但遇到真正的投资人，也不一定是福音。因为有个别暗黑投资人，比骗子投资人对创始人的伤害还大。

骗子投资人只不过是骗钱，但个别暗黑投资人会骗取创始人最值钱的东西，那就是核心技术和商业秘密。

他们没想投资你，但可能想资助或打算投资你的竞争对手，或干脆自己做，就会以投资的名义约你，并索要技术资料或询问商业秘密。

这样的投资人是极少数，但对行业的影响极坏。创始人一旦遇到，往往会受伤。

三、被断送机会

除了排他期等少数条款外，Term sheet（投资条款清单）是不具有法律效力的。但大部分投资人为了自己的声誉，对 Term sheet 很重视，决不会轻易给出。

不过，有些投资人不把 Term sheet 当回事儿，会与大量的创始人签署 Term sheet，并用它锁定创始人。在一段时间内，创始人就不能再与其他投资人洽谈融资事宜了，他们最终未必投资，甚至根本就是先圈住项目再说。

遇到这样的投资人，创始人可能会白白浪费宝贵的时间，甚至因此失去获得融资的机会。

四、融资前散伙

股权架构，是一家创业公司的基因，对企业的影响十分重大和深远。一经设定，再想改动很难。很多创始人意识不到它的重要性，也不懂得其中的利害和玄机，所以经常在这个问题上留下很多隐患。

这些隐患如果不及时解除，早晚会出问题。最容易出问题的时间点有两个：一个是融资时；另一个是上市时。

融资之前，大家都在拼命干活。即使知道股权重要，也没有太具体的认识。融资时，投资人一给出估值，股权的价值就凸显出来了。如果股权架构不合理，这时候很容易爆发股东纠纷，纠纷化解不了，就有可能走向散伙。

这种纠纷一般都是合伙人内部的事，与投资人无关。但有时候，投资人发现股权结构不合理，又很想投资这个项目，就有可能对这种事情推波助澜，促使股权结构得到优化，然后再行投资。

五、被稀释

创业公司融资，创始人必然要拿出一部分股权给投资人，每一轮融资都要如此。这本是天经地义、无可厚非，但必须有个度，也必须合理。

有些投资人会利用创始人不懂专业的劣势，过度（甚至有预谋）侵夺创始人的股权。某知名创业公司上市时，创始人的股权只剩下 5%。这样的公司，无论有多少光环，都掩盖不了创始人股权被侵夺的事实，以及创始人尴尬的境地和前途未卜的命运。

六、被架空

被架空这种事存在于各种机构，创业公司也不能幸免。

按说投资人需要借力创始人成事，是依赖创始人的，可依然有很多创始人被投资人架空的案例发生，或者是创始人的能力的确不行，或者是投资人贪心。

七、失去控制权

失去控制权，是以创始人被罢免董事长和 CEO 职务为标志的。

被架空只是权力被分割或受制，创始人名不副实，不能真正地掌控企业，但名义上还是企业的负责人。如果失去控制权，连这个名也没有了。

控股权是控制权的主要来源，但不是全部。有些高明的创始人能在控股权之外，加强自己对企业的控制。这在某种程度上，能降低失去控制权的概率。

八、出局

被架空和失去控制权，至少人还在企业。如果从企业出局，就彻底被扫地出门了。这时候，即使能带走一些劳动成果，也不会太多，这是创始人最大的失败。

九、被强制出售

有些创业公司融资后，到某种程度时，创始人想继续经营下去，但投资人可能要求把企业卖掉。很多投资人会在 Term sheet 和投资协议中埋下伏笔。到时候，即使形势一片大好，创始人不想卖也不行，因为投资人早已获得了强制要求创始人出售公司的权利。

有些投资人会要求把企业卖给竞争对手，甚至个别恶劣的投资人会在企业经营良好时，强制要求把企业低价卖给某个自己掌控的公司（当然，创始人不可能知道他们之间的关系）。

十、流血上市

有些创始人签订的投资协议中有对赌条款，要求必须在某个时间点之前实现 IPO。创始人为了不输掉对赌，不得不实现这一目标。如果选择的时机不好，或根本没有选择的余地，就有可能造成流血上市，创始人损失惨重。

有的企业，上市的条件并不成熟，但迫于投资人的压力，不得不仓促上马。在上市时并没有危险，但在上市之后却股价暴跌，甚至濒临退市。

小结：

不同的创始人，对融资风险的处理方式不同。

有些创始人，有过不好甚至恶劣的融资经历，或看过很多创始人被投资人算计的案例，所以谈融资色变，把投资人看成洪水猛兽；有些创始人，无知者无畏，根本看不到融资风险；还有些创始人，强势且气盛胆肥，看到了融资风险也不重视，认为那都是传说，不会发生在自己身上，即使发生了自己也有能力应对。

从创始人的利益考虑，上述三种处理方式都不恰当。

正确的做法是，既要高度重视，又不能草木皆兵。要以客观、清醒的态度，深入、细致、全面地分析融资中遇到的问题和可能的风险，然后拟定相应的策略予以应对。只有这样，才能充分利用融资之利，才能有效规避融资之弊。

第七节　BP 妙用：商业计划书的用处

在创业公司融资时，商业计划书不是必需的。有些创业者根本没有商业计划书，但这并没有影响他们获得投资，尤其是一些成功的连环创业者，别说没有商业计划书，只要他们想再次创业，哪怕没有任何项目创意，投资人都会大把大把地塞钱给他。

一般的创业者，最好还是写一份商业计划书，既给投资人看，也给自己看。一份创始人亲自撰写的商业计划书，至少有以下用途：

一、理清创业思路

有一个好的创意，只是创业的开始。为了实现这个创意，创业者有太多的事情需要做，并且还将不可避免地面对残酷的市场竞争，还有很多随时会出现的、你从来都没有想到过的障碍和困难。

打仗需要制定战略，创业尽管没有那么高的要求，但也需要一个创业路线图。商业计划书就是创业者的创业路线图。创始人通过撰写商业计划书，可以全面检查自己的创意，查找问题，补充遗漏。对必然和可能会出现的问题，提前做好应对和防范，至少做好心理上的准备。

二、联系投资人的载体

尽管联系投资人最好的方式还是经人介绍，但大部分创业者是没有这个途径的，他们又不能直接去投资人的办公室找他们，所以很多创业者都选择给投资人发邮件。有的创业者去参加各种可以接触到投资人的活动，以此寻求推介项目的机会，但这种见面时间毕竟太短暂，难以让投资人全面深入地了解一个项目。

这就需要一个载体，不管是发邮件还是参加活动，都能简单、直接并快速地向投资人展示项目的大致轮廓，引起投资人的注意和兴趣，赢得进一步接触的机会。

三、体现创始人的素质

如果创业者接触的是陌生的投资人，相互之间从来没有见过面，商业计划书就成了投资人了解创业者的重要途径。对于有经验的投资人来说，一份商业计划书能反映很多问题，不只是其思想内容，还有其格式、编辑等形式方面，也能让投资人知道很多内容。

一个人的素质和底蕴，不只显示在他有意表现的信息里，更隐藏在他无意间流露的信息里。而商业计划书的形式方面，正是撰写者无意流露的内容（找枪手代写的不算，有意在形式中表现的不算）。

四、讲解项目的提纲

如果你的商业计划书能引起投资人的兴趣，你将获得与他们见面并当面向他们演示项目的机会。一般创业者缺少这方面的经验，容易紧张，也容易遗漏重要内容。这时候，商业计划书就起作用了，你可以将其作为演示提纲，不要再重复已有的内容，那些投资人已经知道了，它只是给你提供一个演示的顺序和逻辑，你要给投资人讲点新的、能让他们兴奋的信息。

五、吸引人才

不管你能否融资成功，要想创业，吸引人才打造团队都是必需的。创业公司无名气、无高薪，凭什么吸引人才？要为大家描绘美好蓝图，并告诉他们如何一步步实现。这时候，直接拿商业计划书做演讲提纲就行。如果是创始人自己撰写的，计划书的内容已经烂熟于心。

六、备查资料

现在信息过剩，人们被淹没在信息的海洋里。在这方面，投资人的情况更严重，因为他们每天都在看项目。如果没有一个书面的商业计划书备查，你在投资人头脑中的印象很容易被其他信息冲淡甚至冲没的。

对创始人来说，一旦开始创业，需要面对方方面面的问题和麻烦。一段时间以后，可能已经记不清楚当初制定的创业规划了。这时候，拿出当初的商业计划书，就能重新找到方向和目标，并重温当时的创业激情与梦想。

总的来说，撰写一份商业计划书对创始人有很多好处，为此付出一些时间成本是绝对值得的。很多创始人为了融资找别人代写商业计划书，其实没有必要。不管是对投资人还是对创始人来说，一份他人代写的漂亮、标准的商业计划书，远没有创始人自己撰写的蹩脚但却有个性、真实的商业计划书有价值。

第八节　基金币种：美元基金与人民币基金

基金币种的区别很大，需要在融资伊始就考虑好，否则后面会很麻烦。

一、上市地不同

这是最核心的区别。你融的是美元还是人民币，基本上就确定了日后上市地的选择。

如果融的是美元，一般是在以美国为主的海外上市；如果融的是人民币，基本上就在国内 A 股上市。

以上不是绝对的，各自都有相反的案例，但大致基调如此，想改变往往成本很大。

二、审批管制不同

如果融的是美元，有可能会触发商务部的审批管制，因为有些行业是限制甚至禁止外资进入的。

但为什么说是“有可能”呢？

因为现在融美元大多都是搭建 VIE 架构，是无强制审批的。但不排除使用非 VIE 架构的情况，这时候就有可能触发审批管制。

融人民币一般不需要审批。

三、交易结构不同

融美元一般需要搭建 VIE 架构，交易结构设计也相对复杂。钱从投资人的账户到你的账户，要走一条曲折、迂回的路线。

融人民币简单多了，一般直接做增资就可以了，投资人的钱可以直接进入你（公司）的账户。

四、融资成本不同

融美元由于国界、语言和架构的问题，需要更大的工作量、耗费更长的时间，以及花费更多的财务成本。

融人民币成本相对较低。

五、增值服务不同

由于美元基金拥有海外基础，所以有能力和资源为国内企业提供一些海外增值服务，比如开拓市场、开发大客户、发展渠道和合作伙伴等。如果企业的市场主要在海外，融有资源和实力的美元基金，将更有利于企业的后续发展。

人民币基金的资源主要在国内，所以更偏重在国内为企业提供增值服务。

六、法律适用不同

融美元涉及法律问题时，一般适用国外法律，以美国或开曼法律最常见。

融人民币则适用中国法律。

最后，需要说明的是，现在很多基金既有美元也有人民币，所以在面对项目时他们自己也需要选择。

第九节　融资动因：不差钱为什么还要融资

大量的创业者为什么要融资？当然是缺钱，没钱什么都玩不转，何况是创业。

但那些不差钱的创业者，为什么也经常去融资呢？按说他们有的是钱，独占企业的股权不是更好吗？为什么要拿珍贵的创业公司股权去换取已经拥有的资金呢？

不差钱的创业者也经常去融资，一般是以下原因：

一、心大

不差钱的创业者，往往在一开始就确立一个远大的目标（比如上市，或市值几百亿元），而其操作手法一般也高举高打。

但目标越远大，操作手法越犀利，就越需要大量的资金。

当这个资金量大到一定程度时，就必然超出这些不差钱的创始人的自有资金能力。

这时候，他们就不得不去融资了。

二、杠杆

用自己的钱创业不是能耐，用别人的钱创业才是能耐。

自己的钱再多，也有个上限，总有花完的时候。这样实打实地花自己的钱，也不能充分利用它们的价值。

如何才能最大化地发挥自己钱的价值呢？

当然是利用杠杆，也就是融资。用自己的钱撬动他人的钱，用小钱撬动大钱，这是金融的精髓。

三、分散风险

鸡蛋不能放在一个篮子里。自己的钱再多，也不能投在一个地方。

在创业时，自己只能拿出一部分钱来用，不足的部分只能融资。

四、资源

融资融什么？只是资金吗？当然不是。与资金同样（甚至更）重要的是资源。

有些创业者在融资时，只盯着估值。在有两家以上投资人都有意向时，谁给的估值高就接受谁的投资。

这样做当然不能说不对，但肯定是不周全的。除了估值，还应该看他们各自拥有的资源（条款也很重要）。因为资金与资金是一样的，但资源与资源却差别很大。有时候，资源的价值比资金的价值大。

有眼光的创始人，在融资时并没有选择估值最高的投资人，而是选择了另一个投资人。

五、机制

创业公司的融资对象是天使或 VC，他们同意投资后，就将成为企业的股东。这种股东与普通股东不一样，会给企业带来很多变化，首当其冲的就是机制的改变。

没有投资人，创始人想怎么干就怎么干。在创业初期，这有利于快速决策。当企业步入正轨后，就不能再这么干了。这时候，需要一套完整、系统、高效的机制，而引进投资人，正好能解决这一问题。

六、合作

不差钱的创始人，由于已经解决了（或不存在）经济问题，所以在创业时，有的人的首要目的并不是再多挣多少钱（尽管挣钱也是目的之一）。

这时候他创业为了什么呢？

为了和合得来的朋友一起做有兴趣、有意义的事情。这种情况下，融资其实是一种合作。

小结：

列了六个因素，不全面但已包括大部分。不差钱的创始人去融资，可能是因为六因素中的一个或多个。

这里尽管说的是创始人，但也适用于公司，也就是那些现金流很好的有钱公司。

他们有钱到什么程度呢？有钱到甚至自己都去成立机构，做风险投资了。既然自己都有能力去做投资了，为什么还要去融资呢？

基本是出于以上原因。

第十节　保密协议：概念、作用及要点

保密协议是在投融资中经常用到的文件，尤其对高科技企业非常重要。不管是为了保护自己，还是为了取信于投资人，创业者都应要求投资人签署保密协议。

什么叫保密协议？保密协议的作用及要点是什么呢？

一、保密协议的概念

融资时的保密协议，是指融资企业与投资人之间，就融资过程中所知悉的对方信息，约定不得向任何第三方披露该信息的协议。负有保密义务的当事人违反协议约定，将保密信息披露给第三方，将要承担民事责任甚至刑事责任。

需要注意的是，保密协议的约束是对双方的。在要求投资人保密的同时，融资企业也要承担保密义务。

二、保密协议的作用

企业融资时要求投资人签署保密协议，主要是为了提醒、促使投资人对融资过程中所知悉的企业的商业秘密进行保密，要求投资人不对第三方透露融资企业的商业秘密，不偷用商业计划书里的构思。必要时要求投资人在做出不予

投资决定时把资料还给融资企业，以免使融资企业的权益受损。

三、保密协议的要点

保密协议主要包括以下内容：

（1）对有关信息保密的原因。

（2）保密范围。

（3）对信息接收方的要求。

（4）保密许诺的有效期。

（5）违反保密许诺的责任。

附：法律依据

关于保密协议的法律依据，主要是《中华人民共和国合同法》和《中华人民共和国反不正当竞争法》。这两者，一为签订合同的通用法规，一为关于商业秘密的特殊法规。

《中华人民共和国反不正当竞争法》第十条规定，经营者不得采用下列手段侵犯商业秘密：

（1）以盗窃、利诱、胁迫或者其他不正当手段获取权利人的商业秘密。

（2）披露、使用或者允许他人使用以前项手段获取的权利人的商业秘密。

（3）违反约定或者违反权利人有关保守商业秘密的要求，披露、使用或者允许他人使用其所掌握的商业秘密。

第三人明知或者应知前款所列违法行为，获取、使用或者披露他人的商业秘密，视为侵犯商业秘密。

本条所称的商业秘密，是指不为公众所知悉、能为权利人带来经济利益、具有实用性并经权利人采取保密措施的技术信息和经营信息。

第十一节　协议功效：保密协议能否保密

现在的创业者，越来越重视对自己商业秘密的保护了。

进入艰险莫测的市场，创业公司可以凭借的东西十分有限，而商业秘密是这有限的凭借中最重要的内容之一。尤其对于高科技企业，商业秘密简直就是一切的根本和命脉，一旦丧失商业秘密，整个企业就将瞬间坍塌。

当很多创业者为项目进行融资时，将商业秘密的保护作为一项重要内容来考虑，就不足为奇了，而这也显示了现在创业者的成熟。

为保护自己的商业秘密，很多创业者在融资时，都会要求潜在的投资人签署一份保密协议。而在签署之前，是绝不肯透露自己商业计划书的核心内容的。

但这种做法，真的能实现对创业企业商业秘密的保护吗？

其实是不能的。

首先，投资人一般不会签署这样的协议。作为一家运营正常的投资机构，每天都要接触大量的商业计划书，各个行业各种商业模式的都有，你自己认为独一份的商业计划，可能投资人已经看很多份了。所以，对这些计划书，投资人是无法保密的，因为已经不能称其为秘密。

其次，即使投资人跟你签署了保密协议，对其实际的约束力也是很低的。如果投资人认为你的项目足够好，可能会根据你的要求签署保密协议，但不会是你提交的那份。规范的投资机构都会有自己的保密协议范本，是由专业人士起草的，他们称其为 NDA。如果需要，他们会和你签署这份协议。

再次，即使投资人泄露或非法利用了你的商业秘密，也不会让你知道的。即使你知道了，也是难以拿到证据的。既然涉及的是秘密，一切行为必然以非常隐秘的方式进行，又怎么可能公开并留下证据呢？

最后，即使你有证据证明投资人违反了商业秘密，侵犯了你的利益，又能怎么样呢？你会和他打官司吗？创业公司折腾得起吗？还没等到官司结案，恐怕你的公司就倒闭了，哪有这个时间和精力？

所以，创业者重视保护自己的商业秘密没有错，但通过要求投资人签署保密协议的方式是难以达到目的的，反而会错过一些可能会投资你的投资人。

当然，这里讨论的只是在商业计划书阶段。如果已经开始谈判 Term sheet 了，甚至投资人马上就要尽职调查了，保密协议还是要签署的。因为尽管它不能从根本上解决问题，但也能起一定的作用。这时候，要求签署保密协议也是一种合理且常规的做法，投资人是不会拒绝的，甚至你不要求，投资人还会认为你不成熟。

第十二节　保密措施：谨防商业秘密剽窃

尽管可能会窃取融资企业商业秘密的投资人是极少数，这种情况的发生也并不常见，但它一旦发生，对企业造成的伤害是巨大的，甚至是毁灭性的。因此，融资企业必须对这种情况给予足够的重视，采取一些防范措施，不要以为这种事情概率太低，不会发生在自己身上。因为一旦发生，一切都晚了。

下面介绍一下防止这种情况的发生，融资企业可以采取的措施：

一、反向尽职调查

投资人感兴趣的项目会尽职调查，以此深入了解一个企业的底细，并最终决定是否投资。其实企业也可以反过来对投资人做一个反向的尽职调查，以此了解投资人的真假、虚实、风格、偏好等。反向尽职调查简单易行，能起到多重作用。不但能以此判断一个投资人是不是真的投资人（如果那些被骗的企业事先做个简易的反向尽职调查，很多融资骗局就会被识破），而且用来了解投资人的底细，以此来确定自己的谈判策略和风格。当然，如果该投资人有窃取商业秘密的可能性，也能够在此过程中发现端倪。

二、要求签署保密协议

很多投资人对保密协议不感兴趣，声称他们从来不签署保密协议。但运行规范的投资人还是会同意签署的，因为他们知道相对于拿到一个好项目来说，保密协议只是一个小问题。这也反映了创业者或企业家的保密意识，他们不希望投资一个商业秘密保护意识淡薄的企业，因为这将让他们的投资承受风险。

有些创业者，在商业计划书中直接列明保密条款，声称投资人只要阅读了该商业计划书，就要遵守保密条款，很多投资人对此很无奈。

这些创业者还不错，知道使用保密协议来保护自己的权益，但用错了地方。投资人每天要阅读大量的商业计划书，其中有不少是相同或者相似的。你要求他们遵守保密条款，根本无法做到。

所以，保密协议一般出现在投资条款清单中，这是双方就投融资达成初步意向，并同意投资人做下一步尽职调查的第一份正式文件。

三、分阶段释放信息

要想让投资人决定给你投资，却不让他们知道你的商业秘密是不可能的。但这也不意味着你必须一下子就让他们知道所有秘密。

商业计划书是接触投资人的第一份文件，它是无法被保密的，所以在其中只能对各种问题做一下基本提示，不能太详尽，也不能包含商业秘密。

在投资人要求你进行演示，以及就投融资与你磋商时，可以一步步地向他们透漏商业秘密。签署投资条款清单以后，你的大部分商业秘密就不应该再向投资人保留了。事实上，你也基本保留不住了，因为尽职调查会把你的秘密都翻出来。

当然，最核心的机密是永远不能让别人知道的，包括投资人。这一点你必须告诉投资人，让他们理解。只要你和他们好好沟通，他们也会接受这一点，因为他们的目的也不是要探索你的一切机密，而是确定你和你的企业是否值得投资。

四、增强核心竞争力

其实，解决问题最得力的方法还是增强自己的实力，做到即使别人知道了你的商业秘密，也不能对你造成威胁。要不断创新，强化各方面的实力，积累各方面的资源，不断提高自己的竞争壁垒，而不是将宝全部押在商业秘密上。

小结：

很多创业者或企业家，仅仅因为害怕商业秘密被泄露，就关闭了融资的大门，把一切投资人都看成野蛮人。这使他们丧失了很多发展的良机，以至于他们在看到竞争对手借助资本的力量获得快速发展后，心里矛盾重重。

担心融资时商业秘密会被窃取或泄露，这本身没有问题，甚至说这是十分正确的，因为的确有相关的案例发生，但不能因为存在相关风险就不去融资了。需要融资的时候，还是要融的，只需要采取措施防范相关风险就可以了。

第十三节　创业者应不应该听 VC 的话

有些创业者视 VC 若神明，认为 VC 说的一切都光荣、正确、伟大。但也有些创业者（尤其是曾经有过不美好融资体验的创业者），认为 VC 都是些自命不凡的人，他们尽管讲起话来滔滔不绝，但实际上没有有价值的内容，因为他们大部分都没有亲身经历过真正的创业。

VC 说的话，到底应该听还是不听呢？

其实对于这一问题，并不能一概而论。也就是说，有些 VC 的话你要听，有些你则可以忽略，还有些你要反向理解，甚至逆之而动。具体如何对待，要参考以下因素：

一、看他有没有相关背景

有些 VC 原本就是成功的创业者，经过多年的努力，把自己的公司做到上市，或者被高价收购，他们因此套现了很多钱。这时候，很多人都不再有创业的激情，当然也没有了经济压力，有些人选择了做 VC 或者天使。这种人在市场上真刀实枪地打拼过，经验十足，他们的各种感悟往往充满真知灼见。

有些 VC 尽管没有创业，但做投资很久了，看到的成功案例和失败案例足够多，有心得和体会。这样的人，他们说的一些话往往很有价值。

二、看他讲的是什么话题

由于职业、经历、兴趣不同，每个人都有擅长的专业，也都有不懂的领域，还有大量一知半解、知其然不知其所以然的所谓知识。VC 和普通人一样，知识结构也可以分为专业、完全不懂、一知半解三个部分。

自己完全不懂的领域，一般人都有自知之明，不会乱发表观点；自己擅长的领域也没有问题，怕的就是一知半解的部分，每个人都会有意无意地发表一些观点，但这些观点的质量难以保证，这就需要听者自己判断。

三、看他处在什么立场

人是很奇妙的动物，既简单又复杂。具体是简单还是复杂，要看人所处的形势和实际的需要。

如果事情与己无关，也不涉及与自己有重要或特殊关系的人，人们一般都能客观、直接地发表自己的观点。这时候，人是简单的。

如果事情与自己有利害关系，或者涉及与自己有重要或特殊关系的人，甚至自己正在谋求或抵制某件事情，这时候重要的已经不是对事情的观点，而是自己的利益。在这种情况下，人们发表的意见是难以保证客观的。也就是说，这时候人是复杂的。

小结：

其实，任何人的言论都有有价值的成分，也都有无意义的水分，至于两者的比例和结构如何，取决于谈话者的底蕴、立场和所处的环境。面对同一个人的言论，每个接收者能获得的有价值的信息也是不同的，甚至差别很大。之所以如此，是因为每个人的接受能力不同，态度也不同。

第十四节　VC 控股：大股东不是创始人

一般来讲，投资一家创业公司的 VC，是不会超越创始人成为企业的最大股东的。创始人也会有意地保持自己的控股地位，这样更容易掌控局面，也更有利于企业的稳定和发展。

现实中，的确存在少量 VC 的持股比例超过创始人成为企业最大股东的情况。这一般是两个原因造成的：一是创始人融资时没有经验，对股权结构等问题缺乏足够的认识和了解，使 VC 一进来就控了股；二是企业经过多轮融资，创始人的股权被不断稀释，而原来进入的 VC 追加了投资。

当 VC 的持股比例超过创始人，成了企业的最大股东，而企业继续由创始人掌控时，双方将不得不面对以下风险：

一、消极懈怠

创始人是大股东时，企业的利益和创始人的利益是一致的。所以，做各种决策时，不会有过多的考虑，创始人会全力维护企业的利益。但在 VC 成为最大股东后，形势会发生一些微妙的变化。这时候，创始人的利益和企业的利益，开始出现某种程度的背离。有的创始人会觉得，自己拼死拼活的，最后拿到的却是小头，大头都被 VC 拿走了，而他们并没有为企业出力（即使 VC 为企业做了很多工作，提供了很多价值）。

二、利益输送

当创始人感觉到自己吃亏时，就会考虑通过其他途径来寻求平衡，最常见的就是关联交易和利益输送。因为企业的日常经营由创始人掌控，与谁做生意及以什么价格成交，创始人拥有很大的自主权。创始人以亲友的名义成立一家公司，或寻找一家放心的公司合作，然后不断地与自己的企业发生业务往来，这样企业的利润就被源源不断地输送出去了。

三、假公济私

每个企业都有自己最有价值的资产或资源，比如品牌、销售渠道等，这是企业最值钱的东西，也是企业在市场上立足的根本。在企业利用这些资产或资源创造利润的同时，也为创始人提供了机会。因为他们掌控这些东西，可以无偿或低价供自己编外的企业使用，而创造的收益则留在了外面。

四、强卖公司

创始人将企业看作自己的孩子，除了在企业中有经济利益，还有心理和感情因素。另外，企业也承载了创始人的价值和荣耀。对于卖出公司，创始人是很不情愿的，除非万不得已，他们是不会让这种事情发生的。

但 VC 不同，VC 会投资很多企业，你的企业只是他们诸多投资项目中的一个。他们的基金是有年限的，他们的投资是要退出的。如果企业能够 IPO，这当然对 VC 和创始人都有好处。但如果 IPO 无望，那 VC 下一个比较好的选择，就是卖掉这个公司。

即使创始人不愿意，VC 作为最大股东，也是可以主导这件事情的。更何况当初融资时，也会有相应的条款做铺垫。

五、创始人出局

对创始人来说，这应该是最大的风险，也是最残酷和最难以接受的结果。但过往的案例历历在目，并不会因为你不愿意，这样的事情就不会发生。不管国内还是国外，这样的事情发生过很多，以后还会继续发生。

而 VC 成为大股东，则让这样的事情更容易发生。

小结：

VC 和创始人，在很多问题上的利益是一致的，这是双方合作的基础和前提。但双方的盈利和运营模式毕竟不同，这些差异点应该引起双方足够的重视。

如果双方能够分别发挥自己的优势和价值，共同驱动企业的发展，当然是皆大欢喜。但这毕竟是理想化的状态，现实中还会出现各种各样的问题。

公司的最大股东是 VC 而不是创始人，对各种问题的处理增加了更多的不确定性，而相关风险是需要双方共同面对的。

第十五节　融资之后：警惕融资后遗症

成功融资后，创业公司会发生哪些变化？应该不只是多了一大笔钱那么简单吧？

当然，多了一笔资金，只是物理变化。除此之外，还会发生化学变化，也就是创始人的心态，以及因此而带来的行事作风的改变。

关于这一点，所有融资成功的创始人都会发生，无一例外。区别只是方向和表现形式不同。

现在，创业公司虚报融资数额，已经不是秘密了。比如把人民币说成美元，把估值含糊其词地说成融资额，或把真实融资额直接乘以 × 倍。不但融资金额扩大，用户数据、收入、盈利有的也被拿来随意地夸大。

还有一种情况，就是创始人融资后，便开始不断爆出各种出位、另类的言行，或以其他方式，制造争议，借力炒作，甚至不惜弄虚作假。

这些创始人在融资之前，一般都是默默无闻的，没做过出格的事情，一般也不会有不诚信和作假的行为。因为投资人会尽职调查，如果发现创始人不诚信，是不会投资的。

为什么融资之后，创始人就发生这么大的变化呢？

不排除有些人天生就是这样的性格，只是以前一直被压抑着。

但这样的人，毕竟是少数。大多数人是因为有不得已的苦衷，那就是业绩要求或下一个里程碑的压力。

投资人给的钱再多，也总有花完的时候。到时如果没有下一轮投资人接盘，业务也带不来足够的盈利，怎么办？

为了避免这样的危局，创始人必须竭尽所能地做好项目。很重要的一项工作就是，打造创始人个人和企业的知名度，因此就有了上述的那些行为。扩大融资数额，只不过是烧的第一把火而已。之后，还有更多的动作要做，甚至有人还会请专业的公关公司操盘。

所以，他们也不容易，你要理解他们。

笔者就理解，但理解不代表支持。

为什么不支持？因为这于人于己都有坏处。

先说于人。这样的做法，是对他人（投资人、客户、合作伙伴、网友、媒体）的欺骗、玩弄或利用，会在业界造成很坏的影响和风气，自然是对社会有害的。

再说于己。这么做看似聪明，其实承担着极大的风险，有可能使自己陷入极为被动的局面，或造成不可挽回的损失（甚至殃及池鱼），因为世人不是那么容易被糊弄的。

所以，融资后的创始人还应该固守根本、脚踏实地，把业务做好。营销和推广不可不做，但应采取正确的方法，而不是这些花哨无益的招数。

第十章
股权代持：风险与避险

制人者，握权也。见制于人者，制命也。
——《鬼谷子》

第一节　为何代持：股权代持成因揭秘

我们经常接触股权代持，它不是正规的法律安排，但在商界很常见。存在即合理，背后必有因。那么，股权代持的原因是什么呢？

笔者总结了一下，大概有十种原因。

一、特殊身份限制

根据我国法律，有特殊身份的人是不允许经商和做股东的，有些人为了规避法规限制，便找他人代持股权。

二、提高工商登记及股东开会效率

有些企业的股东在外地，甚至在海外，让他们去工商局办理各种登记手续，或者聚在一起开股东会，对他们来说很麻烦。为了提高办事效率，有些人就让他人代持股权，自己就不用亲自到场了。

三、借名造势

有些前卫的企业会找一些有影响力、号召力的人代持一部分股权，目的是借用这些人的名气，增强企业的吸引力。

四、股权激励

股权激励的执行方式有多种，股权代持是其中之一。

人才对企业的意义重大，老板越来越清楚地认识到这一点，所以股权激励不断走热。但是，股权激励是一门大学问，并且没有普适的模板和标准，一切都要根据企业的具体情况而定。

五、预留股权

有的老板有长远意识，会在企业设立时就先预留一定量的股权，用作后续的融资或股权激励。这些股权在释放之前，一般会先放在老板的名下，由老板代持。

六、规避股东人数限制

根据《公司法》的规定，有限责任公司的股东人数不能超过 50 人，非上市股份有限公司的股东人数不能超过 200 人。有的企业，实际的股东人数是超出这个限额的，便用股权代持的方式使人数符合要求。

七、规避持股比例限制

有些特殊行业，法律对单一股东的持股比例是有上限的。有的企业为了规避这个上限，便让其他股东代持一部分股权。

八、规避同业竞争与竞业禁止

有些企业的股东或董监高，想在企业之外构建或保留一些相关业务，但又受同业竞争或竞业禁止的限制，便让他人代自己持股。

九、规避关联关系

有的老板或企业旗下有很多相关联的公司，为了合规，便找他人代持股权，把关联关系非关联化。

十、强化控制权

企业控制权是企业家的命根子，在这方面是容不得任何闪失的。有的老板便代持了他人部分股权，同时取得了这部分股权的表决权，强化对企业的控制。

小结：

以上所列的股权代持的十种原因，有的合法，有的违法，有的处于灰色地带，这在很大程度上决定了代持协议的法律效力各不相同。

第二节　代持效力：代持协议有效无效

股权代持合同，一般是私下签订的。那么，这种私下签订的合同具有法律效力吗？

不一定，要看具体情况。

关于股权代持合同效力的法律规定，最直接的是《最高人民法院关于适用〈中华人民共和国公司法〉若干问题的规定（三）》。

以前，根据上述规定，股权代持合同是否有效，直接看《合同法》第五十二条就可以了。但是随着《民法典》的生效，《合同法》已经不再适用了。所以，上述规定也在 2020 年年底做了最新修正。

上述规定修正后的最新版本的第二十四条第一款规定：有限责任公司的实际出资人与名义出资人订立合同，约定由实际出资人出资并享有投资权益，以名义出资人为名义股东，实际出资人与名义股东对该合同效力发生争议的，如无法律规定的无效情形，人民法院应当认定该合同有效。

所以，私下签订股权代持合同是否有效，要看有无“法律规定的无效情形”。

但是，什么是“法律规定的无效情形”呢？

签订股权代持合同是一种民事法律行为，所以主要看《民法典》。

根据《民法典》的相关规定，以下民事法律行为无效：

一、无民事行为能力人实施的（《民法典》第 144 条）

无民事行为能力人包括两种：一是未满 8 周岁的未成年人；二是不能辨认自己行为的成年人。与股权代持有关的主要是第二种。

二、行为人与相对人以虚假意思表示实施的（《民法典》第 146 条）

双方以某个表面的虚假的意思表示实施民事法律行为，经常是为了以合法形式掩盖非法目的，这种情况所实施的民事法律行为无效。

三、违反法律、行政法规的强制性规定（《民法典》第 153 条）

范围很大，不限于《民法典》。这里不能把所有法律、行政法规的强制性规定都罗列出来，只能具体问题具体分析。

四、违背公序良俗（《民法典》第 153 条）

所谓公序，就是公共秩序；良俗，就是善良风俗。违背这两项的，民事法律行为无效。

五、恶意串通，损害他人合法权益的（《民法典》第 154 条）

双方或多方以恶意进行串谋，损害国家、集体、第三人权益的，民事法律行为无效。

以上是对股权代持相关的“法律规定的无效情形”的简单总结。

所以，私下签订股权代持合同是否有效，按照上面五条一一核查就知道了。

第三节　代持本质：相关各方关系梳理

关于股权代持，我国并没有专门的法律法规予以约束。相关的法律规定，散见于多个法律文件中，包括《最高人民法院关于适用〈中华人民共和国公司法〉若干问题的规定（三）》《九民纪要》《民法典》等。

由于这些规定比较散乱、不系统，所以使股权代持看起来很复杂，不便于理解、记忆、应用。使复杂问题简单化的方法之一，就是提炼出它的本质。

那么，股权代持的本质是什么呢？

笔者画了图 10-1，基本可以说清这个问题。

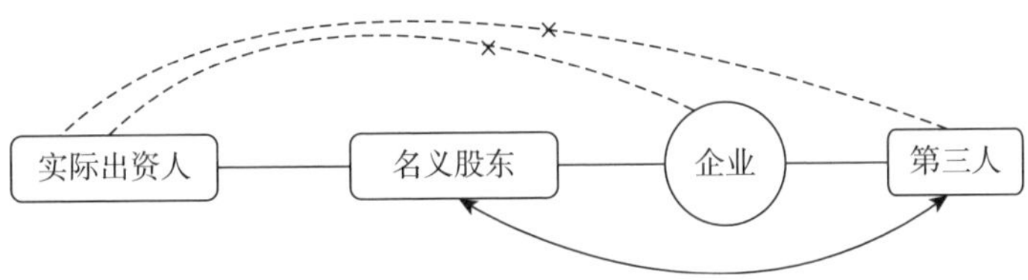

图 10-1　股权代持相关主体及关系

股权代持涉及四类主体：一是实际出资人，即我们常说的隐名股东；二是名义股东；三是所持股的企业；四是相关第三人，这个范围比较大，包括其他股东、债权人、债务人，甚至还有行政主管部门等。

四类主体之间的关系如下：

（1）实际出资人与名义股东之间是代持与被代持的关系，受股权代持协议的约束，有直接的法律关系。

（2）名义股东与所投资企业之间是股东与企业的关系，有直接的法律关系。

（3）企业与相关第三人之间，由于合同、侵权、行政管理、司法等原因发生关联，也具有直接的法律关系。

以上三种直接的法律关系，权利可以直接主张，义务应当直接承担，相互之间具有强关联性。

（4）名义股东与第三人之间，关系是不确定的。可能发生关系，也可能不发生关系，这取决于是否存在某些事实或条件。

如果名义股东抽逃出资，那么两者之间就会发生关系，作为债权人的第三人可以向名义股东追责。

（5）实际出资人与企业之间，不具有直接法律关系。比如分红等，实际出资人不能找企业，只能找名义股东。

（6）实际出资人与第三人之间，也是不具有直接法律关系的。实际出资人不能向第三人主张权利，第三人也不能向实际出资人追责。

当然，这限于民事范畴，如果企业有犯罪行为，就要看具体情况了。如果实际出资人参与了犯罪活动，也要承担刑事责任。

小结：

股权代持相关主体间的关系有六种。

其中，实际出资人与名义股东之间、名义股东与企业之间、企业与相关第三人之间，这三种具有直接法律关系。

名义股东与相关第三人之间，可能发生法律关系。

实际出资人与企业之间、实际出资人与相关第三人之间，不存在直接法律关系，不能互相主张权利或追责。

第四节　隐名风险：实际出资人十大风险

当你选择隐身幕后，做一名隐名股东，不管出于何种原因与动机，在你出资的那一刻，风险就已经与你为伴了。

身处商业世界，有风险正常，这并不可怕，干什么没有风险呢？所以，重要的不是有没有风险，而是风险是什么，能否防范与规避，必须做到心中有数。

什么风险都不敢承担，难以成事，但无视风险、狂妄自大，就更不可取了。

回到主题，股权代持中的隐名股东，他的风险有哪些呢？

共有十项，我们来逐一盘点。

一、代持合同无效

隐名股东的权利来自代持合同，这是基础和前提。

《最高人民法院关于适用〈中华人民共和国公司法〉若干问题的规定（三）》第二十四条第一款规定：有限责任公司的实际出资人与名义出资人订立合同，约定由实际出资人出资并享有投资权益，以名义出资人为名义股东，实际出资人与名义股东对该合同效力发生争议的，如无法律规定的无效情形，人民法院应当认定该合同有效。

所以，当代持合同存在法律规定的无效情形时，会被认定为无效，这将使隐名股东失去权利存在的根基。

二、投资款不能到位

隐名股东是通常的叫法，并不是正式的法律术语。事实上，我国法律并不认为他是所谓的“股东”，而是称其为“实际出资人”。之所以赋予他一定的权利，根本的原因在于他是真正出钱的人，而名义股东并没有出钱。

但是，隐名股东不能直接向企业出资，只能通过名义股东。如果名义股东在中间截留，或者出资款在名义股东账户期间被债权人查封，就会出现投资款不能到达所投资企业的情况。这对隐名股东来说，无疑是极为不利的。

三、股权被质押、转让

股权登记在名义股东名下，他是可以质押或转让给他人的。代持协议只对隐名股东和名义股东有效，对第三人是不具有约束力的。只要第三人是善意取得，股权被质押或转让后，隐名股东是无法恢复的。

四、名义股东不作为或乱作为

名义股东只是出个名，他是没有动力，像一个真正的“股东”那样行事的。最常见的情况，就是什么都不干、什么都不管。如果跟隐名股东再闹点纠纷，还有可能胡乱行使股东权利，或不肯承担股东义务，反正不是真正的股东，损失的不是自己。

有的老板肚量不够，既要马儿跑，又要马儿不吃草，或者让干活的时候承诺得天花乱坠，兑现的时候就装糊涂。这类老板找人代持股权，很容易出现这种名义股东无为或乱为的情况。

五、拿不到分红

隐名股东不能直接找企业要分红，只能是名义股东从企业得到了分红，再转交给隐名股东，中间这一道手是避免不了的。跟投资款类似，如果名义股东在中间截留了，或被他的债权人查封、执行了，隐名股东就拿不到分红了。

六、代持关系被恶意披露

有些人是因为极度的隐私或严重违法，而采取股权代持，这种情况是最怕代持关系被泄露的。最严重的情况，可能会导致隐名股东被判刑入狱，这在上市公司中是出现过真实案例的。

七、股权被查封、拍卖

股权登记在名义股东名下，对外，就意味着这是名义股东的财产。当名义股东有债务不能清偿时，作为第三人的债权人是可以申请法院查封名义股东名下的股权的。如果案件进入执行阶段，还可以申请将其拍卖。这些情况，隐名股东都是对抗不了的。

八、股权被继承、难继承

如果名义股东不幸身亡，他留下的财产都属于遗产，继承人是可以要求继承的。代持的股权是否会被列入遗产？被列入后，隐名股东如何主张权利？这都是问题。

如果隐名股东不幸身亡，根据最高人民法院的判例，继承人是不能直接继承被代持的股权的，必须分两步走，先确认代持关系，然后再进行继承。

九、股权被分割、难分割

上面一条说的是继承，这一条说的是离婚。

如果名义股东离婚，夫妻一方所代持的股权，是否会被列入夫妻共同财产进行分割？

如果隐名股东离婚，夫妻一方让他人代持的股权，如何列入夫妻共同财产进行分割？

十、显名登记不能

上面第六条，说的是被恶意披露的风险。这一条说的是不怕披露，想要在工商部门登记而不能的风险。

根据《最高人民法院关于适用〈中华人民共和国公司法〉若干问题的规定（三）》第二十四条第三款的规定：实际出资人未经公司其他股东半数以上同意，请求公司变更股东、签发出资证明书、记载于股东名册、记载于公司章程并办理公司登记机关登记的，人民法院不予支持。

所以，当隐名股东想要变隐名为显名，将自己名字登记到工商部门时，是需要其他股东过半数同意的，如果争取不到，是不能实现显名目的的。

小结：

隐名股东的风险，真的是又多又重大。有时候，又不得不用股权代持。当用、必用的时候，对风险的预判、避险措施的设置就变得极为重要。

风险不能完全消除，因为很多来自不可控的外界因素，但可以降低和防范，这是人力可为也应为的。

第五节 隐名避险：实际出资人避险指南

由于产生于灰色地带，股权代持带有天然的硬伤，不管你使用什么方法，都不能把风险完全消除掉。

我们能做的，只是尽量降低它的风险。

隐名股东的十大风险中，至少有五项是由名义股东造成的。所以，如何规避来自名义股东的风险，是首先要考虑的问题。

要规避来自名义股东的风险，核心要掌握三条：

第一，也是最关键的，就是名义股东的人选，一定要找一个足够靠谱的人，这可以规避掉一大半风险。

第二，作为隐名股东，最好能自己或派人参与企业的经营，甚至掌控企业，这又可以规避掉剩下风险的一大半。

第三，约定足够严厉的违约责任，设置有威慑力的惩戒机制，让名义股东不敢乱来。

下面再对照隐名股东的十大风险，讲一些针对性的措施。

一、代持合同无效

根据《最高人民法院关于适用〈中华人民共和国公司法〉若干问题的规定（三）》，代持合同有效无效的标准，是看有无法律规定的无效情形。至于什么是法律规定的无效情形，主要是看《民法典》第 144 条至第 155 条。

要避免代持合同无效，首先，一定要签署书面协议，只有口头协议，以后认定代持关系比较麻烦；其次，要对照《民法典》第 144 条至第 155 条，不要存在其中规定的无效情形。

二、投资款不能到位

相对于其他风险，这一条是最容易解决的。方法很简单，就是由隐名股东控制投资款。

如果是现金出资，由隐名股东直接交到公司。如果是银行转账，可以以名义股东的名字，专门开设一个账户，由隐名股东控制，通过它向公司出资，并且要尽量缩短出资款在名义股东名下的时间。

三、股权被质押、转让

这一条没有太好的避险措施。现实中，常见的方法有两个，但都有一定的问题。

一是先把股权质押给隐名股东，或隐名股东指定的人，但这需要合理的质押理由。另外，还需要去工商局办理登记，很多隐名股东并不愿意这么做。

二是隐名股东自己或指定他人，先与名义股东签署一份《股权转让协议》，但这个协议效力如何，其他股东是否会主张优先购买权，以后能否对抗第三人，都具有很大的不确定性。

四、名义股东不作为或乱作为

要避免这一问题，隐名股东与名义股东之间，要有一定的激励和约束机制。

五、拿不到分红

隐名股东隐身幕后，名，是得不到的。他主要的诉求，就是获得投资收益，也就是企业的分红。

要规避拿不到分红的风险，方法还是开头所说的通用措施，即选人、参与企业、违约责任和惩戒机制。

六、代持关系被恶意披露

只能是靠自己保密，对名义股东严格约束。

七、股权被查封、拍卖

这个风险来自外部，即名义股东的债权人，但根源还是在名义股东。如果他没有欠债，或能及时偿还欠债，就不会有这个风险了。所以，要规避这一条，需要选择本身没什么债务的人做名义股东，并及时关注他的负债情况。

八、股权被继承

要规避这一条，需要及时向双方家属明示代持关系，并获得他们的认可。

九、股权被分割

同上一条。

十、显名登记不能

这一条可能是最容易产生诉讼的。在上海二中院公布的股权代持纠纷白皮书中，比例最高的就是这种要求显名的纠纷。

隐名股东想要显名，需要获得除名义股东外，其他股东过半数的同意。

要规避显名不能的风险，最好是事先就获得其他股东的认可。相关的认可文件，可以是直接的，也可以是间接的，文件可以不公开，但隐名股东手里要有一份副本。

小结：

找一个靠谱的人，参与企业经营，设置惩戒机制，然后再对照隐名股东的十大风险，采取一些针对性的措施，这样应该就能把风险降低到可以接受的范围。

但是，不管使用什么方法，都不能把风险完全消除，对于这一点一定要有清醒的认识。

第六节　具名风险：名义股东七大风险

前面两节，我们介绍了隐名股东，讲了他的十大风险，并提供了规避风险的措施，这一节就来讲讲名义股东。

名义股东，这可是《最高人民法院关于适用〈中华人民共和国公司法〉若干问题的规定（三）》认可的名字。关于这一点，比隐名股东强。隐名股东，至今法规只将他称为“实际出资人”，并不认可“隐名股东”这个名字。

一、出资不足

在股权代持关系中，出资是隐名股东的义务。如果隐名股东没有履行，或没有足额履行这个义务，责任就要落到名义股东身上了。

（一）其他股东，可以要求名义股东承担违约责任

相关的法律规定为《中华人民共和国公司法》第二十八条：股东应当按期足额缴纳公司章程中规定的各自所认缴的出资额。股东以货币出资的，应当将货币出资足额存入有限责任公司在银行开设的账户；以非货币财产出资的，应当依法办理其财产权的转移手续。股东不按照前款规定缴纳出资的，除应当向公司足额缴纳外，还应当向已按期足额缴纳出资的股东承担违约责任。

（二）公司的债权人，可以要求名义股东承担赔偿责任

相关的法律规定为《最高人民法院关于适用〈中华人民共和国公司法〉若干问

题的规定（三）》第二十六条：公司债权人以登记于公司登记机关的股东未履行出资义务为由，请求其对公司债务不能清偿的部分在未出资本息范围内承担补充赔偿责任，股东以其仅为名义股东而非实际出资人为由进行抗辩的，人民法院不予支持。

二、抽逃出资

如果公司由隐名股东控制，已经投资到公司的出资款，也有被抽逃的可能。当这个可能变成现实，名义股东就要承担责任了。

相关的法律规定为《最高人民法院关于民事执行中变更、追加当事人若干问题的规定》第十八条：作为被执行人的营利法人，财产不足以清偿生效法律文书确定的债务，申请执行人申请变更、追加抽逃出资的股东、出资人为被执行人，在抽逃出资的范围内承担责任的，人民法院应予支持。

三、失信名单

名义股东如因上述一、二情形，被申请强制执行，就有可能被列入失信名单，这将给名义股东各方面造成极为负面的影响。

四、违法牵连

如果公司存在违法经营，甚至犯罪行为，名义股东可能会受到牵连。

最终能否免责，主要看三点：第一，是否知情；第二，有没有参与；第三，有没有阻止或检举行为。

五、股转税收

名义股东代持的股权，在进行股权转让后，名义股东可能会面临个人所得税相关的税务风险。不过，这只在溢价转让的情况下才会出现。如果是折价或平价转让，不会涉及这一风险。

六、退出不能

如果名义股东因个人原因（比如想从事某个不允许经商的职业），需要退出公司，就必须把股权转让出去。但是，如果找不到人接手呢？就会出现退出不能的局面。

七、清算逾期

如果公司被隐名股东控制，并在法定事由出现后，怠于进行清算，名义股东有可能要承担责任。

相关的法律规定为《最高人民法院关于适用〈中华人民共和国公司法〉若

干问题的规定（二）》第十八条：有限责任公司的股东、股份有限公司的董事和控股股东未在法定期限内成立清算组开始清算，导致公司财产贬值、流失、毁损或者灭失，债权人主张其在造成损失范围内对公司债务承担赔偿责任的，人民法院应依法予以支持。有限责任公司的股东、股份有限公司的董事和控股股东因怠于履行义务，导致公司主要财产、账册、重要文件等灭失，无法进行清算，债权人主张其对公司债务承担连带清偿责任的，人民法院应依法予以支持。

小结：

名义股东与隐名股东，是股权代持关系的矛盾统一体。客观来讲，名义股东的风险比隐名股东小。

不过，这只是相对来说，是因为隐名股东的风险太大了。

如果与名义股东个人的其他事情相比，这个风险可能就不小了。

第七节　具名避险：名义股东避险指南

身为名义股东，如何规避风险？

一、看人靠不靠谱

隐名股东的风险来自多个方面。但名义股东不同，他的风险来源只有一个，那就是隐名股东。

可以说，只要隐名股东不违法经营，有事不逃避责任，名义股东就是安全的。所以，隐名股东是否靠谱非常重要。

何为靠谱？

至少包括四点：一是法律意识强，没有违法乱纪的前科；二是资产负债比合理，抗风险能力强；三是讲诚信、重承诺，能够说到做到；四是作风沉稳，不豪赌，不冒进。

二、看事正不正当

人第一，事第二。

事，即公司和实控人做的业务，不能违法，不能违背良心与道德。否则，早晚会受到牵连。

但事和人有些不同。对人，名义股东一般都了解，能够判断，至少能够感觉。

但对事，有时候并没有判断的能力。怎么办？

有两个办法：一是看隐名股东够不够坦诚，总是藏着掖着的，就要小心；二是借用他人智慧，请教懂的人，找人帮忙判断。

三、签好代持协议

只有代持协议不行，没有代持协议更不行。代持协议的效用有三个：一是证明身份；二是合理免责；三是事后追责。拟定好代持协议条款，至少有了第一道屏障和防护。

四、参与公司经营

名义股东的方向，有很大的比例来自信息不对称。

要解决这个问题，最好的方法就是参与公司的经营。这样可以做到有什么事都能及时知道，而不会一无所知。

五、督促履行义务

如果知道隐名股东有义务没有履行，不管是对其他股东还是对债权人，或者是政府部门，名义股东都应积极督促隐名股东尽快履行。否则，这些责任迟早会落到自己头上。

六、合理披露

股权代持协议，一般都是私下签订的，具有特有的隐私性。

按说，对于这种协议，名义股东是应该严格保密的。

但是，保密是有前提和限度的，即必须合法、必须守约。如果隐名股东已经被法律追究责任了，或已经被他人起诉了，还死守着代持协议的秘密不说，那就是甘愿替他人承担责任。

七、及时退出

什么事都有个期限，不能三年之后又三年。

当股权代持协议完成了它的使命，就应该及时找隐名股东，或转让，或减资，让代持关系终结，不要让它一直留着。

事了去无踪，来去干净，不留隐患，不是更好吗？

小结：

相对于隐名股东，名义股东的风险小一些，也更可控一些。但是再可控，你也得“控”，否则还是没有防护。

第十一章
反做空：有备无患

当示人以难犯之意，不可示人以易窥之形。

——《西山文集》

第一节　谨防做空：浑水公司赚钱秘籍

有一个美国人，大学主修金融，辅修汉语。1998 年毕业后，分别在投行和律师事务所工作过一段时间。2005 年他到上海加入一家外资律师事务所，并经营仓储生意和一家网站。

此人之父，早年曾建立一家小型独立投资研究机构，将小型上市公司推介给华尔街知名基金经理，并多次对美国本土小型上市公司唱空做多。

2000 年之后，不断有中国企业到美国上市。到 2010 年，这样的公司已有很多。

这让这对父子嗅到了机会。

因为父亲多年混迹于资本市场，有丰富的做空经验。而儿子精通汉语，在中国生活多年。父子合作，通过做空在美国上市的中国企业牟取暴利，这看起来是十分诱人的主意。

所以，2010 年，一家新的公司成立了。

这家公司的名字叫“浑水”。

这是一家做空机构（做空：股票、期货市场的操作方式之一。简而言之，做空买的就是“跌幅”，跌得越多，赚得越多）。

什么叫浑水？作为一个中国通，对中国的语言当然有一定的功底，自然是取“浑水摸鱼”之意。也就是说，先把水搅浑，然后再摸鱼。

而对这种做空机构，业内有一个形象的称呼，叫秃鹫。

秃鹫，又叫秃鹰、坐山雕，一类以食腐肉为生的大型猛禽。

在浑水之前，赴美上市企业的创始人中，有的根本就不知道有做空机构这种组织。

但在浑水之后，他们将深切地认识到，被称为秃鹫的这种做空机构的威力，以及它们的破坏性。

浑水的第一剑，指向了一家叫东方纸业的在美上市的中国公司。

2010 年 6 月 28 日，浑水发布首份研究报告，称东方纸业涉嫌严重的诈骗和造假行为，涉嫌资金挪用、夸大营收和资产估值、毛利润率等，给予东方纸业股票“强烈卖出”评级，目标价低于 1 美元。

东方纸业股价，在随后的一个交易日重挫 13%。

此后，在 6 月底至 7 月 22 日，浑水连续发布了六份针对东方纸业的报告。东方纸业的股价累计下跌近 50%。

尽管东方纸业于 2010 年 11 月 29 日公布了联合独立调查结果，全面否定了浑水的质疑。但股价还是从 2010 年 6 月 28 日的收盘价 8.33 美元跌至 1.5 美元，跌幅超过 80%，市值损失 1.7 亿美元。

之后，浑水连连出手，不断发布报告做空中概股，质疑这些公司存在财务造假、合同不实等欺诈投资者的行为。先后有东方纸业、绿诺国际、中国高速频道、多元环球水务、嘉汉林业、分众传媒、新东方等多家中概股成为它的目标。

这些公司在遭受浑水袭击后，几乎都陷入股价暴跌、市值缩水，甚至无奈退市的境地（也有例外，如展讯通讯在被浑水做空后，股价不但没有跌，还创出了新高）。

而浑水，在赚取名气的同时，也在攫取暴利。

除浑水外，还有一家叫香橼研究的公司。相比浑水，香橼似乎更为生猛。

香橼研究，创始人及唯一的员工是一名 40 岁的犹太人（根据不同的项目，会临时雇用 2~10 人的团队一起工作）。从 2006 年起，开始关注中国公司。然后在 6 年间，对 21 家中国海外上市公司发动袭击。其中，有 16 家股价跌幅超过 80%，更有 7 家在其攻击下，最终退出美国资本市场。

2011 年 8 月—2012 年 8 月，在美上市的中概股已有 23 家退市，它们背后几乎都有做空机构的影子。

IPO 是个好东西，它是很多创业者和企业家奋斗的目标。但在你敲响那口钟之前，有没有准备好应付盘旋在空中的秃鹫们呢？

第二节　做空套路：秃鹫如何猎杀目标

知己知彼，百战不殆！

在美国，专门针对中概股的做空机构有 20 多家。但浑水，无疑是它们中最典型的代表。

尽管中概股的各大掌门人对浑水深恶痛绝，但却没有人敢轻视它，因为它的破坏性已经在市场上得到证明。谁也不敢保证，这种破坏性永远不会降临到自己的头上。

只有尽早明了对方的路数与手法，才能做到有备无患，并能在攻击来临之际，合理应用策略，将损失降到最低。

浑水们是如何对目标发动袭击的？

一、选择目标

浑水们对中国企业的各种特殊变动十分敏感。比如当初做空绿诺，就是因为发现该公司频繁更换审计师、首席财务官辞职、不平常地调整以往财务报表数字等；做空展讯，则是因为该公司首席财务官两度辞职、审计委员会成员辞职、更换会计师事务所等。

浑水们会分析上市公司的披露信息，看这些信息是不是合理的、有没有逻辑性、有没有漏洞，有时也会访问管理层或员工，实地考察公司等，还会留意市场上的传言，以及自己分析得到的一些漏洞，并做进一步调查。

浑水们还会寻找一些故事好得难以置信的公司，比如一些利润率、市盈率、增长率比同行及龙头企业高很多的公司，也会看这些公司的高管、董事会及重要合作伙伴有无“前科”，以及披露信息中有些看上去不合常理或者无法自圆其说的地方。

二、实地调查

曾经有被做空的中资公司老板表示，直到公司股票被做空，才发现对手早就潜进自己公司的厂区，装上摄像头偷拍半月有余，而自己竟浑然不知。

和华尔街主流分析师相比，浑水的研究实力并不突出。不少国内分析师甚至直言：浑水并不懂会计。而浑水创始人对中国的熟悉，却成为其最大优势。

浑水发布报告的基础是详尽的资料分析，以及实地调查。纳入调查范围的不仅是上市公司向美国证监会提交的报告，还会对比这些公司向中国工商、税务等部门提交的材料。

三、潜伏

如果已经选定了目标，决定做空一家企业，浑水们就会早早设立空头仓位，这是日后获取暴利的保证。

四、打造核弹

浑水们唯一也是最重要的武器，就是对目标公司的研究报告，它们会在这上面花费很多功夫。

如果你看过浑水的研究报告，就知道它是做了功课的，所以很唬人，这点比香橼强。香橼的报告往往粗糙武断、闭门造车、情绪化十足。据说浑水曾经为刺探嘉汉林业，专门组织过一个有律师、有会计和林业专家的团队，跑了好几个省，花了几个月的时间进行调查研究。这种投入，你真的防不胜防。

当然，它的这种投入也没有白费。对嘉汉林业的研究报告一共有 40 页，发布之后蒸发了嘉汉林业 40 亿美元的市值。1 页报告 1 亿美元，相信浑水自己也没少挣钱。

五、精选时机

做空这门生意，时机选择非常重要。

而浑水，更是深谙此道。

除第一次发布报告做空东方纸业时，由于尚无经验是在盘后发布的外，浑水的所有报告都是选择在盘中发布。

尤其是对新东方的做空，更是选在 SEC 的调查宣布之后的第二天，浑水适时地推出了自己的调查报告，而上百页的报告，显然是早有预谋和准备的。

六、造势

浑水正式公布报告之前，会与目标公司主要股东、各大基金或是机构先行联系，透露其做空意图，以此寻求报告发布后的支持，借此产生更大的市场影响力。对东方纸业发布首份报告时，除在网站发布外，还将报告直接发送给 50 个人。

七、穷追猛打

浑水的很多做空行为，都是连续发布多份报告。通过报告的连续性，不断揭示或重复对象的问题，以便对对方造成持续的压力和保持媒体对事件的持续关注。

八、利用文化差异

这是最绝也是最无耻的一招。

有人说浑水开始成熟，不是说它的证据多么确凿，而是它越来越熟悉中国的商业规则。这很可怕，因为这种报告很容易影响不熟悉中国的美国投资者，同时又让中国的公司一时很难对它提出指控。

因为它利用的是暗示、误导，利用的是文化差异。你很难抓住它的把柄，但在投资者心目中，对你的伤害已经造成了。

这样，它的目标就达到了。而你，则苦不堪言。

九、规避责任

浑水的创始人有法律背景，在律师事务工作过。所以，经常在报告的免责声明里，把自己的法律责任摘得一干二净。

按照目前美国的法律，金融机构和研究公司发布研究报告，即使有错误或者因此获利，也能轻易规避法律的惩罚。起诉浑水等公司很容易，但要赢很难（如果浑水等研究公司被证明和对冲基金有合作，一起卖空唱空，则面临操纵市场的指控）。

十、构建联盟

真正的大鳄，是不会暴露在前台的。

浑水等做空机构只是马前卒，是负责冲锋和掩饰的。其背后有强大的对冲基金在行动，这是一个很大的产业链。

一些公司之所以被做空，一个重要原因就在于一些对冲基金曾经是它们的股东。知道公司有瑕疵，现在做空再赚一把。与此同时，做空者在做空公司里往往都有内鬼，帮助其收集资料。如果做空者觉得资料是有效的，就会决定做空。

对冲基金一般会先把一些材料，送给浑水这样的公司。让他们写分析报告，再把报告发给一些基金公司，鼓动更多的机构建空仓。待时机差不多的时候，再让浑水这类研究公司正式发布这个报告。同时它们在二级市场上集体砸盘，引起恐慌，届时卖盘汹涌，等股价跌到一定价格，接受股票质押的银行等机构就会斩仓，股价于是再跌。跌到理想价位后，做空者再进来补仓，把借来的股票还掉，一轮做空获利就此完成。

做空机构是否与对冲基金合作，是界定其是否违反法律的敏感因素。在这方面，你很难拿到证据。

十一、最后一击

一旦中国公司被做空，流通市场股东蒙受损失，马上就会有美国律师事务所“默契”地提出负责集体诉讼索赔，费用一般由律师所预支，采取风险代理。如果诉讼成功，律师所能够分到高额赔偿，而分到参与诉讼的散户投资人身上的则很少。这也是做空产业链的一环。

小结：

道高一尺，魔高一丈。

浑水等做空机构，对中概股的威胁永远不会消除。双方之间的对抗关系，也将长期持续下去。而各自的招数和手法，也将不断变化、花样翻新。

对于已经赴海外上市和打算赴海外上市的企业家们，如何应付做空机构随时可能发起的攻击，是一个不得不面对的挑战。

这就需要不断关注他们的动向和招数变化，这样才能在遭受攻击时妥善应对，从而立于不败之地！

第三节　反做空：阻击秃鹫的十八个策略

在浑水和香橼们凌厉而无情的攻击下，已有多家中国海外的上市公司折戟沉沙，而造成市值大量蒸发的数量更多。对于其他上市公司和计划赴海外上市的公司们来说，如何应对浑水和香橼们随时可能发动的攻击，则是一个不得不面对的挑战。

一、了解游戏规则

海外资本市场的规则，与国内有很大的不同。既然到人家的游乐场去玩游戏，就要懂得人家的游戏规则。

如果你不能制定规则，就要利用规则。至少，你要懂得并遵守规则。

即使你做不到像在国内一样游刃有余，也要知道有哪些弹性和底线，哪里绝对不能触碰。

二、了解对方的伎俩

做空者与被做空者，本质上是博弈关系。而博弈的基本思路就是，设想一下对方将怎样对付自己，然后有针对性地设计应对方案。也就是说，对方的策略，是你建立策略的基础和前提；你的策略，必须建立在对方的策略之上。

所以，你一定要明了浑水等做空机构们的策略和伎俩（请参考《秃鹫如何猎杀目标：揭秘浑水们做空中概股的策略与路数》）。

三、应急预案

凡事预则立，不预则废！

在各种对抗行为中，要想成功，有一个最重要的前提，那就是在你发动攻击时，一定要确保对方没有准备。只有在对手没有准备的时间、地点、角度，以其没有想到的方式发动攻击，你的胜算才能大。

浑水和香橼们要想成功，也要遵循这样的原则。当然，它们也是这样做的。

所以，你一定要对可能遭受的做空攻击有所预案，一旦遭受攻击，立即启动。这样对方攻击的威力会减半，你才能临危不乱，有条不紊地处理对方的攻击。

四、保持警惕

浑水们在发动做空攻势之前，要做一些准备和布局工作，这些行为必然会有一些迹象。你必须保持足够的警惕、敏锐的嗅觉，才能捕捉到这些蛛丝马迹。

五、保持关注

留意浑水，香橼们的言行和动向，有可能让你发现一些信号，从而做到料敌机先。

六、迅速响应

当事情发生时，如果你放任，形势将毫无悬念地向不利于你的方向发展。

2011 年 11 月 21 日，浑水发布第一份质疑分众传媒的报告。11 月 22 日凌晨 1 点，分众副总裁被电话惊醒，董事局主席告诉他：“现在，是战备状态了。”

之后，分众控制了态势，并最终击退了浑水的攻击。能收获如此理想的效果，自然有很多原因，但其迅速的反应，无疑是重要因素之一。

七、立即临时停牌

在遭受做空袭击后，如果不能迅速掌控态势，形势可能会急剧恶化。所以，如果你感到无力掌控局势，就应该立即申请临时停牌，以免形势难以挽回。

八、及时回应

在遭受做空袭击后，应马上组织一个回应团队，成员应包括财务部、法务部及投资者关系部的重要人员，同时要咨询董事会及相关有经验的人。

回应的形式，应包括书面的回应，以及与投资者的电话会议等，并且对具体的指控一一具体回应。

展讯通讯在受到浑水袭击后，CEO 李力游立刻召开全球投资者电话会议进行反驳，那次会议也是展讯历史上电话会议在线人数最多的一次。浑水首次对分众传媒发布做空报告，分众也于第二日发布公告并召开电话会议，驳斥浑水的指责。

所有的回应，最好经过律师及审计师的审阅把关。

九、公布澄清公告

被攻击后，如果公司不回应，那么在不回应的这段时间里，公众就会觉得你有问题。公司的客户、供应商也会产生疑问，从而影响公司的股价。公司的投资者不清楚状况，第一反应是先把股票卖掉。

十、报告监管层并报警

有时候，做空机构的做法过于恶劣，为追求暴利，甚至不惜挑战法律的底线。这时候，不能犹豫，应该立即报告监管部门，并向司法机关报案。

十一、以攻为守

创造了“围魏救赵”“田忌赛马”等经典智慧的孙膑，最推崇的策略就是以攻为守。

这或许可以为中概股们提供一种对付浑水们的思路与方法。

做空机构凭借的主要有两点：一是研究报告；二是其公司自身的声誉。或许我们可以从这两点入手，但具体如何操作尚需要研究。

十二、大股东推利好

利好提升股价，中外如一。这可以抵消一些做空攻击导致的股价下跌压力，也为上市公司赢得一些时间。

十三、借助第三方

有时候，自己说自己好、自己对，别人可能不相信。这时候，就需要借助第三方来证明自己。

遇到没有客观独立的证据直接澄清的重大指控，需要第三方独立机构协助。如果是重大指控，要请第三方独立调查公司提供帮助。怎么判断什么是重大指控呢？有两点：第一，看它是不是涉及高层管理人员；第二，它的指控会不会对财务报表或投资者决策造成重大的影响。

十四、争取话语权

做空与被做空，在本质上是一场舆论战。目标是投资者的信心和监管层的态度；战场是网络和其他媒体；武器是各种报告和文章；而战士就是各个参与的人。

自己奋力作战当然责无旁贷，但如果你有盟友助阵，无疑将壮大声势，并增加获胜的权重。

比如有的被做空公司，就取得了分析师的支持，获得了他们的力挺，最终收获了很好的效果。

十五、应对、利用暗示

笔者说过，浑水最绝也是最无耻的一招就是利用中外的文化差异，以暗示或误导的方式，对中概股进行含沙射影的攻击，这种攻击让你防不胜防、挡无可挡，难以对付。

而最好的对付方法，可能还是存在于对方的招数中。也就是说，要像对方一样，使用暗示的方法（当然不会用误导这种伎俩），“以彼之道，还施之身”。

十六、增持回购

大股东通过回购股票的方式，表明自己的态度，挽救市场信心，是一个十分有效的方法。因为其中的道理，很容易让投资者明白。据悉，雨润公司主席祝义材，在表示不排除个人增持，以及公司也会考虑回购股份后，该公司股价反弹 6.81%。

十七、私有化

很多公司都选择了这一策略。

在海外上市的中国公司都是很优秀的企业，一般其基本面没有问题。但在一轮做空之后，股价可能非常低。这时候，就给了创始人们机会，正好可以借此良机收回这些优秀公司的股权，以使其收益留存在国内。

十八、注重策略

有时候，策略比实力更重要，尤其是处于弱势时。

浑水和香橼都是小公司，甚至只有 1 个人。但它们能让拥有巨大实力和庞大资源的上市公司在几天之内就伤筋动骨，甚至被摘牌退市。

对付他们，要用策略，而不是蛮力，更不是骂战。

写在最后：

作为博弈的双方，上市公司和做空机构之间，做空与被做空的对抗关系会长期存在下去。双方使用的策略和手法，也会不断地改进和升级。原则上，一切已经被公开的策略和手法，都将失去出奇制胜的功效（但尚有价值，可做其他之用）。所以，为了各自的事业或者生存，双方都会不断地对自己的策略手法进行改进，以适应形势的变化和斗争的需要。

在这个不大的领域，还将会有更多的故事上演。各自能做的，就是不遗余力地提升自己的智慧和能量，增加自己获胜的筹码，在这个残酷而迷人的资本世界，坚强而荣耀地生存下去！

第十二章
看透资金流

万事之生也，异趋而同归。
——《管子》

第一节　资金秘密：社会财富流动轨迹

财富因流动而产生价值。不能流动的财富，价值会被闲置、浪费。流动受限的财富，价值不能得到充分的发挥。

整个社会的财富流动，演奏出一曲变化万千、纵横交错的经济乐章，连绵不绝，永无止息。出身高贵的精英、平地而起的草莽、生生不息的草根，都在这音乐中起起伏伏，演绎着自己的悲欢离合。

了解这个乐章的音律，看清它的运行轨迹，不管是对企业还是个人都价值重大。那么，整个的社会财富是如何流动的呢？

为了清晰明了、简单直观，首先，我们要抓住最本质的来观察，那就是资金流。其次，要提纲挈领，抓主干、弃枝叶。另外，政府税收属于非市场化单独的一个循环，再将这部分过滤掉。最后，我们得到社会财富流动轨迹，如图 12-1 所示。

一、流动状态因经济形势而变

社会财富的流动依附经济形势，因经济形势的变化而变化，并反过来影响经济形势。

经济繁荣时期，人们对前景乐观，投资回报好、风险可控，并且资金供给充足。所以，社会财富流动的数量就会增加，速度就会加快。经济衰退时期，悲观情绪弥漫，投资前景不明，整体资金供给也会萎缩。这时候，社会财富流动的数量就会减少，速度就会变慢，甚至流动越来越慢。

二、三个流入来源：职工薪资、投资回报、股东收入

社会财富作为一个整体，其资金流入来源有三个：一是数量庞大的企事业单位职工的工资薪金；二是已投股权或债权投资的回报；三是企业股东因分红、变卖股权或企业所得的收入。

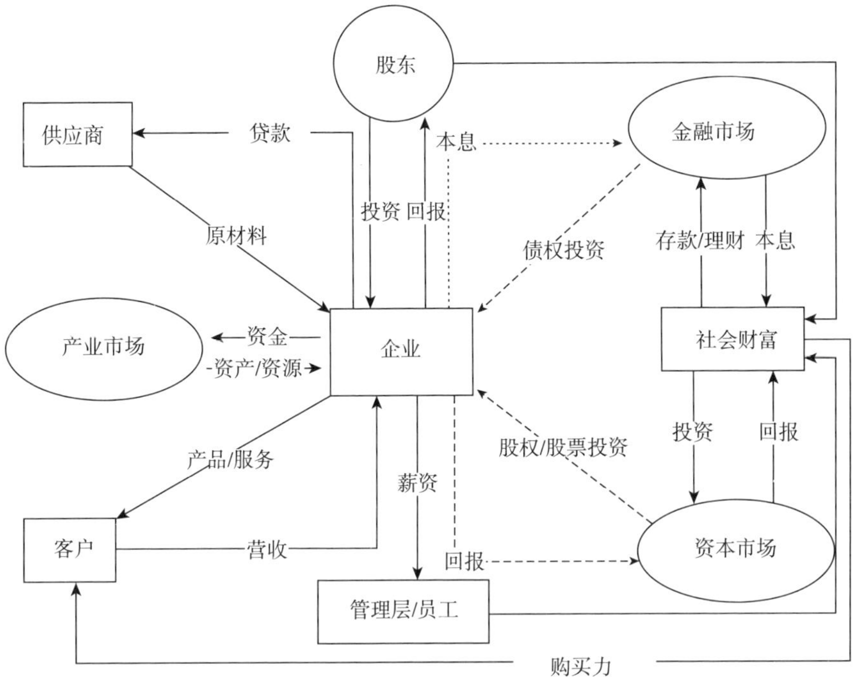

图 12-1　社会财富流动轨迹

三、三个流出去向：社会购买力、金融市场、资本市场

社会财富作为一个整体，其资金流出有三个去向：一是社会购买力，包括消费品和生产资料；二是金融市场，包括银行、保险、信托等；三是资本市场，包括股权市场和股票市场。

四、整个体系的核心是企业

通过观察社会财富的流入来源和流出去向可以看出，流入的源头是企业，流出的终点也是企业。所以，企业是整个社会财富流动的核心，也是整个体系价值创造的源泉。

五、财富在流动中损耗、增值

社会财富在流动中会产生损耗，甚至在某些情况下还会在局部造成灭失。但总体而言，它是会增值的，这是整个社会财富流动的动因。如果不具备这个动因，或者这个动因不牢靠，社会财富就不会有效流动。即使有行政命令强制推行，也只能暂时性、局部地发生作用，不能改变整个社会财富的流动状态。

六、资金意志：见损而止、逐利而行

社会财富不是人，但它也有意志，这个意志就是其背后千千万万所有者的欲望、恐惧的合力。如果把它归结为一句话，那就是见损而止、逐利而行。所以,社会财富没有雪中送炭,只有跟风或者趁火打劫。你不能拿道德规范约束它，因为这不是道德问题，而是经济问题。

小结：

社会财富的流动是外势，作为企业和个人不能改变，只能适应；不能逆反，只能顺应。如何适应和顺应它，以使自己更好地生存和发展呢？只能努力让自己成为价值高地、风险洼地，只有这样，社会财富才愿意、才敢于流向你。这既适用于企业，也适用于个人。

第二节　企业秘密：企业资金流动轨迹

上一节我们用一张图，对社会财富的流动轨迹进行了简要说明。如果将上一节的图再做进一步的精简，我们就可以得到图 12-2 企业资金流动轨迹图。

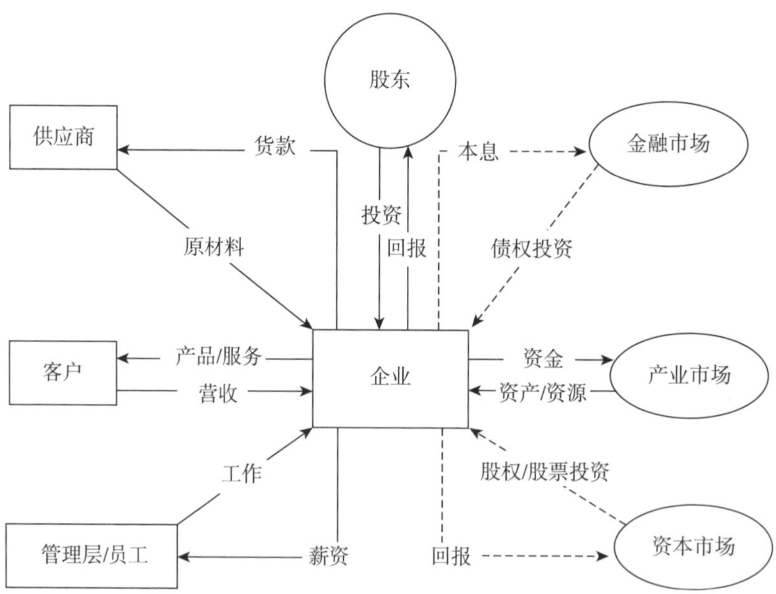

图 12-2　企业资金流动轨迹

一、简要说明

（一）资金循环的初始

世间万物，皆有源头。企业资金循环的源头，就是股东的初始投资，这是任何企业一切的开始。这个初始投资的多少，与企业最终的成就大小有一定的关系，但没有必然联系。

（二）直接资金流入来源

企业资金循环的直接流入来源有四个：股东、客户、金融市场、资本市场。股东的是股权投资，客户的是营业收入，金融市场的是债权投资，资本市场的是股权或股票投资。

（三）间接资金流入来源

企业资金循环的间接流入来源有两个：供应商、员工。一般情况下，它们的资金不会直接流入企业。但如果有足够吸引力的收益风险比，以及合适的通道，它们可以转化为上述直接资金流入来源，然后流入企业。

（四）资金流出去向

企业资金循环的流出去向有六个：员工、供应商、产业市场、金融市场、资本市场、股东。员工的是薪资待遇，供应商的是原材料货款，产业市场的是资产资源购置款，金融市场的是归还的本金与利息，资本市场的是股权或股票投资回报，股东的是分红。

（五）金融市场、资本市场与企业间的非必然联系

在图 12-2 中，金融市场、资本市场与企业间的连线是虚线，这是为了说明它们之间是或然联系（可能有联系，也可能没有联系）。因为并不是所有企业都能获得金融市场、资本市场的投资。对于能够获得投资的企业，这些虚线就会变成实线；对于不能获得投资的企业，这些虚线就只能代表可能性，而不是现实。

（六）资金循环的重心

企业整个资金循环的重心，是客户端的营业收入。从某种意义上讲，其他的资金流动都是手段，而客户端的营业收入才是目的。但客户端的营业收入，严重依赖其他的资金流动。可以说，客户端的营业收入是果，其他的资金流动是因。而解决果的问题，经常要从因入手。

二、企业资金流动轨迹图的作用

（一）看清本质

明智的行动，来自明智的认识。认识不清，就会盲人摸象，看不到全貌，

抓不住重点。看清了本质，就能在大格局的基础上抓住最核心的关键驱动要素，重点突破，实现高度与效率的完美契合。

（二）排查问题

如果企业的资金流出现问题，又不知道根源在哪儿，那么图 12-2 就是排查问题的地图。查看每个流入流出要素的状况，找出异常与变化，再进一步考察其背后的原因及合理性，就能找到问题的根源。

（三）寻找对策

如果企业的资金流状况不佳，想要改善，又不知道从何入手，那么图 12-2 就是寻找对策的指引。仔细考察每个流入流出要素，罗列出所有可以采取的措施，然后从中选优，再进一步深化完善，就可以得出一份有效的策略方案。

小结：

对于一家企业来说，营收、利润、资金流必须协调发展。营收高、利润低是问题；利润高、资金流不佳也是问题。相对于营收和利润，资金流对企业的意义更重大。企业的所有问题和危机，最终都会体现在资金流上，而资金流上的问题也会反过来对企业的经营造成不利的影响。

资金流是根基，这个根基不稳，是不能奢谈其他问题的。

风险篇

警示避险，认清自己

第十三章
产融警示

前车覆，而后车戒。

——《新书》

第一节　恒大困局：一代地产巨头的危机

2021 年，许家印迎来他的至暗时刻。

他于 1996 年创办恒大时应该想不到，这家企业能在 20 年后发展成一家 20000 亿元资产、规模庞大的商业帝国。

一、恒大简史

1996 年，恒大在广州成立，凭借“小面积、低价格、低成本”的策略抢占市场。1997 年开发的第一个楼盘金碧花园在 2 个小时内抢购一空，实现销售额 8000 万元，获得了起步发展极其宝贵的第一桶金。

1999 年，恒大地产从 2000 多家广州房企中脱颖而出，成为广州地产 10 强。

2006 年开始，恒大布局全国，从广州迅速拓展到上海、天津、武汉、成都等 20 多个主要城市，开发项目从 2 个增至 50 多个，跻身中国房企 20 强。同时，成功引进淡马锡、德意志银行和美林银行等国际投资者，成为中国房地产企业迈向国际的标杆。

2008 年年底，恒大各项核心经济指标较 2006 年实现了 10~20 倍的超常规增长，创造了跨越式发展的奇迹。

2009 年年，恒大在中国香港成功上市，成为在港市值最高的内地房企。

2011 年年末，恒大已在全国 120 多个主要城市开发项目 200 多个，土地储备、在建面积、销售面积、竣工面积、利润指标等重要经济指标均列行业第一，品牌价值突破 210 亿元，规模与品牌进一步取得大幅跨越。

2013 年年，恒大销售额首次突破千亿元。

2014 年年末，恒大销售额、销售面积、净利润、开工面积、竣工面积等核心指标连续五年实现平均 30% 以上的增长，再创高速增长的新纪录。

2015 年，恒大拓展至金融、文化旅游及健康等多元产业。

2016 年，恒大跻身世界 500 强，并成为全球第一房企。

2016 年年底，恒大完成了多元化发展的产业布局，实现了由“房地产业”向“房地产 + 服务业”的转型，即由“房地产业”向“房地产 + 健康 + 旅游 + 金融”的转型，也就是由“房地产”向“房地产 + 服务老人 + 服务儿童 + 服务社会”的转型。

2017 年，恒大启动战略转型。在发展模式上，从“规模型”向“规模 + 效益型”模式转变；在经营模式上，从高负债、高杠杆、高周转、低成本的“三高一低”模式向低负债、低杠杆、低成本、高周转的“三低一高”模式转变。多项核心数据均创行业第一，战略转型成效显著，恒大位列世界 500 强第 338 名，一举跃升 158 位，成为世界 500 强排名提升最快的企业之一。

2018 年 6 月，恒大投资贾跃亭的 FF 汽车，之后双方发生控制权争端，网传恒大接管 FF 中国区业务。

2021 年 8 月 2 日，2021《财富》世界 500 强发布，恒大位列第 122 名，较 2020 年上升 30 位，连续六年登榜。

2021 年 9 月，恒大内部理财——恒大财富到期不能兑付。

2021 年 12 月 3 日，恒大在香港联交所发布无法履行担保责任的公告，广东省人民政府高度关注，当晚立即约谈了实控人许家印。

2021 年 12 月 16 日，据媒体报道，广东省政府工作组进驻恒大，核心高管被限制离职。

2021 年 12 月 22 日，恒大股价跌到 1.5 元以下，连其最高点 31 元的 5% 都不到，市值蒸发了 95% 以上。

二、恒大警示

恒大有很多东西，值得后来者反思，比如：

（一）快速多元化

恒大曾大张旗鼓地进入各个非相关领域，如饮用水、足球、新能源汽车等。每次都投入巨资。

（二）短期主义

恒大进入多个非相关领域，往往不是以长期主义深耕产业，而是寄希望于快速赚钱，甚至赚取暴利。短期受阻后，又轻率折价退出，而不是转型升级，这样造成了很大的沉没成本。

（三）机会主义

万宝之争时，恒大作为局外人，从二级市场杀入，不管最终盈亏如何，都是机会主义在主导。

（四）产融失衡

产业的事情做得太少，资本的事情做得太多。在产业端没有做好的情况下，盲目做大资本端，导致的后果是，放大负债增加的收益，覆盖不了增加的财务成本。最终盘子越大，亏损越多。

第二节　九鼎沉浮：制度套利高手的歧途

2021 年 9 月 29 日，九鼎投资发布公告，称公司董事吴刚收到证监会《立案告知书》，因其相关行为涉嫌违反基金法律法规，证监会决定对其立案。

吴刚是九鼎投资的创始人和灵魂人物，他被立案，使本就风雨飘摇的九鼎，前途更加未卜。

一、野蛮成长

九鼎投资创立于 2007 年，创始人为吴刚和黄晓捷，两人均是四川人。创立九鼎前，吴刚为证监会机构监管部处长，黄晓捷为人民银行研究生部校长助理。

吴刚曾是证监会最年轻的处长，聪明而勤奋。他在当时敏锐地捕捉到了 PRO-IPO 的造富机会，九鼎的定位正在于此。

九鼎成立没多久，就投资了四川的两家企业——吉峰农机和金亚科技。

2008 年四川地震后，为支持灾后重建，证监会曾一度向四川企业开启了上市的“绿色通道”。吉峰农机和金亚科技，在这一政策支持下迅速上市，九鼎投资也因此一战成名。

随后，九鼎开始了野蛮成长之路。

九鼎所从事的 PE 行业，原本是一个高端、精致的小众行业，它讲究个性化、非标化。但九鼎却将工业流水线的模式，引入了该行业。

九鼎在各地安排专人驻扎，负责寻找和联络当地企业，跟当地政府、银行和券商等中介机构加强沟通。同时在北京建立庞大的研究所，对行业中的优质企业进行全面筛选。这样，它就编织起一张搜捕项目的大网。

在这张精密大网的过滤之下，优质项目很难不被发现。

由此，九鼎被贴上了“游戏规则破坏者”“PE 公敌”等标签，但它却收获了实实在在的实惠。

然而，好景不长。2012 年 IPO 暂停，这让高价囤积了大量投资项目的九鼎迅速陷入困境。

由于前期私募协议中，大多包括“保底增值”的承诺，因此九鼎所募集的基金，实质上类似于某种“准债权”。如果不能通过上市获取超额收益，它只能自行融资偿还到期退出的融资本息。但这种借新债还旧债的操作，会带来更大的负担。

2013 年年底，九鼎净资产已不足 5 亿元，资产负债率 45.53%，当年经营现金流为 -5800 多万元，已陷入“入不敷出”的财务窘境。

二、百亿定增

就在九鼎快要坚持不下去的时候，命运给了它一个机会。

2013 年年底，国务院颁布《关于全国中小企业股份转让系统有关问题的决定》，新三板挂牌企业试点迅速扩大至全国范围。

借此契机，2014 年 4 月，九鼎创新性的将基金份额转为公司的股份，随后登陆新三板，成为第一家登陆新三板的 PE 公司，并很快成为新三板市值第一股。

仅仅两个月，九鼎定增募资近 60 亿元，超过新三板之前多年定增融资的总和。

九鼎尝到了甜头，开始谋划更大规模的融资。

2015 年 9 月 22 日，九鼎又发公告称，定增发行 5 亿股，融资 100 亿元。其中，新增股东 20 名，共购买了 4.8 亿多股股权，出资近 97 亿元。

九鼎疯狂的融资举动，引起监管的重视。

2015 年 12 月，证监会副主席方星海在国务院政策例行会上表态，确认暂停私募股权投资机构在新三板挂牌，下一步将对前期融资的使用情况开展调研，明确资金是否投向实体经济。

监管风向的突然转变，使得九鼎一系列后续的定增计划相继流产——九信资产 300 亿元定增被否，九州证券 300 亿 ~500 亿元定增也没了下文。

三、借壳上市

2015 年，九鼎出资 41.5 亿元，拍得上市公司中江地产母公司中江集团 100% 的股权，从而间接持有了中江地产 72.37% 的股份。利用中江地产这个“壳”，九鼎将旗下的 PE 业务装进了上市公司，从而实现了借壳上市。

这开创了新三板公司收购主板公司的先例。

四、转型金控

融了大批资金的九鼎，开始高举旗帜全面转型为“金控集团”。

2014 年 7 月，九鼎出资 2 亿元成立九泰基金，进军公募行业，成为我国第一个民营 PE 机构设立的公募基金。

2014 年 10 月，九鼎出资 3.64 亿元收购天源证券 51% 股权，后更名为九州证券。

九鼎还布局了 P2P、第三方支付等互联网金融平台，希望最终打造大资管的生态链。

此外，九鼎还以 20 亿元，设立了全资子公司九信投资管理公司，以 8000 万元收购华海期货，后更名为九州期货。

2017 年年底，九鼎的金控平台已初具规模，旗下拥有富通保险、九州证券、昆吾九鼎、九泰基金、九鼎投资、九信资产及人人行科技，即互联网借贷平台——借贷宝的母公司。

五、监管大棒

2018 年，监管层加大对金控集团的管理力度。

2018 年 3 月，周小川、易纲先后点名金控集团，并针对风险、监管方向进行表态。

2018 年 3 月 9 日，周小川公开发言，称有一些集团虽然不叫金融控股公司，但在集团内部已经构成了金融控股的实际操作行为，可能控股了多家金融机构，比如有证券、有保险、有银行、有信托等。这样一些行为带来了一定的风险，这些东西应该纳入金融控股公司的管理。

商业巨头们嗅到危险的气息，闻风而动，避之不及。比如中植系转让全部中融信托股权，海航系也从“买买买”变为“卖卖卖”。

2018 年 3 月 28 日，中央全面深化改革委员会审议并通过了《关于加强非金融企业投资金融机构监管的指导意见》。

2019 年 7 月 26 日，央行发布《金融控股公司监督管理试行办法（征求意见稿）》，对非金融企业设立金融控股公司做出了严格限制。

六、前途未卜

监管层表达了对金控集团的态度后，刚刚拼起金控版图的九鼎，又开启了去金控之路。

首先，反复表态，自己是一家综合性投资公司，无意成为金控平台。

其次，集中出售所持金融机构的股权，意在从金融领域全面退出。

但是，金融机构的股权有其特殊性，又处在监管的关键时期，不是你想卖就能卖得了的。即使能够勉强卖出，也是以高额亏损收场。

在多重因素叠加之下，九鼎的流动性越来越差，后来便大规模裁员，变卖各种资产。

屋漏偏逢连夜雨。

2021 年 9 月 27 日，九鼎董事长吴刚及董事总经理黄晓捷等人，又被全国中小企业股份转让系统给予纪律处分决定。

被处分的原因，是 2014 年新三板定增融资时，信息披露违规。

2014 年 6 月 22 日、7 月 8 日，九鼎董事会、股东大会审议通过股票发行相关议案，其内容为：拟以 3.92 元 / 股的价格，向 15 名发行对象合计发行 573833519 股，募集资金 22.5 亿元，发行后股东累计 173 人，不超过 200 人，豁免证监会核准。新增股份于 2014 年 8 月 11 日挂牌并公开转让。

在上述董事会、股东大会召开之前，九鼎管理公司九鼎控股，与 161 家单位、个人分别签订了《股份转让协议》，约定九鼎控股将其拟认购的九鼎集团定向发行股票以《股份转让协议》约定的价款和股数分别转让给上述 161 家单位、个人。

2014 年 6 月 20 日，九鼎控股安排钱某荣等 5 人认购九鼎集团定向发行股票。同日，5 人向吴刚出具《委托书》，将其证券账户及拟分别认购的定向发行股票委托吴刚管理。

2014 年 8 月 12 日至 2015 年 4 月 16 日，吴刚等人指使相关人员，具体操作钱某荣等 5 个证券账户，将认购的部分定向发行股票协议转让给 161 家单位、个人。不考虑同期其他投资者在二级市场的交易情况，上述交易完成后，九鼎集团股东人数合计 335 名，超过 200 人。

根据相关规定，超过 200 人是需要披露和审核的。

九鼎竟然使用抽屉协议，绕过了审核。

七年之后的 2021 年，监管层的处罚落了下来，还直接对实控人吴刚个人立了案。

本就在艰难维持，现在又遭这一重锤。

九鼎前途，阴云密布。

第三节　瑞幸梦断：一杯咖啡浇灭造车梦

产融是把双刃剑，利弊吉凶，要看是谁来用，要看如何来用。

功力深、修为高的人，可以一剑在手，傲视群雄；功力不够、修为浅薄的人，容易伤到自己。

瑞幸咖啡以史无前例的速度，吹起了一个迷人的大泡沫。当泡沫破裂的时候，不但自己城门失火，还殃及实控人的另一块资产——神州系。

神州系起源于 2007 年 12 月的神州租车。

陆正耀创办神州租车，一年时间在各大城市开了 30 家门店。三年后，获得联想控股 12 亿元的投资。有了钱，神州租车迅速地跑马圈地，到 2014 年一季度，车队总规模扩张到 5.5 万辆车，超过行业第二至第十大租车公司的总和，成长为中国汽车租赁十强排行榜第一名。

2014 年 9 月，神州租车在香港主板上市，陆正耀拥有了第一家上市公司，个人财富也水涨船高。

网约车火热之后，陆正耀又创办神州专车，切入网约车市场，并于 2016 年将神州专车装入神州优车，以神州优车为主体，登陆挂牌新三板，首日市值便突破 400 亿元。

之后，神州优车又设立神州买买车、神州车闪贷两个项目，切入汽车零售、汽车金融领域，沿着汽车产业链不断延伸。

2019 年 7 月，神州优车又从长盛兴业（厦门）企业管理咨询有限公司手中收购了宝沃汽车 67% 的股权，并通过神州优车（厦门）信息科技有限公司（简称神州厦门）控制宝沃汽车。

至此,陆正耀经过苦心经营,搭建一个完备的汽车产业生态,如图 14-1 所示。

其中，神州专车为用户提供出行服务；神州租车的车辆既可用于出租，又可租给神州专车使用；神州买买车解决了神州租车的二手车处置问题；神州车闪贷则为买车方提供金融贷款服务。最后收购的宝沃汽车，则为神州系解决了重要的上游车源问题，这是一个从汽车制造到电商平台，再到专车、租车平台的完整产业生态。

这个生态系统，就像陆正耀布下的一盘大棋。旗下的各个公司就像他手中的棋子，已经子子相连、势成一体。

此外，神州优车还曾发起汽车产业基金，总规模 100 亿元，并投资了造车新势力之一的小鹏汽车。

在国内，从传统整车厂商到新兴的互联网车企，没有一家公司拥有如此完备的汽车生态系统。

这个系统就是陆正耀的竞争力、护城河，就是他驰骋汽车产业的资本和底气。拿着这样一把好牌，汽车行业的任何玩家都不敢小看他。假以时日，他是有机会成为汽车领域一方霸主的。

可惜，2020 年 4 月，瑞幸咖啡的一纸公告，让这一切迅速坍塌。

2017 年，神州优车原 COO 钱治亚在中国开了瑞幸咖啡首家门店，然后迅速扩张。2019 年 5 月，瑞幸就在纳斯达克上市了，这个速度史无前例，瑞幸由此成为一家知名公司。

可是谁也没有想到，上市还不到一周年，瑞幸就在多方压力下发布公告，自曝财务造假，股价一路暴跌，迷人的泡沫破裂了。

后果是很严重的，机构做空、股民讨伐、债主逼债、监管介入。

陆正耀是瑞幸的最大股东，上市时仍持有 30% 股份。神州系与瑞幸咖啡的关联关系是公开而明确的。所以，当瑞幸陷入危机的时候，神州系受到牵连是必然的。

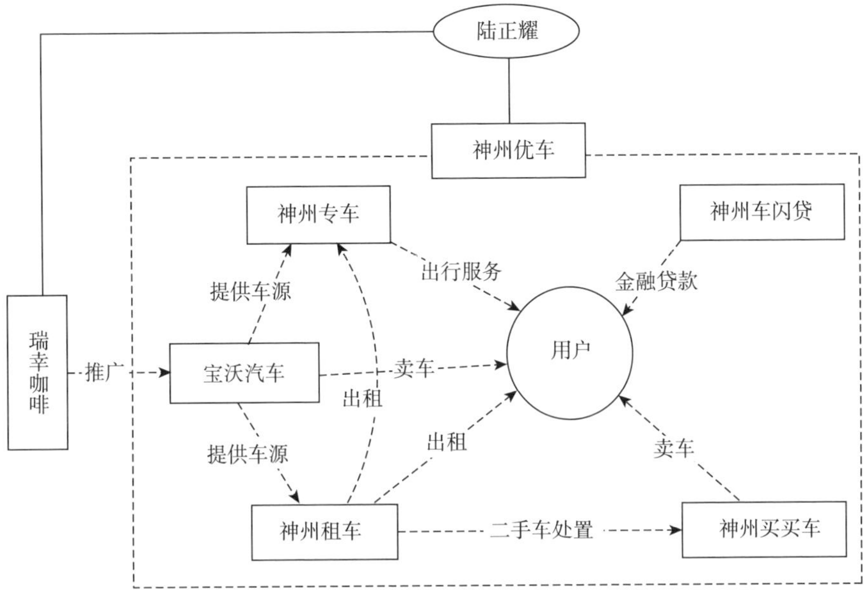

图 13-1 陆正耀的商业版图

瑞幸暴雷之后，中信证券等做市商，退出为神州优车提供做市报价服务。

2020 年 6 月，陆正耀所持神州优车股份全部被司法冻结，而神州优车则因迟迟未能发布 2019 年年报，最终被新三板强制摘牌。

2020 年 7 月，英属维尔京群岛法院宣判清算陆正耀持有的瑞幸咖啡股份，陆正耀失去对瑞幸咖啡的控制权。

2020 年 12 月，神州租车发布公告称，第一大股东神州优车将以 17.71 亿港元的价格将公司 20.86% 的股份出售给 MBK Partners，神州租车将按约定完成私有化、撤销上市地位。交易完成后，陆正耀与神州租车将彻底没有关联。

打天下用了 13 年，失去却只用 1 年。

第四节 投资警示：擦亮眼睛，谨防投资陷阱

这是一个对投资人的警示案例。

A 公司用一年半的时间，疯狂吸金 39 亿元。最后，全部资金去向不明，

核心人员也从人间蒸发，留给受害人（投资人）的只有一片残局和几只替罪的羔羊。

这些受害人都不是傻瓜，参与的最低门槛是 100 万元。这样的人哪是那么容易被糊弄的？但 A 公司的确做到了。

它如何做到的呢？

一切要从造一个壳开始。

一、造壳

哲学告诉我们，任何事物都包括内容和形式两部分，有时候内容和形式是一致的，有时候两者是不一致的。比如有时候我们说某某是披着羊皮的狼，或者说某某是在挂羊头卖狗肉，这都是在说内容和形式不一致。

资本市场也存在这种现象。

在资本市场中，有一种公司形式叫“基金管理公司”，它原本是一种非常好的企业组织形式。可越是好的东西，就越容易被利用、被滥用。A 公司就看上了基金管理公司这个壳，因为这个壳有个好处，后面会讲到。

2012 年，A 公司造了一个壳，基金管理公司为 B 公司。

行头备齐，开始唱戏。

二、吸金 13 式

造壳不是目的，吸金才是目的。

怎么吸金呢？

这就需要一个工具，这个工具的名字叫理财产品。而基金管理公司，正好有权利发布一种理财产品，叫基金。理财产品与基金管理公司一样，本来是好东西，只是被非善意地利用了。

但只有理财产品还不行，你发布了理财产品，他们就能乖乖地购买吗？当然不能。

不买没关系，A 公司有招（为行文方便，以下以 A 公司口吻叙述）。

（1）名字很重要：名字一定要高大上，一定要跟知名大公司沾边，最好是金融类的公司。比如可以叫东方 ××，以后自称“我们是东方公司”，我们的产品叫“东方 ×× 基金”，尽管跟东方公司没关系。

（2）高档办公楼：不要怕花钱，一定要挑高档写字楼办公，比如 CBD。

（3）放大项目：项目一定要有卖点，并且一定要足够吸引人。比如揽了点京石高速某个标段的边角料的活，就可以说“我们的项目是修京石高速”。

（4）虚构项目：现实中，哪有那么多好项目。没有怎么办？可以造，沾边就行。

（5）高额返利：承诺高额回报，还保本，实在不行，我回购。

（6）借力央企：要在产品募集书宣称，“公司隶属于 ×× 集团，是一家拥有央企背景控股的基金子公司”。

（7）借力三方理财：找知名三方理财公司合作，给他们高点位，让他们代销。他们一代销，别人就都看好了，渠道就好发展了。

（8）借力证监会：证监会也能借？只有想不到，没有做不到。基金不是需要到基金业协会备案吗？而基金业协会与证监会有千丝万缕的联系，所以在宣传基金时，就可以说基金是“中国证监会批准”的。

（9）换马甲担保：投资人怕还不了本？没关系，我找公司担保。没有公司愿意担保？没关系，我设立公司。

（10）多点开花：什么银行、券商、信托、理财公司，能用的渠道都用上。我们的口号是“不求最好，但求最多”！

（11）借力飞单：理财经理很多都在私下卖产品，也是很有效的渠道。

（12）高佣金：重赏之下必有勇夫，多给点佣金，不怕大家动力不足。

（13）先付息套信任：这月 5 日该给客户付息？我 3 日就给，客户就会追加投资。

13 招，39 亿元，到手。

三、脱逃术

资金是来了，可这是客户的投资，到期是要还本付息的。这些资金早已被挪用或转移到别的地方了，是还不了的。怎么办？ A 公司的脱逃术登场。

（1）多重外壳：公司（GP）如果还不了钱，应该找谁？股东。如果股东也是公司，并且也还不了钱呢？再找它的股东。好，多设几重壳，每一重都是一层防护。

（2）交叉、循环持股：外壳的层数再多，也能找到最终要承担责任的人。如果通过交叉持股、循环持股，将股权结构首尾相接，形成一个闭环呢？恐怕很难找到最终要承担责任的人了。因为追到最后，又回到起点。

（3）把水搅浑：股权转让，打乱，再股权转让，再打乱。到时候连自己都搞不清楚股权的来龙去脉，别人想搞清楚，恐怕没那么容易。水至清，则无鱼；水至混，则找不到鱼。

（4）软文：大众是信赖大网站的。大网站说你好，你就好。如果有负面信息，多发点软文。用大量大网站的软文覆盖投资人的负面信息，怎么也能顶一阵子。

（5）走为上：实在不行就走。这么多钱在手，还怕无处可去？

结局：

没有结局。

公安机关立案了，抓人了。但短时间内没有找到资金的去向，也没有找到核心成员。

受害人纷纷赶来了，来自全国各地，为了同一个目的。

受害人建立了 QQ 群，寻找挽回损失的路径。

但愿公安机会能找到资金的去向。

但愿公安机关能抓到主要的犯罪嫌疑人。

但愿受害人能挽回他们的损失。

第十四章
产融避险

存亡安危，勿求于外，务在自知。
——《吕氏春秋》

第一节　大局观：盯紧 9C 系数

规避产融风险，首要的就是盯紧 9C 系数。

知人者智，知己者明。有时候，看清自己是最难的，尤其企业做大了以后。

如果看不清自己，不能正确评估自己的处境与实力，在面对复杂的外部环境时，如何能做出正确的决策呢？

9C 系数的作用之一，就是让企业看清自己。

一、大局观与方向感

企业越大，经营的业态越多越复杂。作为领导人，必须保持大局观和方向感，不能让眼前的细节迷住自己的眼睛。

对于领导人来说，看不见的比看得见的重要，未来的比眼前的重要，全局的比局部的重要，本质的比表象的重要。

9C 系数曲线是对企业总体情况的高度概括，它囊括企业最本质、最关键的几大要素，给予定量体现，并能即时更新。

通过对 9C 系数曲线的观察与跟踪，可以知道企业总体的强弱如何、处境安危、趋势好坏，这将有助于领导人保持清醒、认清自己。

二、处境与态势

9C 系数曲线可以体现企业所处的处境，不同的处境，企业的战略重点也不同。

（一）当前 9C 系数在 0.2 以上的处于优良区

这种情况下，企业处于良好运营状态下，说明既定战略是成功的，现有阵地应该求稳。条件允许，可以大胆扩张，开发新的阵地。

（二）当前 9C 系数在 0.1~0.2 的处于安全区

这种情况下，比上不足，比下有余，不是最好，但也不差。如果只想小富即安，不妨保持现状；如果有更大的抱负，也是有一定基础的，如果外部条件允许，战略上可以激进一些。

（三）当前 9C 系数在 0.05~0.1 的处于警惕区

这种情况下，企业已经亮起红灯，向上不会变得太好，向下却将处于危险区，必须高度警惕。

（四）当前 9C 系数在 0.05 以下的处于危险区

这种情况下，企业已经处于危险状态，如果形势继续变坏，将意味着无尽的亏损和价值的毁灭。这时候，必须通过层层拆分、步步聚焦的方式，尽快找到问题的根源，采取定向改善举措，把企业拉离这个区域。

三、趋势与方向

通过观察当前 9C 系数曲线的方向（长期和短期），可以判断企业发展趋势的方向，分为三种情况：

（1）曲线上行的，企业在向好。

（2）曲线下行的，企业在变坏。

（3）曲线平行的，企业没有大变化。

四、攻守动静

攻守看强弱，动静看安危。

强则攻，弱则守，安则静，危则动。

（一）强则攻

当企业处于优良区，说明企业实力较强。这时候，可以进行扩张。如果需要，也可以加大杠杆。

（二）弱则守

当企业处于安全区、警惕区、危险区，说明企业实力较弱。这时候，应该深耕主业，做强根基。对于扩张和杠杆，都要慎重。

（三）安则静

当企业处于优良区和安全区，说明既定战略是有效的。这时候，原战略可以继续保持，尽量不折腾。

（四）危则动

当企业处于警惕区和危险区，说明既定战略是有缺陷的。这时候，必须改弦更张，找到问题的根源，定向采取有力措施，尽快改变现状。

第二节　环境观：加强外势研判

2021 年 7 月 24 日，中共中央办公厅、国务院办公厅发布了《关于进一步减轻义务教育阶段学生作业负担和校外培训负担的意见》（以下简称《意见》）。《意见》指出，要全面压减作业总量和时长，减轻学生过重作业负担；坚持从严治理，全面规范校外培训行为；提升学校课后服务水平，满足学生多样化需求，严格控制资本涌入校外培训机构。

教育培训公司股价随之大跌，新东方美股跌 54.22%、高途跌近 63.26%、好未来跌 70.76%。

《中国企业家》杂志发文表示，2020 年，整个教育培训行业共发生 238 起投融资事件，整体融资金额达到了超 680 亿元的惊人数字，2019 年这个数字为 418 亿元，仅 2019 年和 2020 年两年该行业融资规模就超过千亿。

这意味着千亿的投资都将血本无归。

在强大的外势面前，再大的企业都是渺小的。

所以，加强外势研判，对企业经营极为重要。

一、外势内涵

所谓外势，即企业所处的生态形势。9C 模型最外面那一圈，就是最重要的外势要素。

（一）政商环境

政商环境包括法规政策和政商关系。法规政策是战略层面的，政商关系是战术层面的，但都对企业意义重大。

（二）产业市场

产业市场是企业生存的土壤和根基，也是打交道最多的外部环境，它与企业的关系最直接、最密切。

（三）资本市场

非上市企业弱相关，上市企业强相关。

（四）科技变革

科技是从基础层面优化、改良、颠覆产业的力量，它可以决定一个产业的兴衰与更替，也是企业必须重视的外势要素。

二、研判方式

外势研判是一个系统工程，也是一项高门槛、高知识含量的工作，企业可以选择以下方式开展这项工作：

（一）独立研究

这是效果最好的，也是成本最高的。它能保证研判成果的专属性和及时性，但需要重金招揽相关专业人才。

某些大型集团企业的 ×× 研究院，就属于这种类型。

（二）借助外脑

无力独立研究，也可以借力外脑的力量，寻找靠谱的专业机构合作。它的好处是比独立研究成本低，弊端是无法保证成果的专属性和及时性。

（三）搭便车

这种方式正确率低、效果差、不及时，并且容易被“割韭菜”，但好处是成本低廉。

要想降低被“割韭菜”的概率，最关键的是把握四点：轻言重行、反向思维、多方印证、独立思考。

第三节　共赢观：谨慎签订对赌协议

对赌是投资行业的大杀器。

对赌协议又称估值调整协议，是指投资方与融资方在达成股权性融资协议时，为解决交易双方对目标公司未来发展的不确定性、信息不对称及代理成本而设计的包含股权回购、金钱补偿等对未来目标公司的估值进行调整的协议。

受益于对赌的人很少，但被对赌深深伤害的人却有很多。

作为一种舶来品，对赌具有一定合理性，但它是有毒的，而毒的根源在于“赌”字。

它会助长不合理的诉求和价值取向，甚至在企业处于困境时，容易滋生某种暗黑的心理倾向。这时候，战友可能会变成对手，先是隔岸观火，然后趁火打劫，这样的案例不是没有。

所以，对于对赌，基本原则是尽量不签。

如果形势所迫，或者创始人极度自信（不管这种自信来自天生乐观，还是某种后手或特殊安排），决定还是要签署，那么至少要注意以下两个问题：

一、主体差异

如果因对赌协议发生争议，诉讼到法院，法院一般遵循以下原则：

（一）与股东或实控人对赌

对于投资方与目标公司的股东，或者实际控制人订立的“对赌协议”，如无其他无效事由，法院会认定有效并支持实际履行。

（二）与目标公司对赌

投资方与目标公司订立的“对赌协议”在不存在法定无效事由的情况下，目标公司仅以存在股权回购或者金钱补偿约定为由，主张“对赌协议”无效的，人民法院不予支持，但投资方主张实际履行的，人民法院应当审查是否符合公司法关于“股东不得抽逃出资”及股份回购的强制性规定，判决是否支持其诉讼请求。

投资方请求目标公司回购股权的，人民法院应当依据《公司法》第 35 条关于“股东不得抽逃出资”或者第 142 条关于股份回购的强制性规定进行审查。经审查，目标公司未完成减资程序的，人民法院应当驳回其诉讼请求。

投资方请求目标公司承担金钱补偿义务的，人民法院应当依据《公司法》第 35 条关于“股东不得抽逃出资”和第 166 条关于利润分配的强制性规定进行审查。经审查，目标公司没有利润或者虽有利润但不足以补偿投资方的，人民法院应当驳回或者部分支持其诉讼请求。今后目标公司有利润时，投资方还可以依据该事实另行提起诉讼。

二、条款设计

有些对赌协议听起来很危险，但风险并不大；有些对赌协议看起来平平淡淡，实际上暗藏杀机，极度凶险。其中的差异就在于条款的设计。

很多事情不能被表面形象所迷惑。投资机构花大价钱请的律师，不是随随便便就写出那几行字的。这时候，要尊重专业的力量，包括对对手，也包括对自己。

第四节　正己观：小心使用杠杆

做企业，一点负债都没有是不现实的。有时候，为了发展更快，或者遇到了好时机，甚至还会有意加大负债。

但是，负债就是杠杆，必须小心使用。

很多风光一时的企业，都是被杠杆消灭的。其典型过程如下：春风得意—信心膨胀—加大杠杆—外势突变—破产倒闭。

杠杆不是不能用，在用之前，必须对以下问题有清醒的认识：

一、周期

加大杠杆以后，最怕的就是外势突变。其中，最重要的是经济周期的逆转。

当经济高涨时，挣钱很容易，借钱也很容易。这时候，最容易让人麻痹和信心膨胀，以为当前的好形势会一直持续下去。

但是，一张一弛，文武之道，经济的发展也自有其周期和规律性。

高潮之后是低谷，繁华之后是落寞。当需求和流动性放大到一定程度，必然走向它的反面，那就是需求萎缩，流动性减少。这时候，挣钱开始变难，借钱也开始变难。

如果在经济的高峰期放了很大的杠杆，那么在经济下行之时将是噩梦的开始。

所以，加大杠杆首先要考虑当前的经济处在什么周期和运行阶段，坚决避免在经济的高峰期加大杠杆。

二、自己

资金自有其意志，它会流向最能创造价值的地方，如果流向错误，也会以自己的方式进行调整，而这时候会有一定的破坏性。

扪心自问，自己是能让资金创造更多价值的人吗？

好形势具有迷惑性，很容易让人看不清自己。

所以，当你要加大杠杆，一定要考虑清楚，形势大好是因为自己真的有实力，还是因为其他因素？自己赚到的钱是凭实力，还是凭运气？

三、杠杆

杠杆具有两张面孔：一张春风满面；另一张恐怖狰狞。

当形势大好时，它展现的是春风满面的一面。给你的是丰厚的收益、美丽的鲜花、满满的自信。

当形势变坏时，它展现的是恐怖狰狞的一面。给你的是无尽的亏损、无情的嘲讽、深深的挫败。

所以，杠杆让人又爱又怕。

第五节　平衡观：控制产融平衡

平衡是一门艺术，对产融经营的企业，尤其如此。

产融经营是一种复合经营模式，它与纯产业经营的企业相比，有更多的牌可打，有更多的路可走，有更多的策略可用。

一方面是好事，因为选择多了，空间变大了；另一方面它带来了新的问题，那就是需要考虑的变量增多，使决策更复杂。

这时候，掌握平衡十分重要。具体而言，至少需要平衡好以下问题：

一、产业与资本

既然是产融，产业和资本都要发展。

产业是基础，所以产业的比重应该始终大于资本的比重。如果是以资本为基因的企业，像巴菲特的伯克希尔那样，可以不受此限。

但是，产业和资本如何配比，各自比重如何划分，两者之间如何配合，都需要仔细考量。

二、投资与融资

产融经营的企业有两个门：前门资金流出做投资，后门资金流入做融资。前门流出多少，后门流入多少，何时流出流入，这都是需要统筹平衡的地方。

三、股权与债权

对于融资，可以有两种方式：一是股权融资；二是债权融资。

股权融资不用还钱，但它会稀释你的股权，甚至觊觎你的控制权。债权融资不会染指你的企业，但融来的钱有使用期限，到期需要还本付息。

股权与债权，两者各有利弊。如何平衡使用，这是很重要的问题。

四、控股与参股

对于股权投资的企业，可以选择控股，也可以选择参股。

控股的话，拥有足够的话语权，可以主导经营，但需要你费心费力。参股的话，除非你有特殊安排，否则你无权对企业经营指手画脚，但好处是不用你费心费力。

企业的能力是有边界的，不可能全部控股。所以，必然是部分控股部分参股，两者如何配置，也需要平衡。

五、专业与多元

一般来讲，企业应该尽量保持专业化，这更有利于聚焦资源，构建壁垒。

但是，对于产融经营的企业而言，保持纯专业化是不现实的。因为经常需要贯穿产业链的上下游，甚至进行跨产业链运作。

所以，如何在专业和多元之间寻求平衡，是很重要的问题。

六、速度与安全

做企业，从人性出发，当然希望既快速又安全。但是，这不符合自然规律。

速度与安全，具有天然的矛盾与冲突。速度快的时候，安全性必然是降低的。只图安全，又必然影响速度。

所以，如何在速度与安全之间寻求平衡，是重要的问题。

第六节　敬畏心：心中永存敬畏

对于产融，有两种错误的观念和做法：一是无视；二是无惧。

所谓无视，即认为产融和自己没关系，觉得只需安心做自己的企业，没必要搞那些花里胡哨的东西。

所谓无惧，即认为产融没什么，胆子很大，什么都敢做。

两者相比，无惧更可怕。

无视的问题在于忽视了环境的变化和竞争的发展趋势。

科创板成立还没几年，又有了北交所，我国的资本市场体系越来越完善，提供的资源、工具越来越丰富，蕴含的能量越来越强大，并且这种态势不可逆转。

所有企业都处在产融生态之中，当资本端发展，企业如果还是按原来的思维行事，必然与环境的发展脱节，轻则丧失发展良机，重则被淘汰，因为竞争对手是会不断进步的，竞争的模式越来越复杂。新兴市场，产融竞争已是常态，你看共享单车、打车软件市场是怎么演变的，传统市场也必然会被这种趋势影响。

无惧的问题在于轻视了产融本身的专业性和复杂性。

产融更多存在于实践中，并没有形成独立的、完善的思想体系。它涉及庞杂，多变量互相作用，尤其涉及资本市场，这是人类最为变幻莫测的存在之一。

产融是把双刃剑，利弊都是加成和翻倍的。顺风时赚得盆满钵满；逆风时，可能就要亏损了。

对于产融，无视的人要目光远大，因为未来已来，形势已变，必须因时而变。无惧的人要心存敬畏，因为产融是复杂的，市场是莫测的，没有敬畏之心，会把靠运气赚的钱再输回去，然后再欠外债。

后 记

人生是一场修炼

高手与普通人最大的区别就是方法论。

何谓方法论?

学术的说法是:“关于认识世界、改造世界的方法的理论。”简单来说，就是人与世界的互动方式。

一、方法论的层级

一套完整的方法论体系，分为四层。

最下层的叫“术”，即具体的技术、招数、技巧;“术”往上是“法”，即具有一定通用性的套路、方法、模式、流程;“法”再往上是“势”，即研判、顺应、借用外部形势的心法；最上面的是“道”，它是一切事物的本源和根本规律。

金庸小说中,《辟邪剑谱》就是“术”,《武穆遗书》就是“法”,《九阴真经》可能就是“道”了。

对于方法论的修炼和应用，笔者按照层级将它们分别称为“优术、修法、取势、悟道”。

要办一件小事，“优术”就够了。但要办一件大事、一件难事，则“优术、修法、取势”缺一不可。欲在某领域开山立派者，一般都要达到“悟道”的境界。

诸葛亮乃人中龙凤,其《隆中对》是“取势”,三气周瑜、七擒孟获是“修法”，木牛流马、连弩是“优术”。他是否“悟道”了呢？不知道，因为没有典籍流传。

任何领域，想成为高手，都必须建立起完整、立体的方法论体系，“道”可以达不到，但“术、法、势”是必须齐备的。其中，又以“法、势”最重要，因为“术”复杂多变，稳定性和通用性远不如“法、势”。

二、产融方法论

本书是讲产融的，所以希望搭建的是产融的方法论体系。

前面的原理篇，我们介绍了 9C 系数、9C 矩阵、9C 模型，它们都属于产融方法论的不同层级。其中，9C 系数、9C 矩阵，属于“法”，9C 模型既属于“法”，又属于“势”。

作为一门尚在建立中的学问，我们距离“道”的层面还太远。所以，并未涉及这一层面的内容。

在“势”的层面，我们介绍的 9C 模型，对其四大环境（政商环境、产业市场、资本市场、科技变革）的研判，是“取势”的关键。

在“法”的层面，除了 9C 模型，我们还介绍了 9 系数和 9C 矩阵，结合运用三者，完成“修法”的任务。

只是“术”的层面，我们并未涉及，但并不代表它不重要，就像十八般兵器，不同的人可以根据自己的喜好，选取并自行练习。

三、方法论的修炼

方法论的修炼一般有两种路线：一是从“术”开始，自下而上；二是从中间的“法、势”开始，自中间向上下。而从“道”开始，自上而下这种情况极为罕见，它只适用于已经在某个领域“悟道”的高人。

对于产融方法论的修炼，最好从中间的“法、势”开始，这样能少走一些弯路。如果从“术”开始，到了“法、势”的阶段，可能会发现，以前下了大功夫的很多“术”根本就用不上。

方法论的修炼是一个长期过程，其间充满了艰险，但也富含乐趣。我们可能永远都达不到“道”的境界，但这又何妨呢？

重要的不是终点，而是过程。

人的一生，本就是一场修炼；我们的人生，也本就是一个过程。

愿与有志于此的有识之士共同成长！

老板·创业			
一、经理人			
书名	内容	书名	内容
老总有想法，高层有干法 王清华　著	企业将、帅之间的定位问题、角色问题、方法问题、思维问题、管理问题等	历史深处的管理智慧1：组织建设与用人之道 刘文瑞　著	通过历史鉴照当今企业选人用人、二代接班人、创业团队管理等问题
历史深处的管理智慧2：战略决策与经营运作 刘文瑞　著	通过历史鉴照当今企业决策、战略规划、战略冒进、决策监督等问题	历史深处的管理智慧3：领导修炼与文化素养 刘文瑞　著	通过历史鉴照当今企业的领导修养、用权、管理风格等问题
老板经理人双赢之道 陈明　著	经理人怎么选平台、怎么开局，老板怎样选/育/用/留		
二、用人			
用好骨干员工 王敏　著	系统化分享关键人才打造与激励方法	领导这样点燃你的下属 孟广桥　著	领导者如何才能让员工积极主动地工作
让用人回归简单 宋新宇　著	帮助管理者抓住用人的要害，让用人变得简单	激活新生代员工 史量　孙斌　著	走进新生代的世界，一套行之有效的管理、激活90后、95后、00后的方法
三、转型·创业			
创业要过哪些坎 董坤　著	15年创业咨询经验总结的创业遇到的问题及办法	高潜牛人 董坤　著	创业和事业发展中如何找到牛人
成为下一个SaaS独角兽 崔牛会　主编	19位SaaS领专家，7个不同的视角总结SaaS行业实践	创模式：23个行业创新案例 段传敏　著	CEO社群23位企业家的思考与实践分享
重生——中国企业的战略转型 施炜　著	本书对中国企业战略转型的方向、路径及策略性举措提出了建议和意见	7个转变，让公司3年胜出 李蓓　著	企业估值、业务模式、营销、生产制造、客户服务、用户黏性、组织管理7个转变
企业二次创业成功路线图 夏惊鸣　著	五步骤给出了一幅企业二次创业经营突破、管理提升的成功路线图	跟老板"偷师"学创业 吴江萍　余晓雷　著	如何通过"偷师"学习与积累当老板的阅历
公司由小到大要过哪些坎 卢强　著	企业成长路线图，现在我在哪儿、未来还要走哪些路都清楚了	跳出同质思维，从跟随到领先 郭剑　著	66个精彩案例剖析，帮助老板突破行业长期思维惯性
极速增长：企业扩张策略 董坤　著	以"8shoes扩张法则"为思考框架，帮助处于这个阶段的创业公司及以创业公司形式孵化的变革型项目做出清晰的战略选择		
企业经营			
经营打造你的盈利系统 高可为　著	选择最有效的经营策略，打造属于自己的商业模式	中国企业的觉醒 王涛　著	企业告别自私、野蛮，转向善良、爱，才会赢得消费者
成为敏感而体贴的公司 王涛　著	未来有竞争力的企业，一定是那些敏感而体贴的公司	有意识的思考 王涛　著	对头脑中固有观念保持觉察，从而超越它们的局限
简单思考 孔祥云　著	著名咨询公司（AMT）CEO创业历程中的经验与思考	写给企业家的公司与家庭财务规划 周荣辉　著	以企业的发展周期为主线，介绍各阶段企业与企业主家庭的财务规划

续表

书名	内容	书名	内容
从10亿到100亿的企业顶层设计 刘建兆　著	重新定义企业成长方式，有效益、有效率、有效能、有效果、有品质的良性成长	企业融资：投资人没告诉你的那些事 杨军　著	资深投资人揭示融资“潜规则”，让企业有的放矢
宗：一位制造业企业家的思考 杨涛　著	发展20年营业额近亿元制造业企业家的思考与心得	使命：驱动企业成长 高可为　著	用大企业发展轨迹及企业家的心路历程，揭示企业成长的基因、做事的逻辑
让经营回归简单 宋新宇　著	战略、客户、产品、员工、成长、经营者的经营法则	边干边学做老板 黄中强　著	86个案例讲述中小公司成长过程中遇到的问题和方法
盈利原本就这么简单 高可为　著	跨越业务与财务边界，为企业提高盈利水平提供方法	战略参谋：写出管用的战略报告 蔡春华　著	企业对自己、市场、行业其实了解更深，助你高质量完成战略规划
不战全胜：给企业家读的孙子兵法 王吉坤　杨伟霞　著	从《孙子兵法》提炼和总结了帮助企业打造行业龙头品牌的体系	公司离不开的全栈运营高手：产品运营与推广获客 王虎　著	涉及运营案例、思维理论、实操复盘、管理方式、推广策略等，是作者八年运营推广经验的浓缩
公域引流　私域经营：这样经营用户关系 王庆云　汪洋　著	为大中型企业提供私域建设的顶层和全景式框架，探索不同业务特性可能适配的不同私域模式	平台生态：价值创造与价值获取 彭毫　罗珉　著	厂商之间的竞争已经从产品转到平台，如何创造新的价值创造和获取模式，是企业最想得到的答案
合伙制经营：有效激励，而不丧失控制权 胡八一　著	重点阐述实施合伙制的流程，通过四步为企业家提供一种有效激励而不丧失控制权的工具和方法	机制创造人才 彭剑锋　尚艳玲　著	华夏基石专家团著作，为个体赋能，经营人成就人，进行机制创新和价值管理
企业高管经营课：觉察认知盲点，突破增长瓶颈 范桃根　著	65个问与答，全面认知企业问题在哪里，避免盲人摸象；打破认知障碍，拥有解决问题的能力。附赠一套方法工具	左手企业经营　右手资本运作 周永信　著	“产业+资本”两手抓，融资、股权、公司控制……共同驱动企业利润、资产、市值、估值的成长
管理·管理学			
一、企业管理			
让管理回归简单 宋新宇　著	从目标、组织、决策、授权、人才、老板自己等提供方案	管理的尺度 刘文瑞　著	西医式的体检化验，又要施加中医式的望闻问切
管理：以规则驾驭人性 王春强　著	人性驾驭角度权度运筹安排的可兑现性，管理有效性	看电影，学管理 刘文瑞　著	十六部电影的解读，揭示电影内含的管理之道
好管理　靠修行 曾伟　著	从佛法、道法思想中寻找管理智慧	公司大了，怎么管 金国华　著	成长型企业发展中的共性问题，通过案例实录解开
低效会议怎么改 王玉荣　葛新红　著	从梳理公司会议体系的层面改变低效会议的现状	年初订计划年尾有结果 郭晓　著	总结七步落地方案让战略计划切实落地实现
分股合心 段磊　周剑　著	围绕股权激励，详细介绍相关知识和实行方法	员工心理学超级漫画版 邢雷　著	以漫画形式对组织中个体心理的全面介绍和深入探讨
让投诉客户满意离开 孟广桥　著	投诉法律法规，应对各种投诉技巧等提升客诉能力	管理就是定计划，抓落实 张国祥　著	员工“看了就会、拿来就用”的计划制订操作指南
不读韩非子，怎么当老板 王春强　著	通过集中分析有关人性的内容，引导现代管理者更深理解人性是如何影响企业运行，以及管理者应如何因人性而实施管理	重新想象组织 彭剑锋　尚艳玲　著	华夏基石专家团著作，通过组织变革逐步进化，找到成长之道，让企业可持续发展

续表

书名	内容	书名	内容
战略管理有方法 和恒咨询　**著**	结合中国企业实践总结的一套独创性、实操性的战略方法，100＋工具轻松做战略	**高管如何为公司创造高增长** 彭剑锋　尚艳玲　**主编**	战略驱动着企业成长，企业又该如何突破增长的瓶颈
供应链管理改善咨询：案例·方法·工具 于晓光　许忠宁　赵玭　**著**	掌握供应链改善结构化方法，实现准时交付和低运营成本	**重塑竞争的市场边界战略** 张戟　**著**	选择与竞争对手不同的消费需求集合，通过独特的价值链活动，创造一个最有利的市场地位，让企业获得领先的核心竞争优势
二、管理思想			
管理学的奠基者 刘文瑞　**著**	近代以来的管理思想发展揭示管理思想的演化奥秘	**巴纳德组织理论研读** 郭威　**著**	深度研读巴纳德《经理人员的职能》，帮你理解和看懂
管理学在中国 刘文瑞　**著**	科学看待管理学流入中国，对继承发展进行深入的阐述	**德鲁克管理学** 张远凤　**著**	以德鲁克管理思想发展为线展示 20 世纪管理学的发展
德鲁克与他的论敌们 罗珉　**著**	德鲁克与马斯洛、戴明等诸多管理大师论战的故事	**德鲁克管理思想解读** 罗珉　**著**	全面解构德鲁克思想的精髓与实践价值
治论：中国古代管理思想 张再林　**著**	深入分析中国古代哲学基本精神的基础上，梳理分析了儒法墨三家的管理思想	**流程经理 10 年案例笔记** 王焕东　**著**	用自身工作和生活中的鲜活案例及思考后的心得呈现不一样的流程管理思想
透过决策看组织 李慧才　**著**	对西蒙管理行为进行贴近企业的通俗化解析和阐释	**为什么高管爱读德鲁克** 王鹏　**著**	辅助深读德鲁克、提升管理认知
营销·销售			
一、企业销售			
大客户销售这样说这样做 陆和平　**著**	大客户销售活动的十大模块，68 个典型销售场景	**向高层销售** 贺兵一　**著**	销售人员与客户高层打交道需要重点掌握的知识、技巧
资深大客户经理 叶敦明　**著**	将大客户经理必须具备的规划、策略、执行三种能力运用自如	**成为资深的销售经理** 陆和平　**著**	让销售经理成功把握销售管理的 6 个关键点，并提供工具
销售是个专业活 陆和平　**著**	据客户采购流程拆分销售过程十阶段，讲解方法技巧	**学话术　卖产品** 张小虎　**著**	手机、电动车、家电、食品等消费品的一线销售话术
工程项目大客户销售攻略 陆和平　**著**	三十八讲循序渐进，全方位透视工程大项目拿单的奥秘，通俗易懂，看了就能用	**大客户销售谈判：获得利润的最快途径** 陆和平　**著**	从不会谈判到成为谈判专家，帮助你在与大客户的谈判中轻松说服对方，实现从一次成交、成本价成交到高价成交、持续成交的转变
二、企业营销			
新营销组织力 迪智成　**著**	适应最新数字化外部环境，系统化协同组织能力建设	**营销按钮** 老苗　**著**	讲述存在于人性及各个营销环节中的“按钮”
精品营销战略 杜建君　**著**	“精品营销战略”核心逻辑与营销组合策略	**360°谈营销** 王清华　古怀亮　**著**	营销是立体的，从不同角度观察不同企业的营销精髓
互联网精准营销 蒋军　**著**	互联网时代整体策划、包装品牌和产品	**招招见销量的营销常识** 刘文新　**著**	做好基本的营销动作都可以提高销量、降低成本

续表

书名	内容	书名	内容
用数字解放营销人 黄润霖　著	用数字说话覆盖营销工作的方方面面	用营销计划锁定胜局 黄润霖　著	让营销计划落地，营销人员只需解决两个问题：基数与概率
新营销 2.0：从深度分销到立体连接 刘春雄　公方刚 牛恩坤　等著	立体连接打通三度空间，在互联网时代诞生快消品领域的超级巨头	中国营销战实录 联纵智达研究院　著	51 个案例，46 家企业，46 万字，18 年积淀
弱势品牌如何做营销 李政权　著	产品与物流通道、服务通道、促销互动通路，提供方法	解决方案营销实战案例 刘祖轲　著	十大工业品作者实操案例解码解决方案营销
升级你的营销组织 程绍珊　吴越舟　著	根据企业的实际情况建立有机性营销组织	孙子兵法营销战 刘文新　著	理解《孙子兵法》原意的同时，还可体悟到营销之用
老板如何管营销 史贤龙　著	十六个招式，理论与案例相结合，高段位营销方法	渠道管理就这样做 陆和平　著	渠道规划和设计、渠道成员选择和寻找、渠道谈判和签约、管理渠道日常活动、设计渠道激励政策、解决渠道冲突、渠道的评估和调整
三、品牌			
中国品牌营销十三战法 朱玉童　著	深度演绎最符合企业品牌营销策划的十三套实战战法	中小企业如何打造区域强势品牌 吴之　著	从如何建立强势品牌的角度解析扩张难题
小众战略：小资源打造强势品牌 吴修利　著	从品牌观念、市场调研、竞争机会、内部调整等角度，对产品、渠道、传播等核心原则进行了系统梳理	把品牌建在顾客心里：4 步实现品牌 IP 化 张学军　著	让品牌自带话题，自主传播
四、营销策划			
这样写文案，就没有卖不动的产品 秦剑　刘安丽　著	术、法、道三个层面由浅至深培养商业文案创作能力	洞察人性的营销战术 沈坤　著	介绍了 28 个匪夷所思的营销怪招，大部分可以直接运用
双剑破局：沈坤营销策划案例集 沈坤　著	双剑公司 8 年来的实操案例，每个项目诞生过程、策划角度和方法	社区团购就这么干：供应商•平台•团长•用户 陈海超　杨顶刚　著	分享最新实践经验，一看就懂，照着就能做
企业案例			
鲁花：一粒花生撬动的粮油帝国 余盛　著	鲁花如何成长为优秀的带动农业产业发展的品牌，鲁花你一定学得会	金龙鱼背后的粮油帝国 余盛　著	以金龙鱼为脉的一部中国粮油行业的史诗
你不知道的加多宝 曲宗恺　牛玮娜　著	以时间为轴线，详细叙述了加多宝品牌的发展历程	静水流深 黄治国　著	作者在美的十五年对何享健内部讲话资料的整理
娃哈哈区域标杆 罗宏文　快车君 赵晓萌　寇尚伟　著	讲娃哈哈豫北市场如何成为娃哈哈全国第一大市场、全国增量第一的市场	借力咨询：德邦成长背后的秘密 官同良　王祥伍　著	德邦将自己积累的与咨询公司发展共赢的合作逻辑和盘托出
六个核桃凭什么从 0 过 100 亿 张学军　著	全视角深度解读养元企业的裂变成长，复盘十年蜕变轨迹	像六个核桃一样 王超　著	六个核桃为什么卖得这么好，产品畅销的 6 大要义 36 条简明法则

续表

书名	内容	书名	内容
中国首家未来超市 IBMG 集团　著	对乐城超市的掌门人及内部员工的采访详细阐释了乐城的经验	**三四线城市超市如何快速成长：解密甘雨亭** IBMG 集团　著	甘雨亭的许多关键经营指标均高于行业标准，学习其成功的方法
集团化企业阿米巴实战案例 初勇钢　著	作者在某酒厂推行阿米巴经营模式的心得		
经销商			
新经销：新零售时代教你做大商 黄润霖　著	探访近 100 位经销商在传统营销手法上的创新，传统营销微创新和新营销本地化	**商用车经销商运营实战** 杜建君　王朝阳 章晓青　著	对商用车经销商的经营与管理、4S 店运营做了全方面的总结
跟行业老手学经销商开发与管理 黄润霖　著	从管理耐用消费品经销商角度提炼了 48 个代表性问题并给出解决办法	**快消品经销商如何快速做大** 黄润霖　著	经销商如何通过经营实现规模，通过管理实现规模效益
建材家居经销商实战 42 章经 王庆云　著	经营管理的心法和战法，帮助经销商成为“业务妙手”和“管理能手”	**成为最赚钱的家具建材经销商** 李治江　著	针对建材家居行业的经销商，从销售模式、产品、门店、市场等方面给出方法
白酒经销商的第一本书 唐江华　著	对经销商如何选择厂家、合作、运营品牌等问题给出建议	**快消品招商的第一本书** 刘雷　著	从招商理论到招商动作进行系列化分解，化繁为简
大商方法：榜样经销商与厂家的合作之道 唐道明　著	洞察厂商合作的核心，为经销商提供可行的方法，手把手教你做大商	**快消品经销商成功密码** 舟谱商学院　著	通过 8 个真实经销商案例，分享快消品经销商成功经验与方法
中小企业			
中小企业如何打造区域强势品牌 吴之　著	从如何建立强势品牌的角度解析扩张难题	**用流程解放管理者** 张国祥　著	8 个板块构成，共 66 篇文章，14 幅流程管理图
用流程解放管理者 2 张国祥　著	对中小企业规范化流程管理进行系统的阐述	**弱势品牌如何做营销** 李政权　著	产品与物流通道、服务通道、促销互动通路提供方法
本土化人力资源管理 8 大思维 周剑　著	用最贴近中国中小企业现实管理情境的案例讲述周围人的“家事”	**中小农业企业品牌战法** 韩旭　著	农业企业需要全产业链视野，更需要品牌实战方法
门店管理			
门店销售冠军复制系统 王吉坤　著	门店型企业如何打造可复制的销售冠军系统	**新零售动作分解与实操：建材·家居·家具** 盛斌子　著	对泛家居行业趋势、店面管理、团队管理、促销推广、五感营销等提供策略
家具建材促销与引流 薛亮　李永锋　著	对泛家居营销执行模式和工具、关键环节等进行汇总	**建材家居门店 6 力爆破** 贾同领　著	产品力、导购力、形象力、推广力、服务力、组织力
家具行业操盘手 王献永　著	总结家具终端门店发展的现状及问题并给出策略	**手把手教你做专业督导** 熊亚柱　著	系统梳理督导的核心技能，岗位职责、工作流程及技能

续表

书名	内容	书名	内容
手把手帮建材家居导购业绩倍增 熊亚柱　著	针对建材家居门店的业务人员，用案例故事还原场景教你成为好导购	**10步成为最棒的建材家居门店店长** 徐伟泽　著	梳理店长管理的核心工作职责、店面管理规范，帮助销售人员成长
建材家居门店销量提升 贾同领　著	9个板块讲述建材门店一个单店如何做到经营的良性循环	**总部有多强大，门店就能走多远** IBMG集团　著	五大方向综合阐述连锁零售企业总部如何提升管理能力
赚不赚钱靠店长，从懂管理到会经营 孙彩军　著	注重专卖店的经营思路拓展、门店管理细节方面能力的提升	**新医改了，药店就要这样开** 尚锋　著	从药店定位的思考，内部和会员管理等方面探讨中小型药店发展方向
电商来了，实体药店如何突围 尚锋　著	新时代药店经营的三驾马车：药学专业服务、会员贴心服务和精准定向促销	**引爆药店成交率1：店员导购实战** 范月明　著	药店人的零售工作，怎样接待顾客，完善销售技巧
引爆药店成交率2：药店经营实战 范月明　著	从药店经营角度建立改善门店现状的实用标准	**引爆药店成交率：专业化销售解决方案** 范月明　著	从简单的拿药服务到提供多角度的专业解决方案
口腔门诊盈利倍增：精益口腔 杨伟霞　王吉坤　著	为口腔门诊定制业绩提升管理系统并落地实施	**门店店长业绩增长100%** 熊亚柱　著	将店长遇到的障碍一扫而空，通过一个个生动的案例故事解析，帮你成为管理型店长，不再东奔西跑地瞎忙，让业绩成倍增长
互联网			
一、互联网转型			
画出公司的互联网进化路线图 李蓓　著	18个“可以……吗”的问题作为产品、客户和价值方面的指引牌	**7个转变，让公司3年胜出** 李蓓　著	企业估值、业务模式、营销、生产制造、客户服务、用户黏性、组织管理7个转变
重生战略移动互联网和大数据时代的转型法则 沈拓　著	四个重生战略对应四个法则，告知传统企业的转型重生之路	**创造增量市场：传统企业互联网转型之道** 刘红明　著	为读者提供了寻找这些互联网的切入点和接触点的具体方法，带来增量市场
互联网+变与不变 本土管理实践与创新论坛　著	61篇精华文章，聚焦传统行业如何互联网+时代转型	**今后这样做品牌** 蒋军　著	顶层设计、营销创新、产品战略、渠道变革、品牌策略
移动互联新玩法 史贤龙　著	立足现实，剖析新时代背景下的移动互联趋势与热点	**互联网时代的成本观** 程翔　著	多维组合成本的互联网精神和大数据特征及应用
正在发生的转型升级实践 本土管理实践与创新论坛　著	100多位本土管理专家当年对最新一年的思考和实践	**1000铁杆女粉丝** 张兵武　著	如何让普通女性成为忠实追随的铁杆粉丝，磁力点、情感结、甜蜜区、信任圈
混沌与秩序Ⅰ：变革时代企业领先之道 彭剑锋　施炜　苗兆光 王祥伍　孙波　夏惊鸣	新环境下企业面临变革应如何应对，企业家如何坚守并与企业共同成长	**混沌与秩序Ⅱ：变革时代管理新思维** 彭剑锋　施炜　苗兆光 王祥伍　孙波　夏惊鸣	对处于时代变革下的企业管理新机制、人力资源管理新思维，组织与人的新型关系，结合案例提出优化建议
消费升级：实践·研究 本土管理实践与创新论坛　著	从经营、管理、行业三个方面记录消费升级下的实践	**互联网精准营销** 蒋军　著	互联网时代整体策划、包装品牌和产品
智能推荐：让你的业务千人千面 刘国昊　周波　著	从资讯、电商、文娱行业来详细讲解智能推荐的应用，用户时间的争夺战	**制造业外贸营销网站建设** 宋金亮　著	介绍整个网站从无到有的实现过程，从分析思路、撰写内容到规划页面，列举了大量正反面实例，帮助读者理解和投入实践

续表

书名	内容	书名	内容
零售巨头数字化转型操盘笔记 江楠　著	一线操盘运营经理分享传统零售巨头的新零售到家业务全盘操作细节		
二、抖音、微信微商、电商			
抖音营销系统 刘大贺　著	抖音系统的实战营销知识，上百个从0做大的案例	金牌微商团队长 罗晓慧　著	微商团队长创业实操的指导工具书
微商生意经：真实再现33个成功案例操作全程 伏泓霖　罗晓慧　著	精心挑选的33个微商成功案例，阐述具体操作过程	快速见效的企业微信营销方法 孙巍　著	站在微信生态的立体高度系统讲述企业微信快营销方法论
阿里巴巴实战运营：14招玩转诚信通 聂志新　著	产品定位、阿里巴巴排名因素、数据分析、标题优化等	阿里巴巴实战运营2：诚信通热卖技巧 聂志新　著	打开诚信通运营的金钥匙，十大具体运营技巧
电商高管私房课 子道　著	深刻剖析“结硬寨，打呆仗”的经营理念和操作方法，是电商零售管理者和执行团队的好参谋		
三、行业新营销			
餐饮新营销 杨勇　程绍珊　著	聚焦餐饮企业转型，系统的餐饮企业营销管理体系	新零售进化路径 李政权　著	预先复盘新零售及商业的未来，找到方向
珠宝黄金新营销 崔德乾　著	珠宝业新营销/新品牌/新产品/新零售/新连接/新场景/新服务/新传播/新管理	黄金珠宝就这样卖：导购员月销百万的秘籍 崔德乾　著	让顾客留下试戴、买单的80个技巧，让高级客户感动、一般客户依赖的6大行动秘籍。上午学下午用，让你成为月销百万的销售明星
新零售动作分解与实操：建材·家居·家具 盛斌子　著	对泛家居行业趋势、店面管理、团队管理、促销推广、五感营销等提供策略	新营销 刘春雄　著	让品牌商和渠道商掌握获得独立流量的能力，能够与平台商博弈
快速见效的企业网络营销方法B2B　大宗B2C 张进　著	数据和案例90%来自作者服务的中小企业，快速全面地学习企业网络营销方法	移动互联下的超市升级 联商网专栏　著	超市未来的发展趋势，对社区超市、生鲜、全渠道建设、O2O等提出观点
百货零售全渠道营销策略 陈继展　著	零售行业的竞争重点、行业本质、战略转型、未来趋势、经验和案例	互联网时代的银行转型 韩友诚　著	银行业在互联网金融变革浪潮中所做的积极应对和转型布局
触发需求：互联网新营销样本·水产 何足奇　著	通过鲜誉案例解读阐述水产行业如何进行互联网转型	新农资如何弯道超车 刘祖轲　著	从农业产业化、互联网转型、行业营销与经营突破四个方面阐述农资企业转型
新零售　新终端 迪智成　著	将新零售系统打法做梳理并落地在新终端建设上	新经销：新零售时代教你做大商 黄润霖　著	探访近100位经销商在传统营销手法上的创新，传统营销微创新和新营销本地化
医药医疗			
一、药店			
新医改了，药店就要这样开 尚锋　著	从药店定位的思考、内部和会员管理等方面探讨中小型药店发展方向	电商来了，实体药店如何突围 尚锋　著	新时代药店经营的三驾马车：药学专业服务、会员贴心服务和精准定向促销
引爆药店成交率1：店员导购实战 范月明　著	药店人的零售工作，怎样接待顾客，完善销售技巧	引爆药店成交率2：药店经营实战 范月明　著	从药店经营角度建立改善门店现状的实用标准
引爆药店成交率：专业化销售解决方案 范月明　著	从简单的拿药服务到提供多角度的专业解决方案	连锁药店新风口：资本　智能　大数据 动脉网　著	对我国连锁药店的市场环境、行业现状等进行分析，给出对连锁药店未来发展趋势的预判

续表

书名	内容	书名	内容
药店导购关联销售技巧与成交话术 范月明　著	以药店情景案例导入，介绍常见疾病的导购销售话术与顾客心理分析，进而提供关联销售解决方案		
二、药品销售			
医药第三终端：从控销到动销　诊所　基层医疗 王祥君　张芳文　著	用大量案例来梳理药企落地动销的策略、方法和技战术	**医药营销：诊所开发维护与动销** 张江民　著	从六个方面系统阐述基层诊所市场营销攻略
处方药合规推广实战宝典 赵佳震　著	对处方药推广体系搭建、推广人员岗位内容等六个方面进行阐述	**医药代理商经营全指导** 戴文杰　著	从产品选择、价格体系设计、路径管理等维度描述代理商产品操作的基本策略
处方药零售这样做 田军　著	处方药零售的重要性及做市场的具体措施和方法	**OTC 医药代表药店开发与维护** 鄢圣安　著	一位从初级 OTC 医药销售代表成长起来的销售经理的经验分享
OTC 医药代表药店销售 36 计 鄢圣安　著	以《三十六计》为线，阐述 OTC 医药代表向药店销售的技巧与策略	**做医生信赖的医药代表** 邹晓徽　宁剑锋 朱文虎　著	医药代表如何在合规要求下做好药品推广工作的操作工具书
三、药企转型			
药企战略 · 运营与医药产业重构 杜臣　著	医药产业的深度认知与发展趋势结合，战略思考与经营操作相统一	**医药行业大洗牌与药企创新** 林延君　沈斌　著	围绕创新介绍医药行业，介绍近百家医药企业创新实践案例
医药新营销 史立臣　著	从药企最关心的八个方面阐述制药企业、医药商业企业营销模式转型	**医药企业转型升级战略** 史立臣　著	从商业模式转型、管理转型、定位转型、运营模式转型和跨界转型五方面阐述转型
新医改下的医药营销与团队管理 史立臣　著	立足新医改相关政策的解读，为中小医药企业出谋划策	**在中国，医药营销这样做** 段继东　著	时代方略在医药营销领域思想、方法文章的精选合集
四、新医疗			
成为医疗器械领军者 王强　著	中小医疗器械生产企业和代理商怎样转型	**新型诊所经营与创新** 动脉网　著	对新型诊所从标准化管理、经营方式、团队建设、连锁模式四个方面进行解读
医美新风口：颜值经济下的亿万市场 动脉网　著	详细介绍中国医疗美容行业的发展趋势、现状及医美产业链等	**互联网医院：正在发生的医疗新变革** 动脉网　著	介绍互联网医院的建设与运营、管理，发展模式和市场布局，以及发展规律
	快消品		
一、快消案例			
中国快消品营销这些年 史贤龙　著	一本书浓缩快消品营销 15 年的实战历程与前沿思考	**这样打造大单品** 迪智成　著	通过 13 个大案例帮助企业梳理打造大单品的路径
你不知道的加多宝 曲宗恺　牛玮娜　著	以时间为轴线，详细叙述了加多宝品牌的发展历程	**娃哈哈区域标杆** 罗宏文　快车君　赵晓萌 寇尚伟　著	娃哈哈豫北市场如何成为娃哈哈全国第一大市场、全国增量第一的市场
六个核桃凭什么从 0 过 100 亿 张学军　著	全视角深度解读养元企业的裂变成长，复盘十年蜕变轨迹	**像六个核桃一样** 王超　著	六个核桃为什么卖得这么好，产品畅销的 6 大要义 36 条简明法则

续表

书名	内容	书名	内容
5小时读懂快消品营销 陈海超　著	20年快消品市场风云洞察解码，丰富的案例解析		
二、快消品区域经理			
快消品营销团队管理 刘雷　伯建新　著	快消品团队管理相关的20余个工具+20余个案例	**这样打造快消品区域标杆** 罗宏文　牛玉龙　著	分两篇解决如何成功打造标杆市场和进行持续增量管理两大问题
成为优秀的快消品区域经理（升级版） 伯建新　著	作为区域经理的“速成催化器”，升级版增加11篇内容	**快消老手都在这样做：区域经理操盘锦囊** 方刚　著	一线成长起来的资深快消品营销人“压箱底”绝活
快消品营销人的第一本书 刘雷　伯建新　著	针对一线厂家业务员工作中常遇到的问题给予建议	**销售轨迹：一位快消品营销总监的拼搏之路** 秦国伟　著	一个普通营销人的故事，16年背井离乡的职场拼搏之路
快消品营销：一位销售经理的工作心得2 蒋军　著	从市场操作、团队管理、传播推广、营销的具体策略和战略等方面提供方法	**快消品区域/城市经理全渠道管理** 许翔　著	一位在日化巨头一线打拼多年的城市经理操作经验分享
三、快消品动销			
动销：产品是如何畅销起来的 余晓雷　著	从怎么被消费者买走和竞争对手是谁这两个原点解决动销问题	**动销操盘：节奏掌控与社群时代新战法** 朱志明　著	用七个章节阐述关于动销操盘的要诀，节点、节奏、主次、条件匹配性等问题
动销四维：全程辅导与新品上市 高继中　著	从产品、渠道、促销和新品上市四个方面详细讲解提高动销的具体方法	**快消品经销商这样做才赚钱** 张宇　著	从全新的角度，解读经销商的经营困境，并提供可实操的解决方法
快消新产品成功上市 伯建新　著	新产品是什么？新产品该如何去做？新产品要如何销起来，长销而不是昙花一现？本书给你答案		
四、快消品渠道			
深度分销 施炜　著	渠道价值链、模式选择、渠道策略与管理、零售经销商管理、最佳实践、团队建设	**通路精耕操作全解** 周俊　陈小龙　著	对康师傅的制胜法宝通路精耕进行系统的介绍与说明，图表和完善入微的操作方法
酒水饮料快消品餐饮渠道营销手册 朱伟杰　著	对餐饮渠道深入挖掘，建立适合餐饮渠道发展的服务模式和组织保障措施	**快消品经销商如何快速做大** 杨永华　著	经销商如何通过经营实现规模，通过管理实现规模效益
快消品营销与渠道管理 谭长春　著	解决日常涉及的渠道管理、市场、产品等营销事务	**快消品招商的第一本书** 刘雷　著	从招商理论到招商动作进行系列化分解，化繁为简
采纳方法：化解渠道冲突 朱玉童　著	21个最新的渠道冲突案例立体地介绍渠道冲突的现象和方法	**快消品促销管理与方案：规划 技能 工具** 张荣举　著	涵盖促销规划、打法、具体落地执行的细节和终端人员技能及训练，结合线上线下运作，提供全套方法
五、快消品企业战略			
重构：升级你的竞争优势 杨永华　著	用7大思维，帮你的企业提升档位	**变局下的快消品实战策略** 杨永华　著	从5个角度针对快消品企业如何应对行业变局给出答案
新营销 刘春雄　著	让品牌商和渠道商掌握获得独立流量的能力，能够与平台商博弈	**采纳方法：破解本土营销8大难题** 朱玉童　著	破解困扰营销人的八大难题，给出解决方法
		白酒	
白酒营销培训宝典：复制高业绩 刘孝鞅　著	总结白酒营销人员系统运作市场的要点，转化为易学可复制的动作和工具表单	**酒水饮料快消品餐饮渠道营销手册** 朱伟杰　著	对餐饮渠道深入挖掘，建立适合餐饮渠道发展的服务模式和组织保障措施

续表

书名	内容	书名	内容
白酒营销的第一本书 唐江华　著	多角度阐释白酒一线市场操作的最新模式和方法	白酒经销商的第一本书 唐江华　著	对经销商如何选择厂家、合作、运营品牌等问题给出建议
白酒到底如何卖 赵海永　著	多角度阐释白酒一线市场操作的最新模式和方法	白酒到底如何卖2：从市场培育到动销 赵海永　著	系统化、标准化、模式化的促成动销的实战操作方式和方法
变局下的白酒企业重构 杨永华　著	白酒企业重构期的营销战略与实操策略6大方法	酒业转型大时代 微酒　著	酒水营销、新闻资讯及行业分析、预测的知识宝典
区域型白酒企业营销必胜法则 朱志明　著	以36条法则从战略、营销、推广、产品线、品牌、市场、战术等方面提供方法	10步成功运作白酒区域市场 朱志明　著	从市场攻守、产品攻略、新品上市、占领渠道、促销等十个层面阐述
白酒营销1：中小酒企操盘与崛起 徐伟　徐涛　著	深入分析品牌与行业、操作方法，提供营销实操宝典	白酒营销2：品类创新策略升级 黑格咨询　著	立足行业现状，建立品类创新、营销模式创新路径，提供市场建设方法、营销策略与工具案例
茶·调味品·油·乳业			
营销中国茶：2小时读懂茶叶营销 史贤龙　著	中国茶营销的“困局”“破局”和“创举”	中国茶叶营销第一书 柏龑　著	纵览中国茶叶市场的全局，并且有针对性地提出问题并阐述解决方法
调味品营销第一书 陈小龙　著	15年监控中国市场50个中外著名调味品品牌市场运作、管理等的经验总结	调味品企业八大必胜法则 张戟　著	提炼了调味品企业八大规律性的关键成功要素
食用油营销的第一本书 余盛　著	从小包装油行业概述到产品的基本知识，从基本执行动作到品牌整体策划等	鲁花：一粒花生撬动的粮油帝国 余盛　著	鲁花如何成长为优秀的带动农业产业发展的品牌
金龙鱼背后的粮油帝国 余盛　著	以金龙鱼为脉的一部中国粮油行业的史诗	乳业营销的第一本书 侯军伟　著	区域型乳品企业如何才能稳健发展
调味品经销商公司化运营 张戟　著	调味品和快消品经销商如何从“个体户”到“公司化”，一步步推进的具体方法		
工业品			
一、工业品销售			
大客户销售这样说这样做 陆和平　著	大客户销售活动的十大模块，68个典型销售场景	销售是个专业活 陆和平　著	据客户采购流程拆分销售过程十阶段、讲解方法技巧
成为资深的销售经理：B2B工业品 陆和平　著	让销售经理成功把握销售管理6个关键点，并提供工具	一切为了订单：订单驱动下的工业品营销实践 唐道明　著	以订单流程的三个环节为主线讲述工业品营销管理新思路
订单是这样拿到的 郑文洲　著	作者近10年销售生涯的回顾，真实销售故事和成功经验分享		
二、工业品营销			
工业品营销管理实务（第4版） 李洪道　著	是信任导向工业品营销体系的深化版、工业品营销管理体系优化咨询的升级版	工业品企业如何做品牌 张东利　著	为当下中国制造的品牌化转型提供经过实践证明的理念、方法和体系

续表

书名	内容	书名	内容
工业品市场部实战全指导 杜忠　著	解决职能不清、市场部五大职能如何运作、职业发展路径等具体问题	**解决方案营销实战案例** 刘祖轲　著	十大工业品作者实操案例解码解决方案营销
资深大客户经理：策略准　执行狠 叶敦明　著	将大客户经理必须具备的规划、策略、执行三种能力运用自如	**渠道管理就这样做** 陆和平　著	渠道规划和设计、渠道成员选择和寻找、渠道谈判和签约、管理渠道日常活动、设计渠道激励政策、解决渠道冲突、渠道的评估和调整
三、工业品企业			
变局下的工业品企业7大机遇 叶敦明　著	探索工业品企业成长的新机会，7大战略与战术性机会	**两化融合管理体系贯标流程与方法** 戴勇　著	融合五十多家企业在两化融合贯标过程的经验，总结重点与举措
丁兴良讲工业4.0 丁兴良　著	多角度阐述中国在工业4.0的机遇和挑战		
建材家居			
一、建材家居门店			
家居建材促销与引流 薛亮　李永锋　著	对泛家居营销执行模式和工具、关键环节等进行汇总	**新零售动作分解与实操：建材·家居·家具** 盛斌子　著	对泛家居行业趋势、店面管理、团队管理、促销推广、五感营销等提供策略
家具行业操盘手 王献永　著	总结家具终端门店发展的现状及问题并给出策略	**手把手教你做专业督导** 熊亚柱　著	系统梳理督导的核心技能、岗位职责、工作流程及技能
手把手帮建材家居导购业绩倍增 熊亚柱　著	针对建材家居门店的业务人员、案例故事还原场景，教你成为好导购	**10步成为最棒的建材家居门店店长** 徐伟泽　著	梳理店长管理的核心工作职责、店面管理规范和帮助销售人员成长
建材家居门店销量提升 贾同领　著	9个板块讲述建材一个单店如何做到经营的良性循环	**建材家居门店6力爆破** 贾同领　著	产品力、导购力、形象力、推广力、服务力、组织力
二、建材家居经销商			
新经销：新零售时代教你做大商 黄润霖　著	探访近100位经销商在传统营销手法上的创新，传统营销微创新和新营销本地化	**建材家居经销商42章经** 王庆云　著	经营管理的心法和战法，帮助经销商成为“业务妙手”和“管理能手”
成为最赚钱的家具建材经销商 李治江　著	针对建材家居行业的经销商，从销售模式、产品、门店、市场等方面给出方法		
三、建材家居企业			
定制家居黄金十年 韩锋　翁长华　著	对中国定制家居行业20年发展历程进行深度、系统、专业的解读	**建材家居营销：除了促销还能做什么** 孙嘉晖　著	探索家居建材行业营销的革命，发现行业“营销天花板”的突破口
建材家居营销实务：新环境、新战法 程绍珊　杨鸿贵　著	针对建材家居市场特点提出以客户价值为基础的整体营销价值链	**全屋整装　高利润运营手册** 翁长华　陈平　著	十大维度解决实际问题，是0到1极具操作性的整装指南
零售·餐饮·服装·影院·美容院			
新零售进化路径 李政权　著	预先复盘新零售及商业的未来，找到方向	**新零售　新终端** 迪智成　著	梳理新零售系统打法并落地在新终端建设上

续表

书名	内容	书名	内容
移动互联下的超市升级 联商网　著	超市未来的发展趋势，对社区超市、生鲜、全渠道建设、O2O 等提出观点	百货零售全渠道营销策略 陈继展　著	零售行业的竞争重点、行业本质、战略转型、未来趋势、经验和案例
超市卖场定价策略与品类管理 IBMG 集团　著	零售企业的市场拓展与商品定位、商品结构与商品陈列、毛利分析与库存分析	连锁零售企业招聘与培训破解之道 IBMG 集团　著	围绕零售企业组织架构、培训体系建设等内容进行探讨
总部有多强大，门店就能走多元 IBMG 集团　著	五大方向综合阐述连锁零售企业总部如何提升管理能力	三四线城市超市如何快速成长：解密甘雨亭 IBMG 集团　著	甘雨亭的许多关键经营指标均高于行业标准，学习其成功的方法
中国首家未来超市：解密安徽乐城 IBMG 集团　著	对乐城超市的掌门人及内部员工的采访详细阐释了乐城的经验	零售：把客流变成购买力 丁昀　著	通过大量的实际案例对中国零售业态的升级转型之路提出思考
餐饮新营销 杨勇　程绍珊　著	聚焦餐饮企业转型，系统的餐饮企业营销管理体系	电影院的下一个黄金十年 李保煜　著	介绍了中国电影产业的运作模式及电影院的开发、设计思路
餐饮企业经营策略第一书 吴坚　著	阐述餐饮企业产品之道、市场之道、顾客之道及盈利之道	赚不赚钱靠店长，从懂管理到会经营 孙彩军　著	注重专卖店的经营思路拓展，门店管理细节方面能力提升
时装买手自学通 范敏娜　编著	从流行趋势调研、商品企划、采购渠道、数据管理到店铺销售等时装买手需要具备的能力与操盘技巧	美容院/养生馆高盈利经营模式 陈鹏飞　著	5 步实现店铺高盈利方法与策略
零售巨头数字化转型操盘笔记 江楠　著	一线操盘运营经理分享传统零售巨头的新零售到家业务全盘操作细节		
农牧业			
一、农资			
饲料营销有方法 陈石平　著	饲料营销的 7 大核心命题	农资营销实战全指导 张博　著	在农资市场行之有效的营销策略和工具
新农资如何弯道超车 刘祖轲　著	农业产业化、互联网转型、行业营销与经营突破		
二、农牧企业			
中国牧场管理实战 黄剑黎　著	对牧场管理标准、管理制度、操作规程做出剖析和指引	中小农业企业品牌战法 韩旭　著	农业企业需要全产业链视野，更需要品牌实战方法
变局下的农牧企业 9 大成长策略 彭志雄　著	为农牧企业量身打造了 9 个立足现在、展望未来的成长策略	农产品营销实战第一书 胡浪球　著	针对 33 个农产品营销的核心问题提供具体招数
农产品全网营销 吴之　著	帮助全国农业合作社、家庭农场打造农产品品牌		
地产·汽车			
一、地产			
中国城市群房地产投资策略 吕俊博　刘宏　著	挖掘主要城市群的现状特征、发展因子、演化趋势、竞争关系等，给出分析建议	产业园区/产业地产：规划、招商、实战运营 阎立忠　著	从认知、规划、招商、运营四方面系统解读产业园区的建设精要和运营技巧
人文商业地产策划 戴欣明　著	“全球化视野（创意）”+“人文+”思维	产业园区/产业地产 2：系统化经营与操盘攻略 阎立忠　著	全方位系统解析产业园区运营策略

续表

书名	内容	书名	内容
从零开始打造产业园区 刘晓君　著	全流程，系统化，注重细节，多角度教你打造产业园区		
二、汽车			
商用车经销商运营实战 杜建君　著	对商用车经销商的经营与管理、4S店运营做了全方面的系统总结	汽车配件这样卖 俞士耀　著	适合轮胎、机油、维修、快保、美容、洗车等汽车服务业态销售实操办法
润滑油销售：这样说，这样做更有效 张金荣　著	总结润滑油销售面对三大客户常遇到的200余个营销问题解决方法	润滑油品牌营销 张金荣　著	没有说教，只有方法，适合小微企业、代工品牌、经销商、营销人阅读
投资理财·收购资本			
交易心理分析 马克·道格拉斯 【美】　著	一语道破赢家的思考方式，并提供了具体的训练方法	财报背后的投资机会 蒋豹　著	零基础轻松掌握财务报表的相关知识，快速入门
写给企业家的公司与家庭财务规划 周荣辉　著	以企业的发展周期为主线，介绍各阶段企业与企业主家庭的财务规划	分股合心 段磊　周剑　著	围绕股权激励，详细介绍相关知识和实行方法
成功并购300问 浩德并购军师联盟　著	系统学习资本运作和企业并购知识的金融工具书	并购名著阅读指南 叶兴平　著	从全球5000多本并购图书中精选200本并进行评价
避开股权合伙这些坑 苏雯静　著	根据创始合伙人、外部合伙人、内部合伙人等方面的实际案例做归纳和梳理	产业并购操盘手 张军杰　著	15个案例，11个范本，38个图表，拿来即用
科创板IPO上市全流程指导 丁先云　刘海旭　著	不仅有各项制度的深入剖析，更有各种问题和解决方案的详细论述，配合案例，轻松操作	市值战略：上市公司市值管理有方法 和恒咨询　著	正确理解，系统规划、全面执行市值战略。从“势道法术力”五个维度思考和设计市值战略
左手企业经营　右手资本运作 周永信　著	“产业＋资本”两手抓，融资、股权、公司控制……共同驱动企业利润、资产、市值、估值的成长		
阿米巴			
阿米巴经营的中国模式 李志华　著	基于阿米巴经典理念提出了适合中国本土的员工自主经营的“1532”模型	集团化企业阿米巴实战案例 初勇钢　著	作者在某酒厂推行阿米巴经营模式的心得
中国式阿米巴落地实践之激活组织 胡八一　著	划分原则、裂变与整合、组织管控、重新定位、巴长竞聘和组阁	中国式阿米巴落地实践之从交付到交易 胡八一　著	从6个方面阐述经营会计，从交付到交易是成功实施阿米巴的标志
中国式阿米巴落地实践之持续盈利 胡八一　著	企业做成平台、平台做成阿米巴、阿米巴做成合伙制		
人力资源管理			
一、绩效·薪酬			
回归本源看绩效 孙波　著	从目的和概念帮助企业梳理绩效管理与经营的关系	走出薪酬管理误区 全怀周　著	从7个常见的薪酬误区入手为企业提供一套系统解决方法
曹子祥教你做绩效管理 曹子祥　著	作者核心授课课程的还原，掌握绩效管理的核心内容	曹子祥教你做激励性薪酬设计 曹子祥　著	作者28年咨询经验总结，如何进行科学的薪酬体系设计
把招聘做到极致 远鸣　著	资深招聘经理多年工作心得的提炼	把招聘做到极致2：灰度招聘全攻略 黄渊明　李佳倩　著	从实战需求出发，兼容并包各种优秀的招聘理论、方法、经验与工具，并进行创新性的应用

续表

书名	内容	书名	内容
二、招聘·面试·培训			
把面试做到极致 孟广桥　著	一套实用的确定岗位招聘标准，提升面试官技能方法	**世界 500 强资深培训经理人教你做培训管理** 陈锐　著	构建培训体系、培训组织、培训文化、开发培训资源，教你做培训管理
把猎头做到极致 李佳倩　黄渊明　著	帮助猎头顾问从平庸走向优秀	**招聘面试：用提问得到真相** 陈硕　著	十二年资深 HR 招聘面试经验分享，教你学会如何提问
人才评价中心漫画版 邢雷　著	用漫画形式写成的人才测评专业书籍	**上市公司培训体系搭建** 初忠宝　著	上市公司培训经理分享体系搭建的框架和案例
三、HR 高管·劳动法			
经营型 HRD 黄渊明　著	总结企业 HRD 如何支撑企业经营，抓好七件关键事情	**人才供应链：实现高绩效均衡的人才管理模式** 许锋　著	打造人才供应链的四大支柱、十项修炼的完整体系
新任 HR 高管如何从 0 到 1 新海　著	到互联网创业型企业担任 HRVP，从 0 到 1 建立较完善的 HR 体系	**人力资源体系与 e－HR 信息化建设** 刘书生　陈莹　王美佳　著	6 大框架、28 个关注点、5 大目标、6 大优势、166 个交付物咨询体系和盘托出
集团化人力资源管理实践 李小勇　著	针对集团型企业人力资源管理的问题提出科学建议	**我的人力资源管理笔记** 张伟　著	第三方咨询视角跳出“技术方法”看人力资源管理
人力资源的 5 分钟劳动法 李皓楠　著	入职管理、在职管理、离职管理中遇到的劳动法问题及应对	**海外人力资源管理：帮企业成功“走出去”** 黄渊明　著	弥补了中国企业海外人力资源管理实践体系建设的空白，具有开创性意义
从零开始学：胜任力模型建模与应用 林丽萍　著	手把手教你做胜任力建模，并通过大量的企业案例拆解介绍模型在各个方面的落地应用	**上市公司总经理助理工作笔记** 黄娜　著	40 个案例，教你从小白助理到资深总助
用好任职资格体系 杨序国　著	以某企业为案例，系统地介绍了企业 HR 如何通过任职资格体系帮助员工成长	**胜任力模型咨询笔记** 韩文卿　著	吸取和总结了世界 500 强企业的胜任力模型搭建体系和方法
三支柱与业务型人力资源部建设 段凤鸣　著	从专业型 HR 走向业务型 HR，有效提高 HR 在企业绩效中的贡献值		
四、HRBP			
HRBP 是这样炼成的之菜鸟起飞 黄渊明　著	作者在初步转型 HRBP 两年时间里摸索实践的亲身经历与总结	**HRBP 是这样炼成的之中级修炼** 黄渊明　著	结合作者亲身从事 HRBP 的工作经历，总结 HRBP 的作战故事
HRBP 高级修炼 黄渊明　著	故事方式，HRD 角度深度呈现运用 HRBP 的思维、方法		
企业文化			
企业文化落地本土实践 王祥伍　著	华夏基石“知信行”模型描绘企业文化落地路线图	**企业文化的逻辑** 王祥伍　著	从文化起源深刻剖析文化、效率、企业、企业文化联系
企业文化定位·落地一本通 王明胤　著	企业文化理念传播和落地聚焦的 17 种方法，解读了近 100 个实战案例	**36 个拿来就用的企业文化建设工具** 海融心胜　著	汇集整理了 36 个通用的企业文化实践工具
企业文化激活沟通 宋杼宸　安琪　著	系统阐述沟通与企业文化的关系，给予企业提升沟通效能的企业文化解决方案	**企业文化建设超级漫画版** 邢雷　著	用漫画形式写成的企业文化建设专业书籍，理论体系和 29 个具体的操作方法
在组织中绽放自我 朱仁建　著	个人与组织之间的关系，文化对组织化形成的影响	**用企业文化提升经营绩效** 彭剑锋　尚艳玲　主编	企业要想在竞争中利于不败之地，就不能没有能打胜仗的企业文化与领导力
企业文化建设与咨询工具　案例 尹宏亮　著	着眼难题，为企业“把脉”做诊断		
流程管理			
营销·研发·供应链业务架构与流程管理 谭勋晖　著	营销、研发、供应链三大业务流程变革实践经验总结	**打造集成供应链** 王春强　著	第一用力在“集成”上，梳理内外部相关模块及其依赖关系

续表

书名	内容	书名	内容
人人都要懂流程 金国华　余雅丽　著	50幅流程管理漫画，内部对流程价值理念的高度共识	**用流程解放管理者** 张国祥　著	8个板块构成，共66篇文章，14幅流程管理图
用流程解放管理者2 张国祥　著	对中小企业规范化流程管理进行系统的阐述	**跟我们学建流程体系** 陈立云　罗均丽　著	在《跟我们做流程管理》的基础上丰富了标杆实践案例
从零开始学做流程管理 张国祥　著	手把手教你从小白到流程经理		
质量管理			
16949质量管理体系落地与全套文件汇编 谭洪华　著	对IATF16949每个条款讲解采用理解、作用、落地、模板、成功案例模块解析	**ISO9001：2015制造业文件模板全集** 贺红喜　著	五篇内容组成的完整的质量管理体系工具文件
精益质量管理实战工具 贺小林　著	四个方面对精益质量管理进行了全方位介绍和解读，并提供大量的方法工具	**五大质量工具详解及运用案例** 谭洪华　著	APQP、FMEA、MSA、SPC、PPAP五大质量工具的具体运用
IATF16949质量管理体系详解与案例文件汇编 谭洪华　著	针对IATF16949的标准原文做详细解说，同时提供大量的表单案例	**SA8000：2014社会责任体系认证实战** 吕林　著	将SA8000多版本及10多年的体系实战经验汇编成书
ISO9001：2015新版质量管理体系解读与案例文件汇编 谭洪华　著	对ISO9001：2015新版标准理解和运用操作进行详细解读	**ISO14001：2015新版环境管理体系解读与案例文件汇编** 谭洪华　著	ISO14001：2015改版后的差别和操作运用进行详细讲解
我在世界500强做供应商质量管理 宋华　著	分享汽车行业成熟的供应商质量管理体系和方法，都是作者的亲身经历	**ISO45001职业健康安全管理体系落地+全套案例文件** 谭洪华　著	每个条款清晰讲解，内容完全落地，轻松运用
五大质量工具之FMEA（2019第五版）详解及运用落地 谭洪华　著	对2019年6月修订的第五版FMEA标准进行详解，提供落地操作方法和全部案例文件，可直接套用		
精益生产			
一、精益·JIT·IE			
精益思维：超越对手的力量 刘承元　著	以尊重人性的精益思想为切入点，分别从管理者的精益理念、精益思维、精益实践、精益中国制造等方面进行独到的分析	**比日本工厂更高效** 刘承元　著	管理提升无极限+超强经营力+精益改善里的成功实践
计划与物流精益改善之道 于晓光　著	围绕“计划与物流战略咨询的方法论”进行解析，提供方法论和案例	**300张现场图看懂精益5S** 乐涛　著	通过日本丰田、上市企业案例，用300张现场图系统讲解5S管理
3A顾问精益实践1：IE与效率提升 党新民　苏迎斌 蓝旭日　著	系统、全面地介绍IE工厂管理技术，提高效率创造价值	**3A顾问精益实践2：JIT与精益改善** 肖智军　党新民　著	系统、全面地介绍JIT生产方式，并加入实践案例
高员工流失率下的精益生产 余伟辉　著	从三方面论述推行精益管理时如何应对员工流失	**让员工爱上6S管理** 肖智军　著	提供了众多企业的原版资料、案例，还汇集了一些企业骨干的推行感想、感悟及反思
200张图表学精益管理：IE工厂效率提升方法 刘秀堂　著	IE工程师视角，全是一线经验。精益落地的实操方法，大量图表工具让你上手就能做		

续表

二、生产管理			
书名	内容	书名	内容
化工企业工艺安全管理实操 黄娜　著	围绕化工工艺安全14要素来展开分析	**手把手教你做专业生产经理** 黄娜　著	生产经理如何在信息流、物流、资金流三大流中开展工作
欧博心法：好工厂　靠管理 曾伟　著	从管人篇和管事篇帮助读者解决人难管、事难控	**欧博工厂案例1：生产计划管控对话录** 曾伟　曾子豪　著	工厂管理生产计划管控模块的8个全景细节大案例
欧博工厂案例2：品质技术改善对话录 曾伟　曾子豪　著	工厂管理品质、技术、效率管理模块的10个全景细节大案例	**欧博工厂案例3：员工执行力提升对话录** 曾伟　曾子豪　著	工厂管理人员管控模块的5个全景细节大案例
工厂管理实战工具 曾伟　著	中国传统文化指导下的工厂管理工具	**制造业成本倍减42法** 王天江　著	42种经过实际验证有效的成本降低方法，用61个真实案例说明
制造企业上10亿其实并不难 杨小林　著	年产值1亿～10亿元中小制造企业在工厂经营和管理上的业务指导	**10个月打造星级班组** 金学俊　熊霆　著	一套系统快速的班组打造方法与实践案例
三、班组长			
全能型班组：城市能源互联网与电力班组升级 国网天津电力公司　著	从互联网时期的班组转型升级出发，对新型班组组织模式和运行机制进行设想	**国网天津电力全能型班组建设实务** 国网天津电力公司　著	聚焦天津电力公司在探索全能型班组转型升级时的优秀实践
咨询·培训师			
培训师事业长青之道 廖信琳　著	培训师自我管理的“洋葱模型”、十项内容与五个层级	**管理咨询师的第一本书** 熊亚柱　著	深度剖析初级入行咨询师在工作中遇到的问题
资深管理咨询顾问工作心得 张国祥　著	使用手册讲述咨询师如何操作项目、老板如何选择咨询师、企业如何自主落地	**手把手教你做顶尖企业内训师** 熊亚柱　著	从开、控、收、编、制、用的角度去履行培训师的职责
TTT培训师精进三部曲上 廖信林　著	手把手教你“深度改善现场培训效果”的一招一式	**TTT培训师精进三部曲中** 廖信林　著	建构一整套培训课程设计与开发的认知架构和方法体系
TTT培训师精进三部曲下 廖信林　著	通过“沉淀职业功力的六度模型”，帮助培训师在职业技能上持续精进	**轻咨询：老板问诊管理咨询专家实录20例** 董坤　著	从1000+案例中精选的24个咨询案例笔记整理而成
TTT培训师课程开发宝典 张刘伟　著	好课是设计出来的，本书手把手教你打造爆款课，完全重塑教学体验		
产品·研发			
研发体系改进之道 靖爽　陈年根 马鸣明　著	取材数十家企业研发改进的咨询实践，提炼一套实操的改进步骤与工具	**新产品开发管理，就用IPD（升级版）** 郭富才　著	把产品经营的思想凝结在新产品开发管理机制中，升级版更丰富
产品开发管理：方法·流程·工具 任彭枞　著	结合超过300家企业的实际研发管理方法，总结问题和方法，大量表格	**资深项目经理这样做新产品开发管理** 秦海林　著	采用过程管理方法，对新产品开发的四大过程进行分析，主要针对小电器产品
产品炼金术Ⅰ：如何打造畅销产品 史贤龙　著	打造畅销产品的四个方法	**产品炼金术Ⅱ：如何用产品驱动企业成长** 史贤龙　著	从经营者视角重新认识产品，快速诊断产品现状
快消品产品开发方法：打造快消爆品 张荣举　著	提供整套实战性的思维、方法、技能和工具，直接带有表格及公式，一看就能上手		